中外教育交流与变革书系

ZHONGWAI JIAOYU
JIAOLIU YU BIANGE
SHUXI

余子侠　主编

国家出版基金项目
NATIONAL PUBLICATION FOUNDATION

中国学前教育的外引内成

◎／杨　佳　著

中原出版传媒集团
中原传媒股份公司

大象出版社
·郑州·

图书在版编目（CIP）数据

中国学前教育的外引内成／杨佳著. — 郑州：大
象出版社，2022. 12
（中外教育交流与变革书系）
ISBN 978-7-5711-1038-3

Ⅰ. ①中… Ⅱ. ①杨… Ⅲ. ①学前教育-发展-研究
-中国 Ⅳ. ①G619. 2

中国版本图书馆 CIP 数据核字（2021）第 070820 号

中国学前教育的外引内成

ZHONGGUO XUEQIAN JIAOYU DE WAIYIN NEICHENG

杨　佳　著

出 版 人　汪林中
责任编辑　刘丹博　李　昌
责任校对　李婧慧
版式设计　付锬锬
封面设计　王晶晶

出版发行　**大象出版社**（郑州市郑东新区祥盛街 27 号　邮政编码 450016）
　　　　　发行科　0371-63863551　总编室　0371-65597936
网　　址　www.daxiang.cn
印　　刷　郑州新海岸电脑彩色制印有限公司
经　　销　各地新华书店经销
开　　本　720 mm×1020 mm　1/16
印　　张　15
字　　数　241 千字
版　　次　2022 年 12 月第 1 版　2022 年 12 月第 1 次印刷
定　　价　70.00 元
若发现印、装质量问题，影响阅读，请与承印厂联系调换。
印厂地址　郑州市鼎尚街 15 号
邮政编码　450002　　　　　　电话　0371-67358093

总 序

　　人类社会已进入这样的历史时期——任何国家要想跻身于世界强国之列，必须高度重视教育。人才是国家强盛的战略资源，而人才的培养依赖教育的发展。教育交流与互鉴，对教育的发展有重要的促进作用。缘此，今日在认定教育为立国之本的同时，积极推进和发展与世界各国之间的教育交流，既是历史之必然，也是时代之应然。

一

　　早在十多年前，笔者在组织撰研中外教育交流丛书时，就阐明自学校教育在中国社会产生以来，中华民族的教育交流在不断地推进和发展。站在中国自身的角度或立场，这种教育交流大致可分为顺向交流、逆向交流和互向交流几种类型。笔者还根据学校教育与中华文化变迁和传衍之间的关系，大致分析了每种教育交流类型在中国历史进程中的主要特征或表现。

　　所谓顺向交流，是指在教育领域以中国为定点，通过相应的途径，将自身处于先进地位的文明因子和文化成分传输给其他的国家或民族的交流活动。以这种方式发生教育交流活动之时，中华文明往往处于一种上势地位或先进态势，通过相应的教育交流渠道，传播或输出到与己交流的国家或民族。例如中国近代以前的教育交流就是顺向交流，正是这种顺向教育交流，促进了今日人们所言的"东方儒学文化圈"的形成。

所谓逆向交流，则是中国作为一个文化的接受者，通过种种教育交流的渠道，将他国或他民族的先进文明因子和文化养分吸纳或引进国内，再结合国情所需融收化解于自身文明之中。其时自身的教育基本处于一种后进态势。这种逆向交流初现于明清之际，尤其突显于近代。这种类型的教育交流，推动了中国学校教育的变革和更新。

所谓互向交流是指在中外教育交流过程中，既有中华文化通过相应的教育交流途径传输给其他国家或民族，同时又有他国文化或他种文明输入中国的教育领域。其时教育交流的双方各有对方可资借鉴和吸纳的文明因子与文化养分。这种教育交流的情形，近二三十年来比较明显。它促进了中外文化的交流与互鉴，推动着人类文明的发展。

回望历史，上述三种教育交流类型只是以一种静态的眼光相对而言，其实无论在哪一个历史时期，中外教育交流的活动方式及文化内容，都不是单一的类型在发生或进行，而是顺向交流时也有逆向交流发生，逆向交流时也有顺向交流活动，或者互向交流发生时一时顺向交流占据优势，一时逆向交流成为主流。这不仅因为人类社会各个民族或国家，其文化各有优势，任何时候交流的双方互相都有可取之处，还因为双方的政治、经济、文化以及国际地位都处于一种恒动状态，故而在借鉴和吸收对方先进文化养分和积极文明因子时，也将自身的优良因素传输给对方，反之也是。如若求其区别，只是态度方面的积极与消极，作为方面的主动与被动，流量方面的充沛与弱小，以及交流时选择层面与领域的不同而已。要言之，教育，使人类社会走向文明且日益进步；交流，使教育事业得以创新而不断发展。

二

根据哲学的变易观点，任何事物只有不断地输入活性因子或吸纳新鲜养分，才能真正做到"日新，日日新"，具有"生生不息"的生命力。学校教育，无论其教育制度、教学内容，还是教育的思想理论、教学的方式方法，都只有不断地吸纳新的养分，才能够适应人类社会的发展和时代的需求，才能求其"系统"的活力常新，以利其更好地发挥自身的社会功能。

进入近代社会，中国发生"数千年来未有之变局"，国际政治地位由传统的"天朝上邦"沦落为贫弱挨打的后进之国，主体经济形态表现为自给自足的农耕经济被迫纳入世界工商经济的运行轨道。与之相应的传统教育系统，同样处于必须革新的历史关头。于是，通过教育交流我国的学校及其知识人才的培养获得了"自救"：学校教育系统吸纳新的养分，在艰难的"蜕变"过程中走向"涅槃"。

这一过程，在后人看来不过是万变宇宙间的一瞬，但在我国学校教育的发展历程中是一个极其重要的阶段，基本完成了中国学校教育的历史转型。这一转型，由何而起、因何而生、如何实现以及有何成效和经验教训，都值得学界去分析、总结，并借以探究其历史发展的规律性。因此，我们有必要也应该对这一历史时期的"中外教育交流"与中国教育的应变、革新与发展进行系统性研究和总结。

三

本书系定名为"中外教育交流与变革"，其中"交流"指中外之间在教育领域的交流，"变革"则指中国自身学校教育的变革。这两者自近代中国新式教育产生之后，一直处于一种相互联系又互相促进的状态。但学校教育无论是在理论层面、制度层面，或是教育教学实践层面，若进行线性梳理和分析，涉及的方方面面实在太多，不是一个小小的书系即能完事，因此在着手选题时，既要考虑研究者自身的学研能力和知识基础，又要考虑研究内容具有一定代表性。其结果就是产生了"码堆"的10部著作或10个方面的研究，虽说有些杂乱，但并非完全无"章"。

就学校教育的层次看，有学前教育方面和研究生教育层级的交流和变革作代表；就学校教育的类型看，有专门美术教育和电化教育这两种不同形态的教育交流与演变作代表。就教育交流的主体而言，既有来华者，也有华人出国者；既有受教者——学生群体，也有授教者——教师群体；就教育交流的成效而言，既有促进自身教育发展的教育翻译，又有促进中国社会变化的人才培养……当然，就教育交流的主要渠道或重要途径而言，留学教育及留学生群体着墨最多；就教育交流的流向及成效而言，则选题大多立足于中国自身教育的变革和发展。所有这些选题，从时间上来看，大多立足于"近代"。但如前面所言，中外教育交流与中国学校教育的发展，进入了一个新的历史阶段，即在过去近一个半世纪主要呈现为逆向交流的基础上，已开始转入以互向交流为主要特征的时代。缘此，本书系在外人来华留学和中外合作办学两项研究上，将其时间下限延至"当代"——以利于人们借以窥见新的"时代变局"中教育交流流向、形态变化之一斑。

纵观中华民族自古以来的教育交流，既有将自身已有的最先进文化推向世界的活动，亦有从其他先进的国家或民族摄取自身所需的文明因子的行为。在这种传输与求取、播衍与认同人类新知的过程中，中华民族通过种种途径一直未停歇教育交流活动，直到今天，仍在深化拓展与世界各国的教育交流与互鉴，为构建人类命运共同体贡献力量。

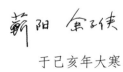

蕲阳 余子侠
于己亥年大寒

目 录

绪
论

一、缘起

学前教育又称幼儿教育、早期教育。其广义通常指入小学前儿童的教育，一般是指对 0—6 岁或 0—7 岁的儿童而言的教育。综观历史，它是一个既受重视又常遭忽视的教育领域。然而自 20 世纪以来，特别是二战以后，它在人生全程教育中的地位日益凸显，已是一个不争的事实。2010 年 7 月，我国发布了《国家中长期教育改革和发展规划纲要（2010—2020 年）》（以下简称《纲要》），有关学前教育的发展蓝图首次跃然于《纲要》的字里行间。同年 11 月，国务院发布了《国务院关于当前发展学前教育的若干意见》，将发展学前教育放在较之以往更加重要的位置。大力发展学前教育已是与"国家财富筑建""民族人才储备"密切相连的大计。如今政府、社会、家庭不约而同地将目光聚焦于学前教育。我国的学前教育应如何更好地发展？如何让学龄前儿童接受优质教育？社会各界人士开始积极地献计献策。

教育需要顺应本土文化的发展要求。我国的学前教育应以传统文化和民族精神为核心，努力探索一种本土化、自主化的发展模式，这是许多有识之士的共识。近代以降，中国学前教育的发展深受西方学前教育的影响，如源自西方的多元智能理论、蒙台梭利教学法、瑞吉欧教学法、华德福教育法等常常被应用到我国的幼儿教育中，有些幼儿教育机构甚至以外国学前教育模式为特色。不可否认，我国学前教育蓬勃发展的背后长期存在着一个巨大的参照系——西方学前教育。

在我国学前教育发展的过程中，如何看待西方元素及"中西"关系？我国学前教育目前呈现多元化特征，其发展道路是完全本土化、全盘西化还是两者兼有，或是在借鉴中创新？诸如此类问题，都是研究者不能不考虑的问题。

"人事有代谢，往来成古今。"早在19世纪末，中国近代学前教育在发展过程中就面临着西方教育的植入，以及如何认识"中西"教育的问题。随着近代西方资本主义的产生发展及其经济的增长，西方文化也随之急剧扩张。近代中国不可避免地被纳入世界历史进程中去。中国文化同西方文化一样，颇具中心主义色彩。这两种文化碰撞到一起，必然会产生强烈的冲突，也会引起中国教育自身的"千古未有之大变局"。它涉及教育观念、教育理论、教育制度、教育内容等各层面的变革，其激烈程度不亚于政治、经济领域所发生的变革。科学地认识与分析西方元素对中国学前教育的影响，谨慎客观地对待西方元素，探讨中国学前教育近代化的路径，鉴往以知来，对我国学前教育未来的发展无疑具有现实借鉴意义。

二、相关概念

（一）学前教育

学前教育指幼儿入小学前在教养机构所受的教育。旧称"幼稚教育"，现在又称"幼儿教育"。在古代，中国与其他国家相似，尚未出现专门的社会性的学前教育机构，亦未见"学前教育"一词。婴儿呱呱坠地后，往往就在家庭接受照顾和教育。中国古代只有小学和大学，且入学年龄并不统一。在中国古代不同历史时期，幼儿教育的对象、受教年龄和施教者不尽相同。在汉代以前，小学的入学年龄大体为虚岁8岁（7周岁）[1]、10岁（9周岁）[2]

---

[1]《大戴礼记·保傅》中说："古者年八岁而出就外舍。"
[2]《礼记·内则》中称"10岁"之前为儿童的学前教育期。

或13岁（12周岁）①。唐宋以后，随着蒙学的普遍设立，家庭与学校的距离拉近，再加上科举的引导，家庭普遍对子女实行"早教"，蒙学教育的时间提前到4—5岁。鉴于中国有据可考的历史，进入正规小学的入学年龄通常为虚岁8岁（7周岁）。仅从时间上划分，在中国古代，虚岁8岁（7周岁）前的幼儿教育都可以比照今日学校教育的分级分段而划归学前教育。②

在现代教育词汇中，学前教育（preschool education）与幼儿教育③(infant education 或 young children's education)、早期教育(early childhood education)属同义词，并广泛使用（或交错使用）。细考这三个概念，可泛指，亦可特指，并往往因国、因时、因人而异，极易引起混乱和误解④。现列表将三者在现代教育中涉及年龄段的含义作一梳理并加以辨析，见表1。

表1　学前教育、幼儿教育、早期教育三词现代含义辨析⑤

概　念	广义（泛指）	狭义（特指）
学前教育	0岁到入小学前（义务教育前）儿童的教育，多为0—6岁，部分国家为0—5岁	3岁或4岁到入小学前（义务教育前）儿童的教育，多为3—6岁或4—6岁
幼儿教育	0—6岁或0—7岁儿童的教育	3—6岁或3—7岁儿童的教育
早期教育	0—6岁儿童的教育（北美为0—8岁）	0—3岁儿童的教育，又称先学前期或超前期

由上表比较可看出：学前教育、幼儿教育、早期教育三者既有相同之处，亦有不同点。如不十分严格地讲，三者在广义上可以互换使用，大致指0到

---

①《尚书大传》中称"13岁"之前为儿童的学前教育期。

②喻本伐：《中国幼儿教育发展史》，华中师范大学出版社，2012，第4页。

③历史文献中及我国港台地区常使用与此同义的"幼稚教育"。

④例如有人将"学前教育"界定为"对出生至入学前儿童的教育"；同时将"幼儿教育"界定为"学前教育的一个阶段，对象为3—6岁的儿童"［顾明远主编：《教育大辞典》（增订合编本），上海教育出版社，1998，第1804、1931页］。也有人将"学前教育"等同于"幼儿教育"，均指3—6岁或3—7岁儿童的教育（朱作仁主编：《教育辞典》，江西教育出版社，1987，第456、190、189页）。笔者上面引用的李诚忠主编的《教育词典》亦将"学前教育"等同于"幼儿教育"，并暗示是对0—6岁或0—7岁儿童的教育。上面引用的三部教育辞书是国内较为权威的版本，它们对这些名词的理解尚且有如此多的歧义，学界对有关名词的分歧可想而知。

⑤杨汉麟：《外国幼儿教育史》，人民教育出版社，2011，第2页。吴文侃、杨汉清主编：《比较教育学》，人民教育出版社，1999，第360—361页。［法］G. 米拉雷特：《世界各国学龄前教育动向》，刘幸宇译，吉林人民出版社，1983，第4—7页。顾明远主编：《教育大辞典》（增订合编本），上海教育出版社，1998，第1804、1931页。［美］B. Spodek, *Handbook of Research on the Education of Young Children*, New York：Macmillan Publishing Company,1993,p.4。

六七岁儿童的教育。与前述中国古代对学前教育这一比照概念的一般理解近似。在本书中，三个概念均取其广义。应指出的是，在本书中，因引证历史文献甚多，故叙述时采用"幼稚教育""幼稚园"一词较多。在引证今人书籍或概念时，也常使用与"幼稚教育""幼稚园"对应的"幼儿教育""幼儿园"等词。在文中若因历史原因或叙事逻辑而不断变换有关术语，不再另作说明。

（二）元素

元素的意义有三项，通常指"要素"，即构成事物的必要因素；在代数学中指组成联合的各个部分，在几何学中指构成图形的各个部分；也是化学元素的简称。[①]

元素亦可以从文化的角度进行界定，即文化元素。有的研究者指出：文化元素是民族学、人类学术语，指一种文化中可以界说的成分单位。文化元素（文化特质）本身是假定的、相对的、主观的，所以文化元素可以独立作为一种文化的单位，但也常与一些其他单位相互配合而形成一种功能整体。[②]许多同一类型的文化元素按一定结构组成文化子系统。笔者拟在这里进一步讨论文化的相关观点，以期更好地论述本书中"元素"的含义。

英国人类学家爱德华·泰勒(Edward Burnett Tylor)[③]在其代表作《原始文化》中对"文化"的定义是："包括全部的知识、信仰、艺术、道德、法律、风俗以及作为社会成员的人所掌握和接受的任何其他的才能和习惯的复合体。"[④]这是迄今为止最有影响的文化定义。虽然对文化的理解，学术界至今仍然存在分歧，但可以对文化结构进行一种较为常见的划分——"三分法"。简而言之，文化结构是由精神（核心）层、制度层、器物层中稳定的因素构成。精神（核心）层包括价值取向、观念、信仰、思维、思想、情感方式、情趣、审美、文学艺术、哲学和宗教等；制度层包括伦理道德、行为规范、社会公德；

---

① 中国社会科学院语言研究所词典编辑室编：《现代汉语词典》，商务印书馆，1999，第1546—1547页。

② 汝信主编：《社会科学新辞典》，重庆出版社，1988，第927—928页。

③ 笔者注：在本书中，一般西方人名仅第一次出现时附注外文，且必要时加注生卒年。

④ [英]爱德华·泰勒：《原始文化：神话、哲学、宗教、语言、艺术和习俗发展之研究》，连树声译，广西师范大学出版社，2005，第1页。

器物层包括文化的物化、外在表现，以及涵盖物质和物质生产的行为活动。精神（核心）层、制度层、器物层这三个层面，分别是文化的里层、中层及表层，三个层面彼此相关，相互联系，构成一个系统，形成文化有机体（见下图）。

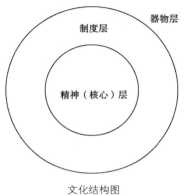

文化结构图

三者中，文化的精神（核心）层最为保守，是文化的核心；文化的制度层规定着文化的性质，变化缓慢；文化的器物层最活跃，变动迅速。此外，三个层面也具有抽象和具体的关系：精神—制度—器物的发展是具体化的过程，而器物—制度—精神的发展是抽象化的过程。抽象与具体统一于人类文化发展的过程中。文化是具有多方面内容的体系。如功能学派的马林诺夫斯基（Bronislaw Kaspar Malinowski）提出了文化的八个方面：经济、教育、政治、法律与秩序、知识、巫术宗教、艺术、娱乐。[①] 当然，文化不是各个文化元素的随意拼合，而是一种和谐有机结合的综合体。

教育是文化的重要载体和表现形式，同时存在于文化的三个层面。

（1）许多学者把教育作为精神文化的一个重要组成部分。苏联文化学者安德鲁先科（В. Л. Андрей Ющенко）曾把精神文化定义为组成社会生活的第二层次，即认识、道德、教育、科学、艺术等的各种价值总和，明确提出了"教育文化"的概念。国内学者在对文化进行讨论时，有人指出文化的精神生活中包含有"教育生活"[②]，且将教育明确地列为精神文化范畴："精神文化是

---

① 王玉德：《文化学》，云南大学出版社，2006，第53页。
② 郑金洲：《教育文化学》，人民教育出版社，2014，第12页。

物质生产活动所创造的物质文化的直接产物，如社会心理、风俗习惯、政治、法律、道德、教育、文学、艺术、美学、科学、理论、哲学、宗教等社会意识形式以及与之相适应的制度的组织机构，都是精神文化的内容。"①

（2）教育在很大程度上也隶属于文化的制度层面。教育作为一种社会生活，走过了从非正规教育到制度化教育的历程。即使就非正规、非正式教育而言，它们也不是无组织、无目的的。随着社会的进步和发展，教育的一体化问题已列入一些国家的议事日程。教育活动课程是一个整体，教育部门都结合在一个统一和相互衔接的制度中。

（3）在教育实践活动中，校舍设施、装备仪器、课程设置、教科书、教学手段等都属于教育的"硬件"，属于文化的器物层，是教育存在和发展的物质保障和基本前提。

本书涉及元素的概念同样从文化角度进行界定。其内容和表现形式侧重于教育，且存在于文化教育的精神（核心）层、制度层和器物层。

本书研究的主要对象是教育学科的一个分支，即学前教育，所以本书中的西方元素主要指与西方的学前教育有紧密关系和内在联系的内容，它在不同文化层面的表现形式为西方学前教育思想，学前教育制度，学前教育办学实践、内容和方法等。同时，不可避免地要涉及西方教育赖以建立的语言、政治、艺术等更宽广领域的内容。

（三）西方

"西方"一词一般被认为有三种意思。第一种："四个主要方向之一，太阳落下去的一边"。第二种："指欧美各国，有时特指欧洲资本主义各国和美国"②。第三种："佛教徒指西天，也说西方净土"。本书中"西方"主要指第二种含义。

在本书中，涉及日本教育的文字甚多。来自日本的影响能纳入西方元素吗？众所周知，从地域上及传统文化上看，地处东北亚的日本当属典型的亚洲国家。自1868年明治维新后，日本开始"求知识于世界"，官方多次派遣

---

① 张立文、王俊义、许启贤等主编：《传统文化与现代化》，中国人民大学出版社，1987，第4页。
② 李忆民主编：《现代汉语常用词用法词典》，北京语言文化大学出版社，1995，第1273页。

留学生、考察团赴欧美学习，如规模最大、影响最广的岩仓具视使节团外出达数年之久，考察、学习欧美12国先进的资本主义政治经济制度和文化教育制度，为日本实现近代化作参考范模。日本向西方学习后在教育、经济等多领域迅速实现近代化，并迈入资本主义社会。1885年3月，福泽谕吉在《时事新报》上发表《脱亚论》时强调：

> 为今天考虑，我国不能再盲目等待邻国达成文明开化，共同振
> 兴亚细亚。莫如与其脱离关系而与西洋文明国共进退……①

从那时起，日本一直努力"脱亚入欧"，朝西方国家靠拢，不断提高本国的影响力。在20世纪前后那个特殊时期，中国曾借鉴甚至照搬了日本西化了的学前教育。这种借鉴在某种程度上等于间接学习了欧美学前教育。所以在本书中，西方元素包括日本这种"非原生态"的西方学前教育及政治经济影响力。

（四）近代化

近代与近代化是两个相互联系又相互区别的概念。《辞海》对"中国近代史"的界定是："一般认为自1840年鸦片战争至1919年五四运动，此时中国处于半封建、半殖民地时期；近期，亦有主张其下限定为1949年中华人民共和国成立者。"② 后一种说法在当代史学界已渐成主流。笔者在本书中亦持此论。

近代相对于传统而言，是属于历史断代的概念。近代化则是社会发展的历史过程，是一个动态的过程，而非静态的结果。近代化就是传统社会变革的过程，它主要表现在三个方面：一是在生产力发展方面，即手工操作向机器生产的变化；二是在生产方式方面，由封建主义向资本主义的变化；三是在政治方面，由封建专制向资产阶级民主共和的变化。

1840—1949年中国近代史时期的社会变革过程称为近代化还是现代化，学术界有不同的意见。在英文中，近代化和现代化是同一个单词，即"modernization"（既可译为"近代化"，也可译成"现代化"），二者没

---

①[日]远山茂树：《福泽谕吉》，翟新译，中国社会科学出版社，1990，第228页。
② 辞海编辑委员会编：《辞海》，上海辞书出版社，1990，第1178页。

有明显的区别，都指资本主义工业化。但在中文中，这两个词的使用还是有微妙的程度差别的。不妨认为，近代化就是早期现代化。本书采用近代化一词，有如下理由。

第一，用近代化的概念与中国近代史分期一致。阐述近代史诸多问题时，如用现代化一词，容易词不达意，或产生歧义。

第二，我国特殊国情决定了讲历史多用"近代化"。近代中国是一个半殖民地半封建社会，其主要任务是进行反帝反封建的民族民主革命，其近代化处于一种最低层次的要求，它同当今人们所理解所追求的现代化有着巨大的差异。1949年后，走上社会主义道路的中国，所追求的现代化的目标是"在二十世纪内，全面实现农业、工业、国防和科学技术的现代化，把我们的国家建设成为社会主义的现代化强国"[1]。近代中国的近代化同现代中国的现代化相比，二者不可同日而语。"一个追求资本主义，一个是建设社会主义强国，一个是现代化的初始阶段，一个是现代化的发展阶段。"[2]

所以本书中涉及的中国近代化大体是指19世纪中期以后到20世纪上半期。这个时期也是中国人追求欧洲文艺复兴运动以后的西方科学和工业革命成果，并对传统中国社会所进行变革的时期。[3] 作为一个历史过程，中国教育近代化上自19世纪下半叶，下迄1949年中华人民共和国成立。这个过程主要表现为几千年来与自给自足的封建农业经济基础和封建专制政体相适应的传统教育，逐步向与近代大工业生产和资本主义发展相适应的近代新式教育的转化演变。[4]

对于中国近代学前教育，《中国学前教育百科全书·教育理论卷》的解释是："研究自1840年鸦片战争时期至1949年中华人民共和国成立中国入小学前的儿童（广义上包括胎儿期、婴儿期、幼儿期各个年龄阶段）在社会教育机构和家庭中所受的教育。"[5] 本书所谓的中国学前教育近代化可套用上述

---

① 《邓小平文选》第二卷，人民出版社，1994，第85—86页。
② 史远芹主编：《中国近代化的历程》，中共中央党校出版社，1999，第3页。
③ 何晓夏、史静寰：《教会学校与中国教育近代化》，广东教育出版社，1996，第4—5页。
④ 田正平：《留学生与中国教育近代化》，广东教育出版社，1996，"总前言"第7页。
⑤ 卢乐山、林崇德、王德胜主编：《中国学前教育百科全书·教育理论卷》，沈阳出版社，1995，第296页。

中国教育近代化的定义，即指中国在封建农业经济和专制政体基础上产生的传统家庭教育向近代大工业生产和与当时中国国情相适应的近代学前教育演变的历史过程。这个过程既体现在物化层面的学前教育制度、学前教育形式、学前教学内容、学前教学方法等的变革，又体现在精神、思想和心理层面，如学前教育理论、学前教育思想、学前教育观念、学前教育价值取向等的变革。

（五）国际化与本土化

国际化与本土化的关系是一个包含了二元对立关系的命题，也常被表述为西化—本土化（民族化）、世界性—民族性（中国性）等。

中国近代的学前教育是在中国内外交困，被迫走向世界的历史要求中产生的，所以强烈的国际（世界）关系背景使其必然在一个古今中西文化冲突极其剧烈的环境中发展。国际化与本土化（或曰世界性与民族性）相互交替的动态规律，堪称近代中国学前教育深邃而丰富的内涵。国际化或世界性是近代学前教育发展的趋势，它们首先在西方学前教育理论及实践中（也包括器物层）得到体现，继而影响其他地区。

三、研究意义

首先，研究以西方元素为切入点，考察、分析西方元素在中国学前教育近代化过程中发挥的作用以及产生的影响。这一研究能深化教育史，特别是中国学前教育史的研究。大多数中国学前教育研究，在涉及近代西方的影响（即触及西方元素）时，往往"述"较为清楚，而"论"较为薄弱，或只是简述或探讨了中国近代学前教育发展过程中某一时期受西方影响的某些方面（如制度、课程等），但缺乏宏观的、全面的、鞭辟入里的考察与分析，因此不能较为全面深入地揭示西方元素与中国学前教育的内在关系，以及中国学前教育近代化的历程。有鉴于此，笔者力图在充分占有各类资料（特别是原始资料）的基础上，首次按照文化教育构成三要素，即思想（精神）、制度、器物（包括实施），对中国近代学前教育近代化历程进行全面梳理：依据时间线索系统分析从初创、发展，到进一步深化、成型这一过程中学前教育思想、体制及实践的变化，以及西方元素在变化中所扮演的角色，借以厘清西方元素与中国近代学前教育的关系。这是本书的理论意义所在。

其次，本书所做研究在某些方面能够深化中外教育交流史研究。近十几年来，中外教育交流研究成为教育史研究及文化史研究的热门。北京大学、浙江大学、华东师范大学、武汉大学以及笔者曾就读的华中师范大学，都有一些学者在从事这一方面的研究并已取得斐然成绩。然而笔者发现，在涉及众多中外文化教育交流的研究中，学前教育似是处于一个被人冷落的角落，关于学前教育的有分量的研究寥若晨星。本书虽侧重研究西方元素对中国近代学前教育的影响，属于单方面的交流，但在某种程度上也弥补了有关缺失，深化了这一领域的研究。

最后，笔者力图对一些过去流行的见解进行新的探讨。例如，一般认为，中国近代制度化的学前教育起步于向国外学习的历史，先是模仿日本，然后是学习欧美，再后来是以张雪门、陶行知、陈鹤琴等人为代表的学前教育本土化。而笔者通过研究发现，在 19 世纪 80 年代，外国教会已经在中国沿海地区创办了幼儿教育机构——小孩察物学堂，它虽未得到官方认可，但它确实以"潜在"的方式存在并将西方幼儿教育观介绍到中国且产生影响。对这一影响也应加以研究。此外，清末模仿日本范式，而日本也借鉴了西方学前教育。又如民国中后期，一批教育家针对其时学前教育外国化、宗教化的弊端进行本土化的探索，但不能否认部分探索及其取得的成果或成就，其核心是西方传入的以儿童为本位的人本主义教育思想与中国传统幼教、早教理念的结合体。

中华人民共和国成立后的 20 世纪 50—60 年代中期，学前教育研究及实施搬用苏联模式。"文化大革命"期间，学前教育发展基本处于停滞状态。改革开放后，中国学前教育事业得到恢复和发展。在主动面向世界之时，引进了皮亚杰（Jean Paul Piaget）的儿童认知发展理论、蒙台梭利（Maria Montessori）教学法（属重新引进）、瑞吉欧教学法、海恩斯科普（High Scope）的幼儿课程体系等。在引进、移植、改造的过程中，中国的学前教育重新焕发活力。

事实证明，在学前教育研究中，面对西方文化，我们既不能只求传统，闭锁不纳；也不能全盘接受，乃至顶礼膜拜。本书在研究中国近代学前教育发展中，以西方元素为主要研究对象，正视其带来的积极与消极作用，客观分析其产生的影响，探究历史本来发展过程，努力展现中国学前教育发展史原貌。这也是本书的现实意义之所在。在文化多元化背景之下，如何追求"各美其美，美人之美，美美与共，天下大同"[①]，是国际社会发展应该解决的问题。具体到我国的学前教育，就需要解决如何建立具有中国特色的学前教育以及如何处理好教育交流的问题。我们要充分认识西方元素的影响是什么，它的影响力在哪里。研究近代学前教育的发展历史，研究西方元素在其中所发挥的效用，有助于我们更为深入地解决中国学前教育所面临的实际问题，积极有效地为现实服务。这是本书的又一现实意义。

还应指出的是，本书将研究时段限定在 19 世纪后期至 1949 年。1949 年至今，学前阶段的中外教育交流，特别是国外（尤其是苏联及欧美各国）对中国学前教育的影响仍然存在，其中也有许多经验和教训值得总结。这些内容将成为笔者后续的研究课题，在本书中不会过多涉及。

四、文献综述与评析

纵观中国教育发展历程，其自上而下的发展特点非常显著。在教育研究中，重视高等教育领域的倾向明显。基础教育关系到现代中国每个家庭，随着义务教育进一步深入发展，一大批专家学者的目光聚焦于基础教育，相关领域的研究成果也相当丰硕。然而，学前教育虽然被视为基础教育的组成部分，但目前仍未纳入义务教育的范畴。多年来，我国学前教育经费较为短缺，不仅公立学前教育机构严重不足，教育科研队伍中学前教育研究的力量也十分弱小，所取得的成果无法和其他热门教育领域研究相比拟。

根据全国教育科学规划领导小组办公室在其网站上公布的数据，从"七五"至"十一五"规划期间被列为"全国教育科学规划课题"的学前教育课题的数量共 114 项，在全国教育科学规划课题中的比重仅为 3.4%（见表 2），其中涉及近代学前教育的研究就更微不足道了。

[①] 费孝通：《论人类学与文化自觉》，华夏出版社，2004，第 188 页。

表 2　"七五"至"十一五"规划期间学前教育课题数量的相对变化 ①

	"七五"	"八五"	"九五"	"十五"	"十一五"	总计
学前教育课题	2	13	13	72	14	114
教育规划课题	124	537	1031	1139	539	3370
比例 /%	1.6	2.4	1.3	6.3	2.6	3.4

不过就笔者收集的研究资料来看，近代学前教育资料的丰富性虽无法与其他教育领域相比，但绝对数量还是差强人意的。例如，1982 年中央教育科学研究所图书资料室清点馆藏清末和民国时期有关学前教育及儿童教育的著作，计 164 部。此外，中华人民共和国成立前出版的《中华教育界》《教育杂志》《东方杂志》以及 20 世纪 80 年代后出版的《陶行知全集》《陈鹤琴全集》《张雪门幼儿教育文集》《张宗麟幼儿教育论集》及众多单行本等，都是弥足珍贵的研究近代学前教育的重要文献，为本书的写作奠定了基础。

根据搜集到的资料来看，可将文献归为三大类：一是国内对近代学前教育领域的相关研究；二是国外对近代学前教育领域的相关研究；三是西方教育在中国传播的相关研究。

（一）国内对近代学前教育领域的相关研究

根据笔者搜集的材料来看，国内对近代学前教育的研究领域较为宽广，但深度有待进一步挖掘，有的研究缺乏系统性。1901 年创刊的《教育世界》作为我国最早的教育专业刊物，详细译介了日本及欧美各国的学制、教育法令等，并翻译和刊载了多部著名教育小说，宣传西方资产阶级儿童教育观念，如卢梭 (Jean-Jacques Rousseau) 的《爱弥儿》、裴斯泰洛齐 (Johann Heinrich Pestalozzi) 的《贤伉俪》（现译为《林哈德和葛笃德》）等名作。其时中国对西方教育制度、理论的介绍有限，更谈不上对近代学前教育做深入研究。五四运动后，陶行知、陈鹤琴等留美学子学成归国，开展学前教育研究并发表一系列论著，形成一股研究学前教育的浪潮。到 20 世纪二三十年代，关于学前教育史的专著开始出现，学前教育研究更加具体化，并更具针对性。

① 刘晶波、丰新娜：《"全国教育科学规划课题"中学前教育课题研究的状况与分析》，《学前教育研究》2008 年第 11 期。引用时有改动。

陈鹤琴等人于 1927 年组织了中国幼稚教育研究会，并创办《幼稚教育》月刊。1929 年《幼稚教育》更名为《儿童教育》，由中华儿童教育社出版。该刊以讨论和研究幼稚教育、小学教育和家庭教育的实际问题为主。中华人民共和国成立后，对中国近代学前教育的研究多见于国人有关学前教育史的著述中。现将国内对近代学前教育领域的相关研究作以下分类。

1. 历史类

学术界普遍认为学前教育史是一门年轻的学科。任钟印先生在 2009 年撰文指出：“教育史的研究发展成一门独立的学科，到现在不过 200 余年。幼儿教育史从一般教育史中分化出来成为一个分支学科，则更是不到 80 年。”[①]从 1904 年到 1926 年，基本没有专门的中国学前教育史著作出版。直到 1927 年，舒新城在《教育杂志》第 19 卷第 2 号[②]发表了《近代中国幼稚教育小史》，这是较早研究中国学前教育史的论文。同期，陈鸿璧也发表了《幼稚教育之历史》，对中国引进外国学前教育机构进行简单回顾并深思，主要指出了中国学前教育中的弊病。不少学者在研究学前教育时，往往附带涉足学前教育史领域。例如张雪门著的《新幼稚教育》（儿童书局，1933）、《幼稚教育新论》（中华书局，1936），其中都有关于中国学前教育历史演变章节，但尚嫌过简，往往以论代史。另外，一些教育史专著开始关注学前教育相关领域，如陈翊林著的《最近三十年中国教育史》（上海太平洋书店印行，1930），在阐述初等教育时，附带论述学前教育的发展过程。以上提到的资料都对当时中国学前教育发展概况有过初步统计，具有一定史料价值。随后学前教育领域的相关史学著作也陆续出版，如邵鸣九著的《幼稚教育史大纲》（世界书局，1935），介绍了幼稚教育的内容和沿革、中国幼稚教育的变迁等。这些著述初步勾勒了中国近代学前教育发展的脉络。

在 20 世纪 80 年代之前，还缺少有分量的学前教育史研究成果。学前教育史作为学科，是随着 20 世纪 80 年代末 90 年代初一批专著相继出版而得

---

① 任钟印：《序》，载杨汉麟《外国幼儿教育史》，人民教育出版社，2011，第 1 页。
② 笔者按：1912 年的《教育杂志》标明出版卷、号（期）时，有时用“期”，有时用“号”。本书引文出处尊重原状。

以建立的。[①] 我国先后出版了 7 本具有一定影响力的中国学前教育史著作。乔卫平和程培杰著的《中国古代幼儿教育史》（安徽教育出版社，1989）是一部开创之作。之后，李定开编著的《中国学前教育》（西南师范大学出版社，1990），何晓夏主编的《简明中国学前教育史》（北京师范大学出版社，1990），孙爱月著的《当代中国幼儿教育》（福建人民出版社，1991），唐淑、钟昭华主编的《中国学前教育史》（人民教育出版社，1993），易慧清著的《中国近现代学前教育史》（东北师范大学出版社，1994），杜成宪与王伦信合著的《中国幼儿教育史》（上海教育出版社，1998）先后问世。另外，由中国学前教育史编写组编的《中国学前教育史资料选》（人民教育出版社，1989）也在一定程度上补充了以前有关史料之不足。

进入 21 世纪后，一批中国学前教育史著作先后问世，比较有代表性的有喻本伐编著的《中国幼儿教育史》（大象出版社，2000）及其著的《中国幼儿教育发展史》（华中师范大学出版社，2012），余子侠与方玉芬编著的《中国幼儿教育名著选读》（华中师范大学出版社，2008），刘彦华著的《中国学前教育史》（光明日报出版社，2010）等。南京师范大学王春燕博士的论文《中国学前课程百年发展、变革的历史与思考》（2003），作为专题史的研究也颇具特色。在这些史料中，或多或少都涉及中国学前教育发展的重要时期——清末至中华人民共和国成立前。这些论著史实清楚，介绍、总结了学前教育发展过程中著名教育家的学前教育思想、实践；并通过史论结合的方式，初步探究中国近代学前教育变革与发展的动因。有的还从儿童心理学、教育学、课程论等多学科的角度进行了讨论。

此外值得一提的是，定居台湾的张雪门先生，在身患沉疴半身不遂期间仍笔耕不辍，完成《幼稚教育五十年》（台湾书店，1969）一书。该书语言朴实生动，总结了作者从事幼教工作 50 年的经历和体会，使读者更容易对近代学前教育发展历程获得直观的画面感，是研究中国近代学前教育不可多得的历史材料。

在研究外国近代学前教育方面，最早的一部著作当属张宗麟所著的《幼

---

① 卢清编著：《中外学前教育史研究》，贵州人民出版社，2008，第 2 页。

稚园的演变史》（商务印书馆，1935）。该书主要对世界学前教育发展的历史进行宏观分析，论述了幼稚园从普通学校、慈善事业、少数人享乐的幼稚园到真正的幼稚园的演变过程等。此书是我国学者最早编著的幼儿教育史著作，但全书仅四万字，内容不够丰富、系统。此外，吴增芥编纂的《各国初等教育发展史》（商务印书馆，1948），用相当多的篇幅介绍了英国、美国、俄国、法国、德国幼稚教育的演进。

在中华人民共和国成立前的教育类杂志上，刊登过少量有关各国学前教育史的论文，如祝康的《奥国革命后的幼稚教育》（《中华教育界》第 19 卷第 5 期，1931），袁昂的《英国幼稚教育的发展》（《教育杂志》第 33 卷第 5 号，1948）。而大多对外国近代学前教育发展历程的研究则从翻译入手，如阿黛勒·梅特纳（Adele Methner）著、谢康翻译的《德国幼稚教育史要》（《中华教育界》第 21 卷第 9 期，1934）等。商务印书馆于 1939 年出版了周竞中翻译、英国学者拉斯克（R. R. Rusk）著的《幼稚教育史》（*History of Infant Education*）。该书为国内最早出版的同类译著，主要介绍夸美纽斯（Johann Amos Comenius）、卢梭、杜威（John Dewey）等 12 位幼儿教育家的学说。有人认为："该书可能是以'史'（history）名义出版的第一部有一定分量的幼儿教育史著作及教材……"[①]

中华人民共和国成立后，外国学前教育史研究全盘苏化。直到 20 世纪 80 年代，才有一批试图在内容上有所突破的教育史著作或译作问世。较早出版的一本是罗炳之编著的《外国教育史》（江苏人民出版社，1981）。该书比较侧重学前教育，专门介绍了杜威、蒙台梭利等人的学前教育思想。此后，在杨汉麟、周采著的《外国幼儿教育史》（广西教育出版社，1993）、邹敏编著的《世界学前教育发展与比较》（科学普及出版社，1993）、单中惠与刘传德合著的《外国幼儿教育史》（上海教育出版社，1997）等书中，从古代学前教育、近代学前教育和当代学前教育三方面阐述世界学前教育的产生和发展。滕大春主编的 6 卷本《外国教育通史》（山东教育出版社，1994）中亦有许多珍贵的材料。进入新世纪后，吴式颖、任钟印主编的 10 卷本《外国

---

① 杨汉麟：《外国幼儿教育史》，人民教育出版社，2011，第 4 页。

教育思想通史》（湖南教育出版社，2002）、杨汉麟著的《外国幼儿教育史》（人民教育出版社，2011）等，更为研究外国近代学前教育发展提供了翔实的史料。

2. 专题类

随着 20 世纪初幼稚园的创办，人们开始注意到学前教育。20 世纪二三十年代，陶行知、陈鹤琴、张雪门、张宗麟、沈百英等一批热心学前教育的人士不断探索，进行实证性研究，著书（撰文）立说，取得了很好的成绩。

在学前教育学方面，贾丰臻 1917 年在《环球》杂志第 2 卷第 3 期上发表的《幼稚教育谈》，文章虽短，但算是较早论述学前教育的论文。还有舒新城 1920 年在《中华教育界》杂志第 10 卷第 5 期上发表的《儿童学与教育》等。这一时期，有关学前教育的著作也不少，如张雪门的《幼稚园教育概论》（商务印书馆，1931）以幼儿的生理和心理为基础来论述幼稚园的课程、教具、教材、教法、教师，环环相扣，对如何办理幼稚园的各个方面都进行了简明而概括的阐述。不久，他著的《新幼稚教育》（上海儿童书局，1933）及《幼稚教育新论》（中华书局，1936）先后出版，对学前教育作了全面且具体的描述。1949 年前，还有樊兆庚编的《师范学校教科书甲种幼稚教育》（商务印书馆，1935）等。这些著作对近代学前教育学进行了初步的探究。此外，民国时期有少数学者从更广阔的外国近代学前教育视角来研究，如祝其乐等人著的《幼稚教育及日美之幼稚园》（商务印书馆，1925）、胡叔异编的《英美德日四国儿童教育》（中华书局，1931），均属此类。

从微观上看，这一时期中国学者研究近代学前教育的成果较为丰硕。19世纪末，康有为等人就曾提出儿童公育的主张。梁启超于 1897 年发表《论幼学》，主张"人生百年立于幼学"，吸引了人们眼球。在 1949 年前，关于柏拉图（Plato）、夸美纽斯、卢梭、裴斯泰洛齐、赫尔巴特（Johann Friedrich Herbart）、欧文（Robert Owen）、福禄培尔（Friedrich Wilhelm August Froebel）、蒙台梭利、杜威、罗素（Bertrand Russell）的学前教育思想，很多都是在教育理论研究或教育实践和演说中被涉及或被译介。当然也有少数直接论述他们教育思想的文章，例如张佛泉在《河南教育月刊》上刊登的《杜威教育思想与中国教育前途》（第 6 期，1932），张清津发表在《文化先锋》上的《福禄培尔的教育思想》（第 21 期，1947）等。

中国本土学前教育家的教育思想多在其著作和实践中表现出来。学者们还从儿童心理学、课程论、教育法、学制、管理学、幼儿园办理等方面进行研究。魏志澄编的《幼稚园教材及教学法》（黎明书局，1935）作为师范教材，较有系统性，详细介绍了幼稚园课程、教学的重要原则等。

翻译国外研究成果方面也颇有所获。如华震著，章益、潘硌基合译的《行为主义的幼稚教育》（黎明书店，1930），罗素著、钱星海译的《幼儿之教育》（商务印书馆北平分厂京华印书局，1932），董任坚译的《初期儿童教育》（上海中华书局，1933），阿德勒（Alfred Adler）著、包玉珂译述的《儿童教育》（商务印书馆，1937）等，以及孟丹尼著、雷通群编译的《孟氏幼稚教育法》（商务印书馆，1930），玛丽·斯图尔特（Mary Sturt）著、胡叔异与洪育心编译的《幼童心理与教育》（中华书局，1948）。这些译述内容丰富，反映了西方学前教育的各派代表性观点，有些论述科学性较强且具有可操作性。

20 世纪 80 年代以后，关于国内外学前教育家思想的研究成果不胜枚举，且日趋丰富和深入。人民教育出版社出版了"外国教育名著"丛书，迄今已出版 40 余本。前面提到的 20 世纪三四十年代中国著名幼儿教育家的文集也纷纷出版。仅以陈鹤琴为例，不仅有数种全集、文集出版，而且期刊上所发表的关于其教育思想及教育观的研究论文就有 1000 多篇。[①]

（二）国外对近代学前教育领域的相关研究

国外对近代学前教育的研究，包括研究成果的数量、内容的丰富与全面，以及研究的科学性，都处在领先地位。笔者对国外学者研究成果的掌握，一方面是从国内翻译的著作中了解（前文已涉及，此处省略），另一方面是从外文资料的搜集中知晓。笔者所掌握的外文资料主要是外国著名学前教育家的著作、他人对学前教育家思想的评析及学前教育史等，如蒙台梭利所著的《蒙台梭利教学法》（*The Montessori Method*，Frederick A. Stokes Company，1912），《家庭中的儿童》（*The Child in the Family*，Avon Books，1956），《有吸收力的心灵》（*The Absorbent Mind*，Dell Publishing Co. 1967）；杜威所著的《兴趣和意志训练的关系》（*Interest in Relation to Training of the Will*，

---

① 根据"读秀—期刊"搜索"陈鹤琴"的数据（2012-01-29）所得。

University of Chicago Press, 1895）等。阅读这些教育家的原版书籍，使笔者对源于西方的近代学前教育思想、教育方法有了新的认识，对中西教育的差异有了更深刻的体悟。再如史丹蒂（E.M.Standing）所著的《玛利娅·蒙台梭利：她的生活和工作》（*Maria Montessori: Her Life and Work*，New American Library，1962），西尔伯（Kate Silber）所著的《裴斯泰洛齐其人和他的著作》（*Pestalozzi: The Man and His Work*，Routledge & Kegan Paul，1960），R. 德·吉姆普斯（R. De Guimps）所著的《裴斯泰洛齐：他的生活和工作》（*Pestalozzi: His Life and Work*，Appleton & Company，1890）。这类著作主要介绍了蒙台梭利及裴斯泰洛齐的生平，并从作者各自的角度阐述了他们的教育贡献。

此外，一些外国传教士兴办教会学校或传教，或多或少会以旁观者的眼光审视中国教育，同时引进西方的经验。早在明清之际，耶稣会来华传教士高一志就撰写过《童幼教育》。该书是一部介绍西方儿童教育及其思想的著作，同时也吸收了中国古代儿童教育的学说及观点，试图借鉴和利用中国传统的教育观念来解释西方的教育思想。有人称之为"明清之际儿童教育论著百花园中的一朵奇葩"[①]。这是笔者见到的涉及学前教育中西交流的最早著作。进入晚清，外国传教士来华人数增多，诸如丁韪良（William Alexander Parsons Martin）、马礼逊（Robert Morrison）、林乐知（Young John Allen）、狄考文（Calvin Wilson Mateer）等人，他们和中国近代教育的发展有着千丝万缕的联系，在他们的相关论述中都有与中国近代学前教育相关的内容，这些内容是研究中国近代学前教育的宝贵资料。另外，林乐知创办的《万国公报》同晚清的社会、文化热点以及广大民众的视角联系甚为密切。该报关心时事、关注中国文化、注重传播新知识，成为晚清最有影响的报纸之一。尤其是1889年复刊后，所载关于西方教育的文章明显增加，且多与其时中国教育变革紧密相连。在这些传教士的研究成果中，1901年，美国的郭斐蔚（Frederick Rogers Graves）在《万国公报》上发表的《设学校以育人才论》一文，针对中国教育系统培养人才的弊端提出在中国设立四等学堂的

---

① 田正平主编：《中外教育交流史》，广东教育出版社，2004，第69页。

主张，其中第一等即是筹设蒙养学堂："男女不必分设，先教以入学规矩，次则开其识见，引其机智，按图解说，口讲指画，俾人人易晓，声入心通，或以浅理诗歌，或以易明事理，使之口诵心维，自然日进于不觉。"① 林乐知主张的蒙养学堂是一种蒙养院与初等小学堂相结合的教育机构。1905 年，林乐知发表在《万国公报》第 201 期上的《论中国亟须设立幼稚园》一文中，以及美国传教士麦女士在《基督教女子教育》② 一文中，均用了一定篇幅论及中国幼稚园教育问题。另外，也有学者对中国教育发表意见，其中不乏涉及学前教育问题。如克伯屈（William Heard Kilpatrick）访华时曾说道："现在中国的幼稚园，还是在二十五年以前的幼稚园……就是一切都是机械的，同是一律的天天在那里拍拍手，走走圆圈，一个教师在那里弹着琴……总之，一切活动，都是机械的，千篇一律、万篇一律、一成不变的。"③

近几十年中，国内出版的反映外国学者有关研究成果的著作日益增多。例如波兰的露存在《何谓教育方针》④ 中通过中西儿童比较，探讨了儿童发展中的共性问题。美国的休伯特·O. 布朗著的《中国教育中的美国进步主义：陶行知个案》⑤、周洪宇编的《陶行知研究在海外》（人民教育出版社，1991）里收录了一些美国、日本、英国、德国、法国、加拿大等国学者从不同的文化立场对陶行知的思想进行深化研究的成果。

（三）西方教育在中国传播的相关研究

清末民初这波西学东渐浪潮对中国的冲击巨大，导致了风起云涌的政治革命、文化革命，推动了数千年未有的社会转型、文化转型。在这一过程中，西方教育借着西学传入中国的东风，也如潮水般地涌入。但笔者在整理文献的过程中发现，专门研究并冠名为西方近代教育在中国的传播或影响的专著很少。据笔者管见，似只有两本，一本是周谷平著的《近代西方教育理论在中国的传播》（广东教育出版社，1996）。该书以赫尔巴特、杜威、马克思

---

① [美]郭斐蔚：《设学校以育人才论》，《万国公报》1901 年第 151 期。
② 李楚材辑：《帝国主义侵华教育史资料——教会教育》，教育科学出版社，1987，第 23 页。
③ 陶行知：《今日之幼稚园》，载华中师范学院教育科学研究所主编《陶行知全集》第二卷，湖南教育出版社，1985，第 158 页。
④ 张鸣、吴静妍主编：《外国人眼中的中国》第七卷，吉林摄影出版社，2000，第 91 页。
⑤ [加]许美德、[法]巴斯蒂等：《中外比较教育史》，上海人民出版社，1990，第 183 页。

主义三大教育思想在中国的传播为主线，分析其对中国教育实践的影响，但未涉及学前教育。另一本是加拿大多伦多大学的沃姆斯利（Lewis Calvin Walmsley）的博士论文《西方对中国教育的影响》（"Western Influence on Chinese National Education"，1945）。该论文主要叙述了清末民初中国在西方文化影响下，学制、课程、高等教育等多方面的变化，亦未涉及学前教育。

另外，田景正的《中国学前教育史论——近代以来中国对外国学前教育的引进与创新》（湖南人民出版社，2009），是唯一一本从学前教育角度探讨西方教育在中国传播的专著。该书侧重从国人引进、接受的角度介绍近代外国（包括西方）教育对中国学前教育的影响。作者围绕制度与思想、借鉴与创新两条主线搜集资料并进行讨论，提出了许多有价值的观点。不过该书的不足是不够全面，也不够细化。

虽然涉及西方教育在中国传播的专著甚少，涉及学前教育的专著更少，但涉及有关中西教育交流内容的书籍不少。在金林祥主编的《20世纪中国教育学科的发展与反思》（上海教育出版社，2000）中，作者认为西方教育在中国的早期传播有两个途径：一是传教士对西方教育的介绍，二是国人对西方教育著作的译介；同时，本书对西方教育学科的引进背景、传播过程及主要手段进行较为详细的介绍，但没有做更深层次的分析。元青著的《杜威与中国》（人民出版社，2001）、王彦力著的《走向"对话"——杜威与中国教育》（教育科学出版社，2008）都着力论述了杜威教育思想的引入，特别是杜威来华及其对中国教育文化方面的后续影响。前已提及的刘彦华的《中国学前教育史》（光明日报出版社，2010）虽然是一部史学类的专著，但它的论述角度较其他史学类专著不大相同，而是将全书分为历史发展类和历史专题类两部分。其中有专门一章介绍了外国儿童教育思想，如福禄培尔、蒙台梭利及杜威的思想在中国的传播，只是较为简略。

近年来，有关西方教育在中国传播的学术论文逐渐增多。它们大多是从西方教育的某个具体维度来研究的。如宋秋蓉的《西方教育文化在近代中国的传播》（《历史学习》，1996年第3期），周谷平、王剑的《近代西方教育实验理论和方法在中国的传播》[《浙江大学学报》（人文社会科学版），

2000 年第 3 期]，李兴韵的《西方教育哲学在中国的传播》（《学术研究》，2004 年第 1 期），夏泉的《试论西方高等教育明清时期在中国的传播》（《江苏高教》，2004 年第 4 期），李宁、李君与昊瑕的《近代西方教育理论在中国的传播》（《企业导报》，2010 年第 12 期）等。这些研究成果大多具有史实性、描述性的特点，缺乏深层次的挖掘，但笔者通过它们能够掌握到较多的西方元素在中国传播及影响的背景资料，对于本书的写作不无裨益。

五、依循理论及研究方法

本书主要以文化学（特别是文化传播学）的相关理论为基础，来构建全文框架。

文化结构是一种非平衡的结构，每种文化系统总要与外界的自然生态环境和其他民族的文化系统相互联系、相互作用。从空间上分，文化可以分为本土文化和外来文化。任何一种文化，都会或多或少地受到一些外来文化的影响。文化的输入通常是文化传播或者文化涵化的结果。文化传播是一个群体向另一个群体借取文化要素或元素并把它们融进自己文化之中的过程，具有选择性的特征。文化涵化指当一个群体或社会与另一个群体或社会接触时，弱小的群体常常被迫从强势群体那里获得文化要素或元素。"与传播相比，涵化是某种外部压力作用的结果。"[1]19 世纪下半叶到 20 世纪上半叶的中国，西方文化的输入具有文化传播和文化涵化的特点。

笔者前面在对元素进行界定时，已经提到文化系统的多个层面和诸多文化元素（文化特质）的相关内容。文化输入过程中，一种文化的元素被另一种文化所接受也是有一定的顺序的。美国社会学家乌格朋（William Fielding Ogburn）最先提出"文化滞后"这一概念。"文化滞后突出地表现在传播技术与传播价值的不一致上，即技术的传播一般总是先于价值观念、规范等的传播。"[2]一般来说，文化器物层的输入总是先于精神（核心）层和制度层的输入。这种先后序列，实由文化的系统性所决定。在文化输入过程中，物质、

---

① 陈建宪主编：《文化学教程》，华中师范大学出版社，2011，第 177 页。
② 郑金洲：《教育文化学》，人民教育出版社，2014，第 126 页。

生产活动只触及人们生活的表层，不动摇传统的生活方式，故阻力较小，而触及精神思想达到人们内心深处的文化变迁将影响全部的传统价值系统，故阻力较大。

陈独秀在1916年发表的《吾人最后之觉悟》中说道：

欧洲输入之文化，与吾华固有之文化，其根本性质极端相反。数百年来，吾国扰攘不安之象，其由此两种文化相触接相冲突者，盖十居八九。凡经一次冲突，国民即受一次觉悟。……最初促吾人之觉悟者为学术，相形见绌，举国所知矣；其次为政治，年来政象所证明，已有不克守缺抱残之势。继今以往，国人所怀疑莫决者，当为伦理问题。此而不能觉悟，则前之所谓觉悟者，非彻底之觉悟，盖犹在惝恍迷离之境。吾敢断言曰：伦理的觉悟，为吾人最后觉悟之最后觉悟。[1]

陈独秀对近代以来西学东渐三个层面的阐述，大体符合西方文化输入中国的轨迹，也揭示了西方文化的输入从器物层逐渐深化到精神（核心）层的逻辑发展。

与此相应，中国近代学前教育的发轫是以外国传教士在华办学——西方学前教育器物层的输入为先导。鸦片战争，西方列强借助坚船利炮打开中国大门。大量传教士借助不平等条约进入中国。他们在充当侵略中国的工具时，传播了一些西方的科学技术和文化。传教士在中国传教时，首先向中国人展示西方先进的物质设备，然后创办西式的教会学校来吸收信徒。19世纪80年代，教会建立的小孩察物学堂开始招收中国籍学生，这是我国近代最早的学前教育机构。它游离于中国学校教育系统之外，一直以潜在的方式影响着中国学前教育办学、教学的发展。甲午战争，泱泱大国败给蕞尔小国，使中国有识之士开始探讨比器物更深一层的东西，那就是制度。1904年《癸卯学制》的颁行，是中国开始学习西方近代先进教育制度的开始，也是中国近代学前教育体制形成的标志。在精神（核心）层，虽然清末的张之洞、康有为等人受西方影响，提出"宜教少年"、儿童公育等观点，但在民智未开的社会背

---

[1] 陈独秀：《独秀文存·论文》（上），首都经济贸易大学出版社，2018，第29—32页。

景下，加之张、康等人对幼儿教育的认识水平较为肤浅，故其影响有限。西方学前教育核心思想真正被接受是在新文化运动时期。那时各种西方思潮如火如荼地涌入中国。蒋梦麟曾这样形容这一时期西方文化的输入："由华东沿海输入的西方文化，却是如潮涌至，奔腾澎湃，声势慑人。"[①] 西方学前教育思想的内核为广大知识分子所推崇。中国近代学前教育各方面发展总体历程，真切地表明了学前教育在文化各层面传播上的不一致性。

另外，前文涉及的文化三层面也总在相互作用、相互影响。无论是外显的存在与行为，还是内在的价值观念，都不是孤立存在、"各自为政"的。任何一个层面的变化，必然会影响到其他的部分。所以纵观中国近代学前教育的发展历程，在某些特殊时期，西方元素对中国学前教育的影响并非完全遵循器物层—制度层—精神（核心）层的影响模式。

无论通过文化的传播还是文化的涵化，一种文化总是会有意无意地摄取外来文化因素，以丰富自身的文化内涵。在文化整合之前，这些外来文化成分只能游离于文化系统之外，因为只有经过一定本土化的改造，它们才能够被固有的文化吸收、融合。纵观中国近代学前教育的发展历程，从小孩察物学堂到实验性幼稚园，从教会式学前教学到本土化学前教学，从直接移植日本学制到不断改进的壬戌学制，从"中体西用"到陶行知等人对中国幼儿教育思想的反思与创新，都无一例外地反映出中国学前教育在器物、制度、精神（核心）层里不断地对外来西方元素的吸收和本土化改造。

除文化学（特别是文化传播学）的理论及方法外，本书还涉及教育学、历史学、文献学、社会学等诸多学科领域，所以笔者还运用教育学、历史学及其他相关学科的研究理论与方法。

文献法是本书最基本的研究方法。"教育文献是指一切用各种符号形式保存下来的、对教育研究有一定历史价值和资料价值的文献资料。"[②] 笔者通过搜集、鉴别、整理大量研究史料，在一定程度上掌握了较为丰富的历史文献及资料，从而为较全面正确地了解中国近代学前教育发展的历史背景、

---

① 蒋梦麟：《西潮·新潮》，岳麓书社，2000，第 241 页。
② 梁永平、张奎明主编：《教育研究方法》，山东人民出版社，2008，第 70 页。

脉络及其西学东渐（传播）奠定了基础。对中国近代学前教育发展的总体把握，有助于笔者尽可能公正、客观地按照历史的本来面貌，把中国学前教育近代化过程中的有关政治、经济、文化、制度、人物、实践等置于特定的时间与空间下进行分析，从而揭示中国近代学前教育发展的过程与本质。在引证历史文献时，务求严谨，尽量减少人为差错。

个案研究法也是本书采取的研究方法。对中国近代学前教育发展颇具影响的教育家分别进行个案研究，考察他们的生平活动，分析他们的教育思想与实践，总结他们的教育思想在中国传播或影响的过程，有助于笔者在中国近代学前教育发展的复杂过程中，从微观层面上探寻西方元素所产生的作用。

现代是一个多元时代，学术亦是多元的，学术研究方法也应该是多元的。本书涉及多种学科领域，所以采用交叉学科研究方法很有必要。交叉学科研究方法指运用多学科的理论、方法和成果从整体上对某一课题进行综合研究的方法，也称"交叉研究法"。研究课题要从不同角度看问题，从里看，从外看，从多角度看；研究任何问题，既要进得去，又要出得来。正如王国维在《人间词话》中所说："诗人对于宇宙人生，须入乎其内，又须出乎其外。入乎其内，故能写之。出乎其外，故能观之。入乎其内，故有生气；出乎其外，故有高致。"[1] 如做不到这一点，则只能留下"不识庐山真面目，只缘身在此山中"的感叹。本书将运用文化学、社会学、心理学等学科的研究方法，对中国近代学前教育的相关研究对象进行定性或定量的分析，以求深入分析西方元素对中国近代学前教育的影响。

比较法也是本书采用的基本研究方法之一，有横向比较及纵向比较。横向比较主要针对同一时期中西学前教育的特点及差异进行比较分析，以探讨中西学前教育发展、交流的共同规律及特殊规律。纵向比较主要对中西不同历史段的教育进行对照、联系、比较，其功用在于有利于追根溯源，寻找中西幼儿教育发展演变的轨迹及规律。

---

[1] 游光中主编：《历代散文名句鉴赏》（下篇），四川辞书出版社，2010，第188页。

第一章

近代中国学前教育发展的中西历史背景

本书致力于探讨西方元素——尤其是其中教育方面的元素对中国近代学前教育的影响，以及在这一影响下中国学前教育近代化的历程。在进行有关探讨之前，有必要对中国古代以及西方古代和近代学前教育的发展历程及特点作一鸟瞰式考察。

第一节　中国古代学前教育的特点及实施

一、中国传统幼儿教育思想

中华文明源远流长，中华民族的祖先在漫长的岁月里通过生活实践创造了光辉而灿烂的历史文化。中国又是具有悠久教育传统的礼仪之邦。《礼记·礼运》篇所记"人不独亲其亲，不独子其子"，反映了我国古代儿童教育的情形。中华民族在生息繁衍的过程中积累了丰富的幼儿教育经验，很多教育家从不同角度提出关于幼儿教育的见解和主张，逐渐形成了中华民族自己独特的幼儿教育观念，从而构成了我们的"文化传统"。"传统既是历史又是现实，它是历史在现实中的沉积。它不仅作用于过去，而且构成为一种强大的现实力量作用于当前乃至未来。"[①] 如"幼吾幼以及人之幼"的民族古训等，直到今天甚至以后都值得我们研究和借鉴。当然，历史传统及观念也有良莠之分。在诸多幼儿教育思想中，现仅选取较为核心的几种幼教观加以叙述，以此略见中国古代幼儿教育思想之一斑。

（一）注重"早谕教"

广义的早期教育指从人出生到小学以前阶段的教育。中国古代历来就有重视早期教育的传统。中国古老而深邃的经典《易经·蒙卦》中说："蒙以养正，圣功也。"意思是说，从儿童时期起，就要对他们进行良好的教养，这是当圣人的基础。一个"蒙"字，就点出施教时间是从蒙童开始。汉代的王充从唯物论的角度出发，批判"天生圣人""神造英才"的唯心主义观点，提出"人才早就"的主张，积极倡导儿童的早期教育及人才培养。西汉学者贾谊更明确地提倡"早谕教"。

---

① 鲁洁主编：《教育社会学》，人民教育出版社，1990，第 135 页。

对早期教育这一观点论述相当透彻者，当属南北朝时期的颜之推。他主张："当及婴稚，识人颜色，知人喜怒，便加教诲，使为则为，使止则止。"① 宋代的儒学大师朱熹也指出："讲而习之于幼稚之时，欲其习与知长、化与心成而无扞格不胜之患也。"② 清初孙奇逢在其所著的《孝友堂家训》中更是明确地提出："端蒙养，是家庭第一关系事。"③

中国古代的早期教育理论，包括胎教。有关论述，历代甚多，精伪混杂。中国的胎教始于三千多年前的周文王之母太任。据汉代刘向《列女传》记载，太任在妊娠期间，"目不视恶色，耳不听淫声，口不出敖言，能以胎教"。汉代的贾谊、戴德、王充等人都对胎教进行过理论上的阐发，都强调"慎始敬终"。颜之推对古时圣王实施胎教的做法十分推崇。唐代的孙思邈利用"外象内感"的理论阐述胎教的作用。朱熹积极主张胎教，并在《小学·立教》中加以提倡。宋代的程颢、程颐、陈自明，元代的朱震亨，明代的万金、许相卿等均有对胎教的论述。这些论述虽夹杂一些不合科学之言，但其中也不乏合乎科学的内核乃至闪光点。如将中国古代的胎教理论以及早期教育理论与西方历史上的有关理论——如柏拉图、亚里士多德（Aristotle）、夸美纽斯、康帕内拉（Companella）的有关理论——进行比较，不难发现，二者既有许多相同点，也有许多不同点，但都反映了前人对胎教的重视。

（二）以德教为本

注重幼儿的思想品德教育，努力使幼儿形成初步的道德观念，是中国古代学前教育的传统。周文王在教导王子时，形式上虽以"礼、乐"为主，但实际上以"礼"为教，以"德"为本。前面提到的"蒙以养正"中的"正"，即纯正无邪的品质，体现出古人对道德教育的重视。明代的王廷相对此进行解释："童蒙无先入之杂，以正导之而无不顺受，故易可以养其正性……"④ 孔子从人性论的角度出发，提出"性相近也，习相远也"的命题。人们的性情本是相近的，只因后天的环境与教育不同，人们的道德品质便渐渐相去甚

---

① 颜之推：《教子》，载《颜氏家训》，檀作文译注，中华书局，2007，第 8 页。
② 朱熹：《题小学》，载龚德隆主编《中华教育经典》（上卷），中国人民公安大学出版社，1998，第 409 页。
③ 孙奇逢：《孝友堂家训》，中华书局，1985，第 1 页。
④ 昌怀辛译注：《慎言·雅述全译》，巴蜀书社，2009，第 341 页。

远。既然道德品质是后天培育而成的，那么一开始就应该注重道德规范的学习和道德修养。孔子说："弟子，入则孝，出则悌，谨而信，泛爱众，而亲仁。行有余力，则以学文。"① 这也是现代社会倡导的"先做人，后读书"之意。颜之推的幼教思想仍以德育为中心，赞同幼儿出生之后，须立志、习礼、笃行、归仁。朱熹也说过："自小便教之以德，教之以尚德不尚力之事。"② 他们都十分重视道德教育，强调品行修养必须从小抓起，成人之后，方能自然地践行"修身、齐家、治国、平天下"之道。

中国古代重视人的早期教育，是以教育与人的发展为出发点。重视幼儿道德教育，则和教育与社会的发展息息相关。经济、政治制度与科学文化等时刻制约着人们的教育观念，古代也不例外。父母是幼儿的第一个教育者。家庭具有培养下一代成为符合社会需要的人的社会功能。德教为本恰恰反映了社会发展这一要求，古今皆然。虽然德育的具体内容随着时代的变化而有所不同，但以德教为本这一普遍的原则没有因时代的变化而变化。

在家庭本位的小农经济社会中，在以宗法制为核心的封建专制以及儒家文化占主流的社会里，从上至下，从家庭到社会，人们不约而同地在幼儿早期就向他们灌输道德思想。比如，教导子女诚实守信、淡泊名利、谦和仁爱等。但是古代幼儿教育观的核心是强调忠孝一体化的伦理中心主义。《孝经》云："夫孝，德之本也，教之所由生也。"③ 直接把孝道摆放在教育突出地位。同时又把孝道推广到国家政治方面，以尊君、忠君为天经地义，从而达到"以孝治天下"的目的。这种移"孝"作"忠"的说教逐渐发展成所谓的"名教"，以维护古代中国社会的秩序。孝成为古代道德教化的根本。

古代家庭教育大师颜之推尤其重视家庭伦理的培养，主张依照儒家的道德伦理规范来培养人才。《颜氏家训》载："生子咳提，师保固明孝仁礼义，导习之矣。"④ 朱熹主张从"孩幼而教之以孝悌诚敬之实，及其少长，而博之以诗书礼乐之文，皆所以使之即夫一事一物之间，各有以知其义理之所在，

① 杨伯峻译注：《论语译注》，中华书局，1980，第4—5页。
② 朱熹：《学一》，载黎靖德编《朱子语类》第一册，崇文书局，2018，第97页。
③ 舒大刚编著：《孝经》，济南出版社，2018，第17页。
④ 颜之推：《教子》，载《颜氏家训》，檀作文译注，中华书局，2007，第8页。

而致涵养践履之功也"。① 总之，古代幼儿道德教育力图把忠孝、"三纲五常"的伦理道德，通过各种形式的教育熏陶内化为幼儿内心的道德法则，成为其人格的一部分，最终使幼儿能够自觉地按照封建伦理道德的要求去行事。

（三）以成人为本位

早在西周时期，中国开始形成一套以血缘联系和社会政治等级关系密切渗透、交融的宗法制度。上至至高无上的天子，下至平民百姓，都被网罗到宗法制度之中。到春秋战国时期，礼崩乐坏，宗法制度逐渐衰微，然而宗法精神却传承下来，并与儒家思想相结合，形成了中国特有的封建伦理政治制度。在宗法制度下，父母特别是父亲在家庭中拥有绝对权威。在"家国同构"的观念里，天子是国家的大家长，犹如严父，治理国家的一切部门。"子女"必然依附于"家长"。

另外，自先秦时期孔子提出明上下、别尊卑的"君君、臣臣，父父、子子"的伦理观后，宗法社会中逐步形成了几组基本人际关系：君臣、父子、夫妇、兄弟、朋友。这就是所说的"五常"或"五伦"。孟子将"五常"之说进行了理论化，提出"父子有亲，君臣有义，夫妇有别，长幼有序，朋友有信"②。西汉时期，为强化君主专制，汉武帝接受了董仲舒的天人三策，使儒家学说在此之后处在独尊的地位："诸不在六艺之科孔子之术者，皆绝其道，勿使并进。"③ 董仲舒所倡导的儒学，实际上是为满足统治阶级的需要而进行了改造。在伦理道德方面，他提"三纲"："王道之三纲，可求于天。"④ 自是而后，"三纲"的专制与"五常"的尊卑被不断强化。

在中国古代社会，幼儿在家国天下的等级社会中及纲常伦理中始终处于被支配地位。成人持有将儿童视为"缩小的成人"这一观点，对儿童实施教育。父母可以任意打骂孩子，按照自己的意愿安排孩子的生活，可以无视儿童自身的心理发展特点和教育需求。北宋的司马光在《居家杂仪》中说："凡

① 朱熹：《答吴晦叔书》，载张文治编《国学治要·子部 集部》，北京理工大学出版社，2014，第1063页。

② 李学勤主编：《十三经注疏·孟子注疏》，北京大学出版社，1999，第174页。

③ 班固：《董仲舒传》，载《汉书》，三秦出版社，2009，第98页。

④ 董仲舒：《基义第五十三》，载曾振宇注说《春秋繁露》，河南大学出版社，2009，第306页。

诸卑幼，事无大小，毋得专行，必咨禀于家长。"① 儿童从小就被灌输"学而优则仕""加官进爵""光耀门楣"等成人世界里的观点。

通过上述对古代幼教思想的粗浅梳理及分析，不难看出，如侧重从问题的角度考察，由于受封建宗法制度的限制，古时幼儿独立的人格及地位缺失。幼儿往往被看作家庭或家族的私有财产，幼儿没有独立自主的人格，有的只是对家长的人身依附、隶属关系。虽然中国向来有重视幼儿教育的传统，但其最终价值取向仍是成人本位或家族本位、社会本位。从社会利益及维护家长权威出发的封建幼儿教育思想占据我国古代幼教观念的主流。这和古代西方的儿童教育旧传统颇有相似之处。

任何文化中都存在相反相成的一面。值得一提的是，明清时期的王阳明、李贽、顾炎武、戴震等杰出思想家，虽然局限于儒学而求思想解放之路，但从感性出发，直觉地认识到传统教育思想的荒谬之处，故对某些"复尽天理，革尽人欲"的传统幼教观念进行批判，肯定了人欲、人心、私利（包括儿童权利）的合理性，使得张扬个性、倡导实学的教育思潮有所发展，反映了中国古代资本主义萌芽时期市民阶层的心声，预示着中国近代学前教育思想的大变革。

二、家庭——中国古代学前教育的承担者

家庭教育古已有之，对此一个权威的界定是：

> 通常多指父母或其他年长者对儿女辈进行的教育。其主要任务是：儿童入学前，使他们的身心健康发展，在德、智、体、美、劳诸方面奠定初步基础，为接受学校教育做好准备；在儿童入学后，紧密配合学校，督促他们完成学校规定的学习任务，继续关心他们的身体健康，发展正当的兴趣爱好，培养良好的思想品质；针对生活中出现的矛盾，家庭成员间进行相互开导和帮助。②

从教育分期来看，家庭教育既包含学龄前教育，也包括学龄期教育。

---

① 费成康主编：《中国的家法族规》，上海社会科学院出版社，1998，第 255 页。
② 教育大辞典编纂委员会编：《教育大辞典》第 1 卷，上海教育出版社，1990，第 11 页。

在中国古代，入小学前的儿童都在家中接受教育。那时，家庭教育担负了学前教育的重任，家庭往往成为中国古代学前教育施教的主要场所。关于近代以前是否产生过社会学前教育的问题，学界有多种观点。有的研究者指出："中国古代的学前教育是在家庭中进行的。但在中国古代历史长河中，也曾出现过专门接收幼儿的社会机构。特别是汉唐以来，当时所谓的蒙学机构实为兼容学龄和学前儿童的教育机构。"[1] 类似的情况在世界其他地区也存在。例如古代埃及法老的宫殿里就曾开办过宫廷学校，兼收学前及学龄儿童。[2] 至于中西历史上所谓"孺子室"（西周）、"邸第"（汉代）、"慈幼局"（宋代）、"乡村之家"（古罗马）等接受婴幼儿（或婴幼儿与稍大儿童混杂）的机构更是不胜枚举。但笔者认为，近代之前的这些机构（例如上面提到的"蒙学"），并不是专门的社会幼教机构，有些甚至只能称为慈善机构，与近代以来产生的有一定理论支撑的社会化及公立化幼教机构不能同日而语。

家庭教育是古代学前教育的主要形式，并不是中国特有的现象，中外皆然。究其原因，和所处时代的生产力发展及社会结构息息相关。

众所周知，家庭是社会最小的细胞，也是个人最基本的生存单位。家庭和个人要立足于社会，并谋求发展，必须具有适应社会生活的基本能力，只有依靠教育才能达到这一目的。同时家庭是由血缘和亲情关系凝结起来的最原始、最紧密的共同体。为维持其内部关系的和谐，教育则是有效手段之一。特别在中国古代，讲究伦理纲常、家教规范，所以家庭教育是家庭发展的必要环节。不过，这也并非意味着"有家庭就一定有家庭教育。家庭对于家庭教育的需求还取决于家庭在社会生活中的独立程度"[3]。家庭在社会中的独立程度越低，家庭教育的力度和强度也就越弱；反之亦然。

在早期人类社会，人们抵御外界的能力较差，随时可能受到战争、疾病、恶劣的自然界条件等威胁，家庭必须依靠集体才能继续生活，故家庭成员的教育基本是依靠公共教育完成的，儿童教育亦是如此。随着生产力的变化，

① 田景正：《中国学前教育史论——近代以来中国对外国学前教育的引进与创新》，湖南人民出版社，2009，第 11 页。
② 滕大春主编：《外国教育通史》第一卷，山东教育出版社，1989，第 52 页。
③ 杨茂义主编：《中国古代家庭教育简论》，北京理工大学出版社，2009，第 2 页。

到了奴隶社会，占有全部生产资料的奴隶主贵族主宰了社会，主宰了教育，他们的家庭具有较强独立性。与"学在官府"相对应的家庭教育必然出现在贵族的家庭里，故明代张一桂这样总结中国古代家庭教育的发展历程："三代而上，教详于国；三代而下，教详于家。"①

春秋时期，生产力进一步提高，人们可以离开奴隶主的土地开垦私田，奴隶制开始瓦解。这种经济、政治的变化反映在教育上则是"学在官府"的没落，文化下移，"学在四夷"的现象出现在中华大地上。家庭教育不再为贵族阶层独有，它向小家庭下沉，真正进入平民生活。

进入封建社会，男耕女织的小家庭大量出现，小家庭往往两三代或几代人居住在一起。这种小家庭成为家庭主要且稳定的形式与结构。以家庭为单位进行生产、生活成了普遍现象，家庭的独立性明显提高。它承担了诸如生育、教育、保障、政治等极其重要的社会功能。家庭教育是建设家庭重要的环节，由是家庭教育随着家庭独立性显著提升而进入成熟期。在某些朝代还专门制定了家庭教育的法律。例如唐代将直系长辈教育子女的权力法律化，规定了家庭中直系长辈对子女教育的权利和义务。《〈唐律疏议〉注译》卷第二十四 348 条规定："诸子孙违犯教令及供养有阙者，徒二年。"② 对此，"疏议"解释："祖父母、父母有所教令，于事合宜，即须奉以周旋，子孙不得违犯。"③

由于中国传统的学校系统不包含学前教育，所以从出生就需要家庭庇佑的幼儿，其教育需求以及社会化只能在家中完成，而家庭功能多样化能使其独立性增强。

总体而论，中国小家庭结构形成了"男主外，女主内"的传统。就世界范围而言，在近代工业革命发生以前，并没有产生要求妇女普遍就业的强烈需求，妇女主要承担包括育儿在内的家务，即所谓相夫教子，无须将儿童送到专门机构托付给他人照管。因此，在近代社会之前自然没有产生建立专门

---

① 张一桂：《明万历甲戌颜嗣慎刻本序跋》，载《颜氏家训译注》，吴玉琦、王秀霞注译，吉林文史出版社，1998，第 417 页。
② 《子孙违犯教令》，载《中华传世法典·唐律疏议》，刘俊文点校，法律出版社，1999，第 472 页。
③ 《子孙违犯教令》，载《中华传世法典·唐律疏议》，刘俊文点校，法律出版社，1999，第 472 页。

社会化学前教育机构的需要，也缺乏开办社会化学前教育机构的观念和意识。中国与西方相似，抚育儿童的"训诲之权，亦在于母"①，但父亲或男性长辈在儿童的社会性抚育方面也有一定义务，所以《三字经》里云"养不教，父之过"。孩子出生后，父母以家庭教育为手段共同负责其"双系的社会教养"②。这种情况在17世纪捷克教育家夸美纽斯的家庭教育名著《母育学校》里也曾描绘过。

随着家庭结构趋于稳定，家庭教育步入成熟期。有人认为可将中国古代家庭教育分为三类："一类是以皇家宗室为主体的贵族家庭教育，二类是以在职文、武官为代表的官宦家庭教育，三类是广大生活在社会底层的平民家庭教育。"③ 这三种类型的家庭教育共同组成中国古代家庭教育的主体。古代家庭教育包含了学前教育，所以三类家庭教育可看作不同类型的家庭式学前教育，且具有各自的特点。

贵族属于统治阶层的顶端，出于对政权延续的担忧与期待，他们十分重视家庭教育。他们希望通过尽早施教能培养出合格的权力继承人。封建统治阶层占有绝对的教育资源，皇家宗室教育几乎是将家庭教育和学校教育合为一体的。当时在皇室担任教师的人员比如太师、太保、太傅、师、慈母、保母、乳母等，都可以看作皇室的家庭教师，他们所实施的教育多被认定是皇家的家庭教育。"保傅之教"往往指太师、太保、太傅在外廷对皇室里的幼儿进行德、智、体的教养。"三母之教"则指子师、慈母、保母在后宫对皇室里的幼儿进行礼仪的规范等教育。她们分工明确："子师，教示以善道者。慈母，知其嗜欲者。保母，安其居处者。"④ 选择专门教诲和保育皇室成员的人员都是慎之又慎，大多是卓越的贤能之臣，或学富五车、品行有术者，或"宽裕、慈惠、温良、恭谨、慎而寡言"的后宫嫔妃，或大夫之妾。而地位相对较低的宗室一般在府邸设塾，聘请的教师也是学识和德行的佼佼者。总而言之，皇家宗室成员的学前教育必然由专门的人员在"家庭"内实施。优越的生活

① 陈宏谋辑：《五种遗规》，线装书局，2015，第96页。
② 费孝通：《生育制度》，商务印书馆，2008，第63页。
③ 李天燕：《家庭教育学》，复旦大学出版社，2007，第34页。
④ 李学勤主编：《十三经注疏·礼记正义》（上、中、下），北京大学出版社，1999，第1004页。

条件，良好的环境熏陶，专门"家庭教师"的照顾与教育，使得皇家宗室的家庭教育或学前教育具有其他类型家庭教育不具备的许多优势。

随着社会的发展，中国古代形成了一个不可忽视且庞大的统治群体，即官宦阶层。他们一部分来自皇亲国戚，另一部分来自民间获取功名的人。他们可算作统治阶级的一员，但仍和底层社会有着紧密联系，他们经历了从普通人到官员的变迁过程，体验过普通百姓生活的艰辛。官宦家庭教育的着眼点就是明哲保身、修身远祸、绝骄戒奢、知书识礼、培养一技之长等。在学前教育阶段，官宦家庭教育相比皇家宗室家庭教育的规格明显下降，多由母亲、祖母、曾祖母等女性在家里抚育教导，"以庶母为慈母，而兼子师、保母之事"或者"妻自养其子"的方式相当普遍。

从古至今社会最为庞大的群体仍是平民阶层。他们生活在社会的底层。他们生活的最低目标是立足于社会，求得最基本的衣食住行和温饱生存。绝大多数平民的后代享受不到优质教育资源，很难通过正规求学获取功名并上升到官僚阶层。为了他们今后的生计，其父母长辈往往扮演教师与保姆的角色，通过家庭教育使他们成长。一方面，父母长辈须保护幼儿机体基本健康发育；另一方面，因父母长辈文化素质不高，传授文化知识有困难，因此他们更注重将自己掌握的生存技能传授下去，以保证后代能在社会上顺利谋生、发展，所以用"克绍箕裘"①形象地概括平民家庭对儿童的教育最恰当不过了。对儿童教授专业技能知识，基本成了平民家庭教育理所当然遵循的模式。这种类似子承父业的家教模式，在古代培养出许多具有专业特长的人才。据说古代埃及也十分流行这种家庭教育模式。②

中国古代的物质条件、社会生产力不能与近现代相提并论，可是在学前教育方面，通过家庭这个教育载体所进行的活动依然有其合理性及进步意义。

---

① "克绍箕裘"来自《礼记·学记》："良冶之子，必学为裘；良弓之子，必学为箕。"唐朝经学家孔颖达解释说："言善冶之家，其子弟见其父兄世业镝（陶）铸金铁，使之柔合，以补冶破器皆令全好，故此子弟仍能学为袍裘，补续兽皮，片片相合，以至完全也……善为弓之家，使干角挠屈调和成其弓，故其子弟亦睹其父兄世业，仍学取柳和软挠之成箕也。""良冶"和"良弓"，分别指的是精于冶金和制弓之人。这段话的大意是说，生活并成长在冶金家庭里的孩子，从小受到父兄所从事行业的影响，往往也成为补续兽皮的工匠；生活并成长于制弓家庭里的孩子，从小受家业的渍染，往往也成为制造竹器的工匠。

② 滕大春主编：《外国教育通史》第一卷，山东教育出版社，1989，第52页。

以上提到三类家庭式的学前教育，虽然其教育的条件依次递减，但都体现了养育的特点。它们既重视儿童生理、物质层面的"养"，又涉及社会、文化层面的"育"，在当时的条件下，满足了儿童教育的需要，同时对社会的稳定、发展起到一定的积极作用。

三、中国传统家庭学前教育的实施

（一）教育内容

中国素来有重视学前教育的传统，在学前教育的内容上，前人留下来的遗产非常丰富。在以儒家文化为主的中国封建社会，其学前家庭教育内容主要包括道德教育、礼仪生活教育、文化知识与劳动技能教育等。

1. 道德教育

古人提出，为人立世，品行为先。道德教育一直摆在中国古代学前教育的首位。道德教育包括了孝悌之道、诚实守信等方面的内容。

孝悌是道德教育的根本、教化的源泉。首先，它要求儿童自小就养成不违父母之命，服从父母绝对权威的习惯。《礼记》里说道："孝有三：大孝尊亲，其次弗辱，其下能养。"[1]最重要的含义是尊亲。其次，要求儿童从小养成孝顺、敬奉供养父母的心性。为此《礼记》说道："凡为人子之礼：冬温而夏清，昏定而晨省。"[2]最后，"惟孝友于兄弟"[3]。要求兄弟之间相互友爱，为兄者关爱幼弟，为弟者敬爱兄长，兄弟和睦，家庭和谐，家族兴旺。孝悌的本质旨在突出"父权""兄权"，强化"皇权"，维护伦理纲常，保证社会的稳定。

孝顺父母、友爱兄弟直到今天也是值得人们大力倡导的优良道德品质；但在"借正父子之伦，以严君臣之分"的封建社会里，道德教育上升为政治教育，忠孝演变成不问是非对错的"愚忠""愚孝"，乃至扼杀了儿童的个性与自由。

---

[1] 李学勤主编：《十三经注疏·礼记正义》（上、中、下），北京大学出版社，1999，第 1332 页。
[2] 李学勤主编：《十三经注疏·礼记正义》（上、中、下），北京大学出版社，1999，第 24 页。
[3] 陈戍国导读、校注：《尚书》，岳麓出版社，2019，第 175 页。

以孝悌之道为核心教育内容衍生出来的行善积德、立志教育，也是古人道德教育的重要内容。行善积德中的"行善"，是指在封建社会里做合乎道义、合乎礼仪的事，也就是仁、义、礼、智、信。"积德"则是"行善"的结果，不仅行善者会得到良好的生存环境，而且还能福泽子孙后代。行善积德虽然是一种个人"修行"规劝，其核心仍然围绕伦理纲常，成为一种"个人"行为"自律"的文化传统。

在古代家庭学前教育中，长辈谆谆教导幼儿在家孝顺父母、敬爱兄长，在外要行合乎道义利人之事，明辨是非，一心向善。"向善"须从小事做起，以"行小善"修成"大德"。在立志方面，孟子首先提出立志命题："故闻伯夷之风者，顽夫廉，懦夫有立志。"① "立志"是一种意志、一种决心、一种品格，是向前向上的精神动力。只要从小立下远大的志向并有坚韧的毅力去实现其目标，长大后必然成大器。

诚实守信是中华传统美德的重要规范之一，是一个人品德修养状况和人格高下的表现。孔子说："人而无信，不知其可也。"② 古人对儿童灌输不说谎，信守承诺，忠实于自己承担的义务的思想。明代的李贽在《焚书·童心说》中说："夫童心者，真心也。"幼儿的心地是单纯美好的，极纯极真。可是因幼儿尚未完全具有明辨是非的能力，如果受到外部不良环境的影响，或自身在成长中出于获得称赞或逃避惩罚等目的，有时也会说谎；如任其发展，其欺诈之心就会日渐增长，"童心"则渐失。所以李贽接着指出："若失却童心，便失却真心；失却真心，便失却真人。人而非真，全不复有初矣。"③

2. 礼仪生活教育

礼仪生活教育主要包括日常生活中礼仪常规的训练和卫生习惯的养成。

礼仪教育首先要求幼儿"立必正方，不倾听"，也是现代人常说的站有站相，坐有坐相。行动坐卧的姿态保持端正，符合"站如松，坐如钟，动如风，卧如弓"。礼仪规定，当幼儿稍长，稍知事物之时，"学幼少奉事长者之仪"，恭敬尊长。这也算得上一种礼貌修养。比如"路遇长，疾趋揖。长无言，退

---

① 李学勤主编：《十三经注疏·孟子注疏》，北京大学出版社，1999，第457页。
② 杨树达：《论语疏证》，上海古籍出版社，1986，第55页。
③ 雷群明编著：《明代散文》，上海书店出版社，2000，第20页。

恭立……长者立,幼勿坐。长者坐,命乃坐"①。这些教育内容具有借鉴意义。可是在封建社会,幼儿礼仪训练的实质充斥着封建"礼教"的味道,从小就训练幼儿不能越"礼教"的雷池一步,束缚了幼儿的自由发展。

卫生习惯的养成是古代学前教育的一项基本内容,包括饮食、洗漱、穿衣、环境卫生等。司马光在《涑水家仪》中说到幼儿能吃饭时,就教他用右手拿筷子和汤匙吃饭。朱熹也要求儿童每日鸡鸣起床后,应完成漱口、洗脸、梳头等,并且规定"自冠巾、衣服、鞋袜,皆须收拾、爱护,常令洁净、整齐",以及力所能及地完成"洒扫庭除"之事。此外,必需的生活常识也是学前教育内容之一。《育婴家秘》中告诉长者教子之时应"遇物而教",在日常生活中随时随地教儿童认识熟悉身边的环境,如"衣服器皿,五谷六畜"之类。

3. 文化知识与劳动技能教育

在封建社会里,文化知识教育往往指儒家文化教育。因为中国封建社会的人才选拔制度与文化考试紧密联系在一起,考试内容在元代开始逐步走入"四书""五经"的死胡同。试想一朝中第万名扬是何等荣耀,这一愿景促使人们对儒家经典格外重视。儒家文化知识因此成为众多家庭进行学前教育的主要内容。幼儿因身体发育不成熟,无法执笔写字,所以长者一般在幼儿入学前首先教他们识字,如学习《三字经》《百家姓》《千字文》等。这些童蒙教材同时介绍了有关历史、自然、伦理、教育等多方面的知识。当儿童稍长,在一些士大夫家里便开始教授"四书"、《孝经》以及吟诗作赋等,为其以后的登科应举奠定基础。

劳动技能教育包括许多生活、生产知识与技能教育。不少平民家庭里的长辈要求儿童掌握对生活有用的"资生之业"的知识,为以后立足社会打下基础。颜之推感慨过:"积财千万,不如薄伎在身。"② 可见,学习实用知识并学以致用也是重要的生存之道。

以上所列系中国封建时期家庭学前教育之荦荦大端者,涵盖了德、智、体、劳等诸多方面,一定程度上符合儿童成长的特点,能促进其身心各方面的发

---

① 王丽娟、毛超主编:《国学必读名篇》,大象出版社,2017,第39页。
② 颜之推:《勉学》,载《颜氏家训》,檀作文译注,中华书局,2007,第101页。

展；但也具有极大的偏颇性，表现在学前教育内容过于突出封建色彩浓郁的德育与智育，特别是繁复的教育内容使得学前教育带有明显成人化与教条化的特点，不利于儿童自由生长，也不利于其天性展露。

（二）教育方法

中国古代以明人伦、重孝悌为核心的教育内容旨意甚高，儿童难以理解，但成人不顾儿童的认知能力和知识水平，强行把封建道德灌输给儿童。古代幼儿教育内容本身呈现成人本位的特点，把成人的思想强加给幼儿，不去思考他们需要什么。于是除了伦理纲常，其他如"施恩不望报"的行善观念，"万般皆下品，唯有读书高"的功利思想，明哲保身的处世之道等，也都一股脑儿灌输给儿童。

我国古代对儿童的教育是以"教化"为特点，不以理解、承认、尊重儿童的心理特征、精神个性和独立人格为出发点（这些都是近世儿童本位思潮的重要特征），相反是以牺牲儿童的独立人格作为代价。[①] 正因为无视儿童的社会存在，忽视儿童作为具有独立生存价值的个体，将其视为成人的附庸，在实际的学前教育中，古人常采取灌输式或者注入式的教育方法。灌输是教化的基础。成人要求儿童从小在道德实践中遵循儒家道德规范所设计的仁、义、礼、忠、恕、孝、悌、勇、恭、宽、信、敏、惠、友、敬、慈、爱、温、良、俭、让等20多个道德条目。[②] 同时要求幼儿反复背诵经过"改编"后的"经书"——童蒙教材，如《三字经》《女儿经》《神童诗》等，以达到道德教化的目的。成人在教学活动中处于绝对的支配地位，对幼儿要求严厉，说一不二。"善教子者，一严之外无他术。善用严者，一慎之外无他道。"[③] 一旦幼儿有超越规范、违背常理之举，便会招来粗暴的体罚。王阳明描述古时幼儿教育的情形："若近世之训蒙稚者，日惟督以句读课仿，责其检束而不知导之以礼，求其聪明而不知养之以善，鞭挞绳缚，若待拘囚。"[④] 这种只知用诸如"标点断句"之类吹毛求疵的小事来苛求幼儿，只会用简单粗暴的方式欺压、凌

---

① 沈琪芳、应玲素：《儿童诗性逻辑与中国儿童文化建设》，浙江大学出版社，2009，第60页。
② 万美容：《思想政治教育方法发展研究》，中国社会科学出版社，2007，第56页。
③ 陈宏谋辑：《五种遗规》，线装书局，2015，第126页。
④ 王阳明：《传习录：叶圣陶点校版》，叶圣陶点校，中国致公出版社，2018，第143页。

辱儿童，要求儿童按照成人自己的人生预设去发展的现象在中国古代相当普遍。

在古代，灌输式的教育方法占据着主导地位，但也有一些思想先进、富有人文精神的教育家在长期的儿童教育实践中，对怎样实施教育颇有心得，并积累了一些有益的经验。尽管古人对儿童的心理特点还谈不上科学系统的研究，但已经有许多直观的、初步的认识，如认识到幼儿具有喜好实践活动、不喜欢受约束、模仿性强、学习做事往往从兴趣出发等特点。他们提出，实施学前教育时，如根据以上特点进行，往往可以取得事半功倍的效果。

我国古代教育家向来强调感知事物的能力，而感知主要依靠的就是行动、实践活动。孔子云："多闻，择其善者而从之，多见而识之，知之次也。"[1]可见他把"闻""见"摆在认识事物的首位。王阳明提出的"知行合一"的命题，同样把实践放在极其重要的地位。儿童本有活泼好动的天性，古人注意通过活动因势利导培养儿童的感知能力。王廷相认为儿童除一些先天的能力，如看、听、食不需要学习外，其余的能力都是"因习而知，因悟而知，因过而知，因疑而知"[2]。王廷相所谓的"习"含有"行"或"实践"的意义，"悟""过""疑"也都属于"习"的性质。注重通过实践获得知识，是我国古代重要的教育经验，这一教育方法也符合现代教育的规律。

在封建社会里，上自帝王将相，下至平民百姓，都深知榜样的力量。帝王提倡孝道孝行，身体力行，广敬博爱，规范天下。"所谓平天下在治其国者，上老老而民兴孝，上长长而民兴弟，上恤孤而民不倍；是以君子有絜矩之道也。"[3]《礼记》也有"身不修，不可以齐家"的论述。儿童常常靠模仿来学习道德规范和掌握行为准则。古代儿童多在家庭里接受学前教育，父母是家庭里的表率，作为教育者应以身作则，在潜移默化中教化儿童，使其自然而然地效仿父母的言行举止。父母方正贤良的行为亦可达到"不令而行"的教化效果，所以以身示教是古代学前教育常采用的方法。著名的"曾子杀猪"的典故就是诠释这一教育方法的典型范例。

---

[1] 杨树达：《论语疏证》，上海古籍出版社，1986，第170—171页。
[2] 冒怀辛译注：《慎言·雅述全译》，巴蜀书社，2009，第340页。
[3] 玄峻洲：《大学说解　中庸说解》，齐鲁书社，2006，第52页。

中国古代尚未见"兴趣教育"一说，但古人在教学活动中发现，儿童对教授的内容感兴趣才会自觉主动地去学、去做，所以古代有些父母或儿童教育工作者在实施学前教育时也注重从儿童兴趣出发。例如，父母给儿童讲道理时，"使之渐于礼义而不苦其难，入于中和而不知其故"[①]。王阳明就反对"小大人式"的传统儿童教育方法，认为教育儿童应从诱导、顺应儿童性情，激发儿童兴趣入手。他认为儿童的性情"乐嬉游而惮拘检，如草木之始萌芽，舒畅之则条达，摧挠之则衰痿。今教童子必使其趋向鼓舞，中心喜悦，则其进自不能已"[②]。

这些较为有益的教育方法，其存在的主观价值足以和西方历史上杰出的教育大家如昆体良（Marcus Fabius Quintilianus）、夸美纽斯、卢梭等所提的观点相媲美。他们看到儿童与成人的区别，认识到儿童身心发展的特点，这在"成人本位"的教育模式下，是难能可贵的。这些教育经验至今仍熠熠生辉。

综上，对中国古代学前教育的粗略探讨仅限于思想及器物、实践层面。由于直到19世纪末叶，中国不曾产生过较为正规的学前教育制度，故有关制度的讨论暂付阙如。

第二节　近代中国学前教育发展的西方背景

一、古代西方的学前教育思想及观念

纵观人类社会的发展，自其产生以后，就有了教育，包括幼儿教育（或进入文明时代后所称的学前教育）。教育内容、形式则同生产力发展水平和

---

① 王阳明：《传习录：叶圣陶点校版》，叶圣陶点校，中国致公出版社，2018，第143页。
② 王阳明：《传习录：叶圣陶点校版》，叶圣陶点校，中国致公出版社，2018，第143页。

一定的社会经济结构、人们的认识水平相适应。在原始氏族公社时期，公养公育是幼儿教育的主要形式，教育、生活、劳动集于一体。家庭产生以后，特别是进入文明时代后，学前教育则主要在家庭中进行。父母及家庭教师成为幼儿的主要教育者。西方的历史发展也大致遵循这一人类社会发展的普遍进程。

作为国家，希腊约发轫于公元前 8 世纪。[①]紧随其后的是受希腊文明影响很大的古代罗马。二者在人类历史上写下了灿烂的篇章。古代希腊、古代罗马以当时的教育实践为基础，产生了涉及多方面内容的学前教育理论的雏形，对后世影响巨大。柏拉图、亚里士多德、昆体良都在这方面做出了很大贡献。

柏拉图（前 427—前 347）是古希腊著名哲学家，柏拉图学派的创始人。代表作是《理想国》。他在此书中构筑了一个从优生、优育到成人教育的系

柏拉图

统教育体系，其中的重要组成部分是学前教育。柏拉图重视教育与政治的关系及教育的政治意义：基于培养哲人明君的需要，在西方首次提出优生、优育的教育体系；在吸取斯巴达公共教育经验的基础上，下移到学前阶段，阐发公共学前教育的构思。此外，他还提出了慎选故事教材的问题，阐述了游戏在学前教育中的重要地位。这些观点在世界学前教育史上都具有重要意义，尤其是公共学前教育的思想更是给予文艺复兴后的许多教育家以重要启迪，为近代公共学前教育理论及机构的创立提供了思想资料。

亚里士多德

柏拉图的高足亚里士多德（前 384—前 322）也是古希腊著名哲学家和教育家。他提出原始形态的外铄论、白板说等，倡导和谐发展，要求教育遵循自然的原则，注重儿童道德习惯和道德实践的培养。这些思想大多开

---

① 公元前 1200 年前后，希腊语种的一支多利安人侵入希腊半岛和克里特岛，毁灭了仅存在于爱琴海局部地区的爱琴文明，导致希腊历史的发展经历了几个世纪的暂时局部曲折。希腊重回原始社会。经过荷马时代（前 11—前 9 世纪）后，在公元前 8 世纪重新进入文明时代（参见张艳玲、隆仁主编：《世界通史》第二卷，中国致公出版社，2005，第 272 页）。

创了同类思想之先河，给予后世以重要影响，尤其是教育遵循自然的思想，在后世更是发展成为重要的教育思潮。

昆体良（约35—95)是古罗马最有成就的教育家、演说家。其代表作《雄辩术原理》（或译《论演说家的培养》）在西方世界享有盛誉，后一度失传。该书的手抄本1415年被重新发现时，曾在欧洲引起轰动。昆体良极其重视道德教育、家庭教育和儿童早期教育，他在幼儿语言发展、教育和教学方法等方面所提出的许多精辟见解，给后人以重要影响。他提出的教学法，在西方古代的教育家中，几乎无人可望其项背。

昆体良

在古罗马之后，欧洲进入了持续达千年的中世纪。欧洲中世纪成为基督教（天主教）占据了至高无上地位的"黑暗时代"（18世纪欧洲启蒙学者语)。其时的儿童教育是以扼杀人性，压制儿童欢乐、嬉戏本性流露为特征的。当时两种比较典型的儿童观占据了主导地位。

一个是"原罪论"（Original Sin Theory）的儿童观。其源自基督教义及奥古斯丁（Aurelius Augustinus）的教父哲学。《圣经》上声称儿童是带着"原罪"来到人世的，故生来性恶。奥古斯丁在其名著《忏悔录》中声称，在上帝面前，没有人是纯净无瑕的，即使是刚刚出生的婴儿也不例外。[①] 教会鼓吹人人都必须历经苦难生活的磨难，不断赎罪，才能净化灵魂。为了得到未来天堂的幸福，人人都应当听从教会的训诫，常年敬畏上帝，实行禁欲。因为人性邪恶，因此在儿童教育中，充斥了暴力与体罚，并被视为正常现象。

另一个是"预成论"（Predetermination Theory）的儿童观。这是一种沿袭自古代的儿童观。预成论认为：当妇女受孕时，一个极小的、完全成形的人就被植于胚胎中，新生婴儿作为一个已经制造好的小型成年人降临人间，随后的发育过程仅仅是一个简单的生长或放大过程；儿童与成人的区别仅仅是身体大小及知识多少的不同而已。故在社会上，儿童被看成小大人，被要

①[古罗马]奥古斯丁：《忏悔录》，周士良译，商务印书馆，1986，第10页。转引自杨汉麟《外国教育名家思想》，华中师范大学出版社，2010，第56页。

求循规蹈矩，要与成人有同样的行为举止。预成论的要点是否认儿童与成人在身心特点上的质的差异，也否认儿童身心发展的节律性、阶段性。

法国西方儿童史研究者菲力浦·阿利埃斯（Philippe Ariès）指出：所谓"儿童的观念"是与人们认为儿童具有某种特殊的本性这样的认识相适应的观念。"现代社会对儿童的生理、道德和性诸方面的问题都非常感兴趣。中世纪文明没有这些兴趣，因为这些问题对它来说不存在。"①

预成论的形成与流行除与古代自然科学——尤其是与人身心有关的医学、生物学、生理学等学科——的落后或滞后有关外，还与成人本位论有关："成年人倾向于认为所有人的生命都有像他们自己的生命一样的形态与机能。要采取特有的谦逊态度，才能发现各个时期生命的独特性，而那种特别的谦逊是不容易得到的。"②

上述两种儿童观曾在中世纪占主导地位，对后世也有深远影响，所以成为近代进步教育家反对传统教育时抨击的重要对象。

到了文艺复兴及宗教改革时期，资本主义的萌芽及市民阶层的崛起，推动了社会的变化：教会的绝对统治有所松动，人们的观念开始转变。当时进步的思想家号称从古典作品中重新发现了"人"。他们在反对天主教会和宗教神学时，打出了人文主义（Humanism）这面大旗。人文主义是和基督教禁欲主义对立的一种世界观，主要倾向是关心人、尊重人、赞美人，以人为中心。他们提倡人权，反对神权；提倡人性，反对神性；提倡现世享乐，反对禁欲主义；歌颂理性才智，反对蒙昧主义；主张个性解放，反对宗教桎梏；提倡平等仁爱，反对等级压迫。人文

文艺复兴时期的绘画：对儿童的描绘注意表现其甜美、纯洁的天性及儿童自身特征

---

① [法] 菲力浦·阿利埃斯：《儿童的世纪：旧制度下的儿童和家庭生活》，沈坚、朱晓罕译，北京大学出版社，2013，第329页。转引自牟振宇主编《城市史研究论丛》第一辑，上海社会科学院出版社，2017，第82页。

② [美] 威廉·C.格莱因：《儿童心理发展的理论》，计文莹等译，湖南教育出版社，1983，第5页。

主义新思潮冲击了教育领域，冲击了上述在中世纪占主导地位的两种儿童观，使人们的教育观发生了极大的改变，为后世流行的儿童本位论奠定了基础。

夸美纽斯

在人文主义的指引下，近代资产阶级教育理论的奠基者夸美纽斯对学前教育给予了极大的关注，在其传世名著《大教学论》等书中，大力宣传人文主义的儿童观，将儿童比作比金、银、珠宝还要珍贵的"无价之宝"，并警告那些欺侮儿童的人们，要他们像尊敬上帝那样去尊敬儿童；① 他是第一个将学前教育列入学制的教育家，其撰写了世界上第一部关于学前教育的专著《母育学校》，全面论述了在家庭中实施学前教育的理论；此外，他还编绘了世界上第一部看图识字教材《世界图解》。在其晚期著作中，则在康帕内拉等前人有关思想的基础上，进一步发展为有系统、有组织的公共学前教育的设想，甚至将学前教育纳入了终身教育体系。②

《世界图解》第 136 课插图：儿童游戏

---

① [捷克]夸美纽斯：《夸美纽斯教育论著选》，任钟印选编，任宝详等译，人民教育出版社，1990，第 15 页。
② [捷克]夸美纽斯：《人类改进通论》，载任钟印主编《世界教育名著通览》，湖北教育出版社，1994，第 340—343 页。

二、近代西方社会及公共学前教育机构的产生

历史学将从 17 世纪中叶（以 1640 年英国资产阶级革命为标志）到 20 世纪初，划分为世界史上的"近代"（比中国约早两个世纪）。

18 世纪中叶后，欧洲进入第一次工业革命时期。在其影响下，传统的家庭学前教育逐渐为有目的、有组织、由一定公共机构实施的社会学前教育所取代。18 世纪下半叶至 19 世纪末是近代社会公共学前教育机构及制度产生和发展的重要时期。[①]

近代资本主义及其生产力的迅猛发展急剧改变了社会生活，对社会学前教育及公共学前教育提出了迫切的要求。美国比较教育学者康德尔（I. L. Kandel）在谈到近代学前教育机构的产生和发展时指出："幼儿学校的创立有一系列的因素，它们是：家庭性质的变化，城市人口的拥挤和不合适的居住条件，母亲从事可以挣钱的职业，还有一点也同样重要，就是国家和社会希望给所有儿童提供机会，让他们的人生有个较好的开端。"[②] 在上述力量的推动下，从古代希腊以来，许多人构想过的公共学前教育蓝图开始付诸实现。

在这段时间里，欧美各国及日本先后创建了第一批幼儿学校及幼儿园等幼儿教育机构。

法国牧师奥伯尔林 (Jean Frédéric Oberlin) 于 1769 年在法国东南部的布鲁德堡创办慈善性质的"编织学校"（ècole àtricoter），被认为是"近代的幼儿教育设施历史开端的象征"[③]，"恐怕是一切幼稚学校之始祖"[④]。

英国空想社会主义者、慈善家欧文于 1816 年在苏格兰新拉纳克创办招收工人子女的"幼儿学校"（Infant School），以此作为他为工人量身定做的教育体系"性格形成学院"（或称"性格陶冶馆"）的最低一级。欧文以其"性

---

① 广义的社会学前教育包括公共学前教育，指脱离家长及家庭，在公共设施内由专业工作者对学前儿童进行的集体养护及教育。如果狭义理解，社会学前教育与家庭学前教育相对，系由个人、团体或社会机构为法人开展的幼儿集体教育；公共学前教育则指由政府掌握的幼儿集体教育。

② ［美］艾萨克·康德尔：《教育的新时代——比较研究》，王承绪等译，人民教育出版社，2001，第 47 页。

③ 梅根悟主编：《世界幼儿教育史》（上册），刘翠荣等译，吉林人民出版社，1986，第 65 页。

④ ［英］拉斯克：《幼稚教育史》，周竞中译，商务印书馆，1939，第 102 页。转引自王棋纬、黄胜主编《新编外国幼儿教育史》，西南交通大学出版社，2019，第 63 页。

格形成学说"（接近"白板说"）为依据进行了社会改革实验，包括幼儿学校实验，产生了巨大社会反响。经过其弟子怀尔德斯平（Samuel Wilderspin）等人的努力，幼儿学校迅速传播开来。

德国教育家福禄培尔（1782—1852）于1837年在布兰肯贝格创办"幼儿园"（kindergarten）。福禄培尔倾其后半生的精力从事幼儿园课程开发，建立起了包括游戏与歌谣、"恩物"游戏、手工作业、运动游戏、自然研究，以及唱歌、表演和讲故事等为代表的幼儿园课程体系。[1] 福禄培尔为学前教育事业和学前教育理论的发展作出了重大贡献。他的教育思想深刻地影响了欧美各国及日本的学前教育。清末，福禄培尔的教育思想开始传入中国，对我国学前教育理论和实践也产生了很大影响。

福禄培尔

福禄培尔"恩物"1：彩球

福禄培尔"恩物"2：三种几何形体

福禄培尔"恩物"3：立方体

福禄培尔"恩物"4：立方体

---

① 杨汉麟：《外国幼儿教育史》，人民教育出版社，2011，第243—244页。

福禄培尔"恩物"5：立方体

上述三大幼儿教育家所创办的三所机构，分别为法、英、德三国同类幼儿教育机构之始，在世界幼儿教育发展史上具有重要意义。欧文与福禄培尔不仅是教育实践家，还分别提出了系统的幼儿教育理论，并将理论与实践紧密结合起来。他们的理论与实践对推动这一时期幼儿教育的发展产生了重要影响。其中，福禄培尔堪称历史上第一位将主要精力倾注于幼儿教育研究与实践的教育家，他所创立的系统的幼儿园教育理论对后世的影响尤为深远。

可以这样说，近代各国学前教育机构的种类、名称繁多，但成为主流的只有幼儿学校及幼儿园两种。由欧文所创立并由其弟子所推动的幼儿学校，于19世纪上半期曾遍及欧美各国，形成一场规模广泛的幼儿学校运动。在幼儿学校运动蓬勃发展的同时，各国政府的幼儿教育政策亦有很大发展，有不少扶持举措、法令出台。在欧美各国，还出现了许多致力于发展、维护和普及幼儿教育机构的团体。

如果说19世纪上半叶由欧文引发的幼儿学校运动独领风骚，那么19世纪下半叶西方各国（包括日本）社会学前教育的发展则主要来自福禄培尔幼儿园的影响。1837年福禄培尔幼儿园创立之后，首先在德国境内兴起了福禄培尔主义幼儿园运动。到19世纪50年代，福禄培尔幼儿园先后传到英、法、美、俄、日等国，对西方各国及日本的幼儿教育产生极为深刻的影响，乃至在幼儿教育领域逐渐占据主导地位。各国还成立了许多团体，致力于福禄培尔教育思想的研究和传播。各国幼儿教育机构的创办或开设，使得社会学前教育成为整个教育领域的一个相对独立的重要分支。

19世纪末公共学前教育亦在美、英、法、日等国得到迅速发展。19世纪70年代，以中西部的密苏里州圣路易斯市为首，美国兴起公立幼儿园运动。

到 1914 年，几乎所有美国大中城市都建立了公立幼儿园系统。这类幼儿园一般附设于地方公立初等学校，作为初等教育的第一阶段。公立幼儿园运动在美国教育史上具有重要意义，表明幼儿园是整个公立学制系统的有机组成部分，促进了幼儿园教育在美国的普及。1870 年，英国颁布了《初等教育法》，对 5~12 岁的儿童实施强迫的初等教育。1881 年，法国通过《费里法案》及其他幼儿教育法令。《费里法案》宣布的国民教育三原则为"免费""义务""世俗化"；其他幼儿教育法令将托儿所等幼教机构统一改称"母育学校"(les école maternelles)，并将其并入公共教育系统，以实施"母性养护及早期教育"为宗旨。这些法令基本上确立了法国的近代幼儿教育制度。1899 年即明治三十二年，日本文部省制定第一个幼儿园规程——《幼儿园保育及设备规程》。"这是日本首次由政府颁布的有关幼儿园的正式法令……它是日本幼儿教育走向制度化的重要开端。"[①] 至 19 世纪末，学前教育在西方各国教育制度中已初步确立其基础地位。

综上所述，社会学前教育及公共学前教育的产生是进入资本主义时代的产物。它们主要是为适应妇女就业的需要而开办的，或是为保护和救济贫苦儿童而作为慈善事业设立的，也有少数机构是为了使富人的子女受到更好的教育而开办的。社会学前教育及公共学前教育既是社会发展到一定阶段的产物，同时也随着社会生产力及人们认识的发展而不断发展。它们一旦脱颖而出，则势不可当，日益显示出在现代人类社会生活中的巨大作用。身处远东的中国也随即感受到其深刻的影响。

三、近代西方学前教育思潮

（一）近代西方教育思潮的总体特征

近代是资本主义制度在欧美开始建立、巩固乃至大发展时期，也是资本主义和封建主义激烈搏斗时期，同时还是工人阶级反对资本主义奴役、剥削运动的产生、发展时期。上述矛盾及时代特点在这一时期的教育理论中都有

---

① 单中惠、刘传德：《外国幼儿教育史》，上海教育出版社，1997，第 95 页。

所体现。在西方教育思想史上，这一时期可谓是承上启下、继往开来的时期。综观此时期的教育理论，可谓派别纷呈、各具特色，涉及教育理论的方方面面，极大地丰富了人类教育理论的宝库。

这一时期比较重要的教育理论及其代表人物有：(1) 白板说（外铄论），以爱尔维修（Claude-Adrien Helvétius）、洛克（John Locke）、赫尔巴特、欧文为代表；(2) 内发论，以卢梭、裴斯泰洛齐、福禄培尔为代表；(3) 传统教育，以赫尔巴特为代表；(4) 教育心理学化运动，以裴斯泰洛齐、赫尔巴特为代表；(5) 形式教育与实质教育，以裴斯泰洛齐、第斯多惠、乌申斯基为代表；(6) 空想社会主义教育，以欧文、圣西门为代表；(7) 幼儿教育，以欧文、福禄培尔为代表；(8) 实科教育，以斯宾塞（Herbert Spencer）为代表；(9) 儿童本位论与社会本位论等。这些理论均是现实需要的产物。进步的理论往往是针对现实教育的弊病提出来的，反映了教育家的理想，许多理论亦是长期教育实践经验的总结。值得注意的是，到近代的后期，自然教育思潮逐渐被教育心理学化运动所取代，后世的现代教育与传统教育之争在此时期已奠定基础。

上述理论及变化对这一时期的学前教育多有影响，此处不作全面阐述。下面仅就这一时期涉及学前教育的最重要的教育思潮——儿童本位教育思潮及相关重要人物作一粗浅分析。

（二）儿童本位教育思潮

19 世纪下半期到 20 世纪初，欧美兴起了儿童本位（又名"儿童中心主义"）教育思潮。这一思潮的由来与西方历史上的儿童本位论思想有着密切的渊源。

自人类社会产生之后，教育就面临是注重个人发展还是侧重满足社会（或家族、国家）需求的问题。实际上，教育在不同时代或不同政体下有着不同的表现。综观西方历史，最早重视个人发展的，当推古希腊雅典的教育。古雅典由于特殊的历史条件、阶级矛盾和社会关系，形成了奴隶制下的高度民主政体。与这种民主政体相适应，古雅典颇为尊重个人的自由，其教育理想在于养成体智德美多方面发展的、有教养的文雅公民及个性充分发展的自由人。柏拉图及亚里士多德的教育思想都反映了这一特点。

在经历了中世纪的漫漫长夜后，古代重视儿童身心发展的思想在欧洲文艺复兴时期重新得到弘扬。文艺复兴时期的人文主义思想家提出：儿童是正在成长和发展的新人，应得到教师的爱与关怀，教育的目的即在于发展个性，培养生气蓬勃、身体健壮、知识丰富和热爱日常生活的人。在教学方法上，人文主义教育家开始注意儿童的身心发展特征，照顾儿童的个别差异，并考虑儿童的兴趣，注重发挥儿童的主动性和积极性。人文主义教育的优良传统为后来的许多进步教育家所继承和发展。

启蒙大师卢梭（1712—1778）是西方教育史上具有划时代意义的人物。在接受前人影响的基础上，笃信自由、平等、博爱思想的卢梭把文艺复兴以来重视儿童的思想推向了一个新的境界。作为一位真正的开拓者，卢梭完成了教育中儿童观的革命，并使教育发展方向发生了根本的转变。

卢梭

卢梭大力提倡个性解放，要求人们确立正确的儿童观。他与原罪论、预成论等陈腐观点及摧残儿童身心的封建教育针锋相对，认为儿童生来本性善良，要求重视儿童个性，保护儿童权利，要求研究儿童的需要、能力等特点，并认为教育只有顺应"自然"（有人称之为"主观的自然"，即"天性"），以天性为出发点才能成功。卢梭强调教育只能是自内向外的发展，绝不应当是自外向内的强迫灌输，不能再把儿童看作无知无能、任由成人摆布的物品，而应使儿童成为能动的个体及学习的主人。在教育方法上，卢梭主张自然教育乃至没有任何拘束的自由教育。卢梭的上述尊重儿童个性及身心特点，以儿童为主体去安排教育活动的思想，被后人概括为"儿童本位论"，对后世产生了深远的影响，标志着西方教育史以教师、成人为中心转移到注重儿童以及探讨教育心理学化的开始，卢梭本人也因此被后世的"信徒"奉为其思想的先驱及宗师。以卢梭的儿童本位思想为代表的教育重心转移、教育心理学化的趋势，构成了文艺复兴以后西方教育发展的主线之一。杜威曾评论道：卢梭"认定教育应当根据受教育者的天赋能力，根据研究儿童以发现这些天赋的能力，这种主张却是现代一切发展教育事业的努力的基调"①。

卢梭之后，许多教育家不同程度地继承和发展了他尊重儿童及顺应儿童天性发展的思想。有些泛爱主义教育家，如18世纪后期德国的巴泽多（Johann Bernhard Basedow）还曾将他的思想付诸实践。信奉德国古典哲学家莱布尼

裴斯泰洛齐

茨（Gottfried Wilhelm Leibniz）哲学的瑞士教育家裴斯泰洛齐（1746—1827），从人的先天的潜在能力必然要求显露的单子论哲学，论证了儿童积极、主动活动的必要性。他把教育理解为一个生长或发展的过程——儿童天赋和谐地自发的过程，要求对儿童的教育须"注意人的天性和人的天然能动性而投其所好，要以人的本能来引导他，使其不得不走必由之路"②。裴斯泰洛齐继承了前人"教育适应自然"的思想，并对它所包含的内在意义进一步加以揭示，从而首次明确提出了"使教学心理学化"（den menschlichen unterricht psychologisiern）③的主张。从理论意义上讲，自然适应性原则与教学心理学化思想是一致的，即以儿童的心理发展和特征为依据实施教育和教学；但二者又有区别，后者比前者更为深刻、明确；后者既是对前者的继承，又是一种更高层次上的抽象。由于裴斯泰洛齐未能使丰富的实践经验上升到理论的高度，因而他的"使教学心理学化"的主张大体上还停留在构想及实践摸索的阶段。④

德国幼儿教育家福禄培尔接受了卢梭遵循自然、儿童本位、内发论的思想及裴斯泰洛齐通过各种活动使人的天赋力量得到自然发展的主张。他认为儿童具有活动、认识、艺术和宗教等四种本能，教育就是促进儿童本能发展的过程。他重视儿童的活动，认为儿童好动的天性不应横遭干涉与束缚；儿童的各种活动也不是对教师指令的消极反应，而必须是内发的、自动的自我

① ［美］杜威：《明日之学校》，载赵祥麟、王承绪编译《杜威教育论著选》，华东师范大学出版社，1981，第131页。
② 张焕庭主编：《西方资产阶级教育论著选》，人民教育出版社，1979，第175页。转引自张季娟、袁锐锷编著《外国教育史纲》，广东高等教育出版社，2002，第225页。
③ 张斌贤、褚洪启等：《西方教育思想史》，四川教育出版社，1994，第484页。
④ 张斌贤、褚洪启等：《西方教育思想史》，四川教育出版社，1994，第485页。

活动；教师应促进儿童创造力的发展。在此思想基础上，福禄培尔提出了系统的幼儿园教育理论。

德国教育家赫尔巴特是与福禄培尔同时代的另一位在西方教育史上有重要影响的人物。他全面考察了前人所遗留下来的思想财富，部分承袭了卢梭对儿童及其兴趣、经验高度重视的主张，但抛弃了儿童本位的见解；吸取了裴斯泰洛齐"使教学心理学化"，发展儿童多方面能力的思想，但反对内发论；把洛克主张的纪律与卢梭强调的儿童的自由加以调和，并将

赫尔巴特

教育理论建立在观念心理学及伦理学的基础上，使之具有了似乎"科学的"外貌。杜威称赫尔巴特的理论是传统教育（traditional education）理论，还称赫尔巴特主义似乎在本质上是教师心理学，而不是儿童心理学。他认为赫尔巴特的理论适合班级授课之下以教师为主的讲授及系统文化知识学习，但不适合儿童探究的从经验中的学习。尽管如此，正如美国教育家孟禄（Paul Monroe）所说：正是卢梭提出了有意识的教育过程必须根据儿童的天赋本性、兴趣的主张，才产生了裴斯泰洛齐、赫尔巴特和福禄培尔的工作，从而在教育史上获得了最重要的成果。[①]

尽管有不少教育家在不同程度上继承和发展了卢梭的教育思想，但在 19 世纪中叶以前，教育上的传统势力仍然强大，加之心理学的发展还处在哲学思辨的阶段，对儿童身心发展的研究尚无重大进展，因此重视儿童、教育心理学化的趋势只是在少数进步教育家的教育活动中得到了部分的体现。

进入 19 世纪下半期后，随着第二次工业革命的开展，社会生活急剧变化，传统教育的弊端暴露无遗，改革旧教育的呼声日益高涨。此外，实验心理学的创立，各种与人体有关的自然科学的成熟，也促使人们对人的身心状况产生新的认识。教育家们也都试图用进化论、心理学来重新探讨教育现象。在此背景下，一股重视儿童天性的新兴教育思潮应运而生，并广泛流传。

---

① Paul Monroe, *A Text-Book in the History of Education*, New York: Macmillan Company, 1906, p.573.

美国教育家帕克（Francis Wayland Parker）在 19 世纪 70 年代首创昆西教学方法（Quincy Plan）。帕克对传统学校中的形式主义教育方法予以彻底否定，提出"教育要使学校适应儿童，而不是使儿童适应学校"[1]，强调"不是任何科目，而是儿童处于学校的中心"[2]。他强调儿童的自我表现，注重儿童的计算、测量、手工以及各门学科的相互联系，并采用活页读物作为教科书。帕克的活动开创了美国进步主义教育（Progressive Education）的先声。

进入 20 世纪后，进步主义教育运动开始蓬勃发展，包括幼儿学校在内的各种进步学校如雨后春笋般涌现。在进步主义教育运动迅速发展的过程中，一批热心改革的教育家充分发挥想象力，设计了种种新颖的教学方法和教学制度，诸如设计教学法（Project Method）、道尔顿制（Dalton Plan）等，以取代传统教育的形式主义教学方法。

进步主义教育运动发展过程中影响最大的人物，是美国实用主义教育家、进步主义教育之父杜威。杜威提出了许多著名的不同凡响的教育观点，包括："教育即生活""教育即生长""教育即经验的改组或改造""学校即社会""从做中学"等。此外，他大力倡导儿童本位与社会本位的结合。当时，反对传统教育的弊病成为教育革新家的共同任务，在批判旧教育的过程中，杜威有关儿童中心的一些不无偏激的论述压倒了其他论述，获得了社会的关注，加之其理论体系比较完善，以至于理论体系不够完善的儿童本位论者也乐于将其奉为思想宗师，因此他被公推为"儿童本位论"的代表人物。其著名观点远远超越了美国国界，传播到世界各国。

杜威

杜威名言："教育即生活"

---

① 赵祥麟主编：《外国现代教育史》，华东师范大学出版社，1987，第 78 页。

② I.C.Heffron, *Francis Wayland Parker*，p.55. 转引自杨汉麟主编《外国教育实验史》，人民教育出版社，2005，第 264 页。

杜威的弟子之一胡适也是其实用主义哲学思想及教育思想的忠实信徒，并于 20 世纪初将杜威的实用主义哲学和教育思想传入中国，对中国的教育，包括学前教育产生了极大影响。

与大西洋彼岸的美国所进行的进步主义教育运动遥相呼应，重视儿童的新教育运动（New Education Movement）也几乎同时在欧洲大陆上勃兴，并和同一性质的进步主义教育迅速合流，共同推动教育改革。瑞典教育家爱伦·凯（Ellen Key）于 1900 年新年伊始，发表了声讨旧教育的战斗檄文《儿童的世纪》。她仿效卢梭，认为儿童天性中存在"至善"，并主张无限地开发儿童一切与生俱有的本能、素质与个性；教育的使命即在助长儿童生命的自由发展，成为独立、自由的个人。她预言"20 世纪将成为儿童的世纪"[①]。

蒙台梭利

稍后，意大利幼儿教育家蒙台梭利及比利时教育家德可乐利（Ovide Decroly）分别创立了蒙台梭利教育法及德可乐利教学法。蒙氏对传统教育压抑儿童自发冲动的做法予以猛烈抨击，声称"在这样的学校里，孩子们就像盒子里被大头针钉住的蝴蝶标本一样，也被固定在课桌旁"[②]。她提出，真正科学的教育学的基本原则是给儿童自由。她所倡导的教育法建立在对儿童的创造性潜力、儿童的学习动机及作为一个人的权利的信任的基础之上。其精髓在于培养儿童自觉主动的学习和探索精神。儿童通过自我重复操作蒙氏教具建构完善的人格，在自由操作中得到多方面的能力训练。德可乐利也强调以儿童的兴趣为中心来组织课程及以整体化为原则来开展教学。英国教育家罗素及尼尔（Alexander Sutherland Neill）则在英国分别创办了具有儿童本位典型特点的实验学校——比肯希尔学校（Beaconhill School）及萨默希尔学校（Summerhill School），其新颖的办学理念吸引了许多慕名而来的参观者。

---

① [瑞典] 爱伦·凯：《儿童的世纪》，载杨汉麟主编《外国幼儿教育名著选读》，华中师范大学出版社，2008，第 220 页。

② [意] 玛丽亚·蒙台梭利：《蒙台梭利早期教育法》，蒙台梭利丛书编委会编译，中国妇女出版社，2012，第 7 页。

　　上述进步教育和新教育的种种主张、学说、学派，均与传统教育根本对立，其共同特点是：继承了卢梭及其追随者儿童本位、教育心理学化的思想，强调尊重儿童的天性、本能、兴趣和儿童的自白、自主的活动以及独立性的发展。这种思潮在 20 世纪前后风靡欧美各国。美国人霍尔（S.Hall）最早采用了"儿童中心"（Paidocentric）这个词来概括这一新思潮。后英国教育学者约翰·亚当斯（John Adams）将此词发展为"儿童中心主义"（Paidocentricism）。①

　　在 20 世纪前后儿童本位教育思潮兴起及蓬勃发展的时期，欧美出现了不少各具特色的幼儿教育家或与学前教育有关的教育学派、心理学派。"虽然从总体上看，这些流派都是历史上两大潮流（内发论及外铄论）的延续及发展，但是即使是属于外铄论的一派，也深受这一时期占据主导地位的儿童中心主义教育思潮的强烈影响。"②

　　儿童本位教育思潮产生之后，迅速传入中国，并直接影响中华幼教界，推动了学前教育实践及理论的发展。我国著名幼儿教育家张雪门在《幼稚教育新论》中指出："儿童本位幼稚教育传到我国来的，可分为两大派：一派是从意大利来的；一派是从美国来的。"③ 前者以蒙台梭利为代表，后者无疑是以杜威为代表。张雪门还分析了它们对中国幼稚教育的具体影响。尽管"在这两种教育思想中，美国的儿童本位教育思想对我国幼教界的影响，又远胜于意大利的儿童本位教育思想的影响"④，不过人们还是习惯将蒙台梭利与杜威作为该思潮在幼教领域的主要代表。

---

① 舒新城编：《现代教育方法》，商务印书馆，1930，第 31 页。
② 杨汉麟：《外国幼儿教育史》，人民教育出版社，2011，第 350—351 页。
③ 张雪门：《幼稚教育新论》，载戴自俺主编《张雪门幼儿教育文集》（上卷），北京少年儿童出版社，1994，第 459 页。
④ 唐淑、钟昭华主编：《中国学前教育史》，人民教育出版社，1993，第 230 页。

第二章

欧风美雨来袭下中国学前教育思想的近代化

第一次鸦片战争后，中国的国门被迫打开。中国一批先进的知识分子开始开眼看世界。晚清的仁人志士隐约地认识到学习西方学前教育的必要。张之洞等人在"中体西用"思想指导下，从制度层面认识西方学前教育，并搭建了学前教育制度的构想。在新文化运动及五四运动影响下，很多中国教育家高举"科学""民主"旗帜，抨击传统学前教育中"成人本位"、忽视儿童的教育观；另一方面大量、全面、系统地吸收并学习西方教育思想，特别是宣扬"儿童本位"及贴近生活实际的杜威实用主义教育思想。其后，一批融贯中西的教育家如张雪门、陶行知、陈鹤琴等开始努力探索学前教育理论的本土化，构建适合中国本土的幼稚教育理论体系。

第一节　清末近代学前教育思想的萌发

一、清末近代学前教育思想萌发的背景

1840 年，第一次鸦片战争爆发，西方殖民主义势力的洋枪洋炮不仅打开了中国的国门，也打开了一些国人（尤其是开明人士及改革派）原本封闭的视野。面对国家危机和战争的失败，他们一方面直接感受到"外夷"奇技淫巧的过人之处，油然生出一种迫切了解"外夷"的心情；另一方面痛感清朝闭关锁国的弊端，于是发出要求变革和向西方学习的呼声，以挽救风雨飘摇中的封建国家。当时的朝廷虽曾试图仿制西洋船炮，但因经费、技术、认识、体制等原因，很快即告终止，且不愿将"师夷长技"作为国策。对于通西洋语言文字之人，"当轴者辄深恶而痛嫉，中国文士亦鄙之而不屑与交"①。中国人以自我为中心的世界观尚未受到实质冲击。对于战争的失败，未作深层思考，或以为夷人之胜系利用了汉奸之故。在轻视与仇视的双重心理下，民间舆论排拒西人。直到第二次鸦片战争（1856—1860）失败后，中英、中法签订的《天津条约》规定嗣后外交文件以英文或法文为准，外语人才短缺遂成了亟须解决的问题。以此为契机，朝廷的洋务派开始"悉夷情"并"师夷长技"。于是，洋务运动开始兴起，开始从官方层面学习西方。但在其时的西学输入中，仅偏重于技术及科学的部分学科知识，而对于西方近代社会科学的思想理论输入甚少。以当时的译书为例，即可以看出这一特点（见表3）。

---

① 王韬：《弢园文录外编》，上海书店出版社，2002，第 25 页。

表3　洋务运动早期输入西学书目分类表

类别	种数	类别	种数	类别	种数	类别	种数	类别	种数
算学	22	天学	6	史志	10	商政	4	西人议论	11
重学	3	地学	9	官制	1	兵政	55	无可归类	18
电学	2	全体学	11	法律	13	船政	9		
化学	12	动植物学	7	农政	7	西人游记	8		
声学	2	医学	39	矿政	9	报章	5		
汽学	3	图学	6	工政	38	格致	11		

※ 资料来源：根据梁启超 1896 年所编《西学书目表》和徐维则 1899 年所编《东西学书录》数目分类进行统计。

随着西学输入，以及游历人员出国，国人渐次发觉西洋有其政教，眼光敏锐之士更发觉西洋政教有可取法之处。但他们主要关注西洋的制度及架构，至于制度背后的思想和理论则未给予足够的重视。直至甲午战败，民族危机进一步加深，国人看到日本改学西法而强盛的事实，开始明白西学当学而不应以为耻。一时间，朝野风气、议论都为之一变。西学输入成为朝野一致的行动，其目的在于"输入文化挽救衰亡"[①]。此外，渡海东来的教会人士设学校、办报刊、编译图书等亦是西学输入的重要途径。他们不仅传播西方科学技术，还以各种形式介绍西方的教育、文学、哲学等，影响颇大。

从这一时期西技及西学的输入看，不管是改革派还是洋务派，都体现出一种学以致用精神。一些洋务派官员将"师夷长技"的思想付诸实践，将教育革新的着眼点放在器物层面上，诸如创办实用性、专门性的新式学堂，但对教育其他方面无暇顾及。而其时在广大的民间社会，洋务教育几乎得不到多大的响应。正如其时具有革新教育思想的人士钟天纬所发感慨："学校之设，在上者但能开其端，不能竟其绪，必须闾阎自为之谋，方能垂诸久远。"[②] 1900 年后，清政府迫于内外时局，为维护其苟延残喘的封建统治，不得不宣布"立行新政"。依照西方近代三级教育制度模式，首次建立了全国新型的

① 《论译书四时期》，载张静庐辑注《中国出版史料补编》，中华书局，1957，第 62 页。
② 璩鑫圭、童富勇编：《中国近代教育史资料汇编·教育思想》，上海教育出版社，1997，第 447 页。

学制系统。诚然,向西方学习教育的思想数十年间绵延不断,而"礼失求野"和"中体西用"两种思想相伴而行,西方教育的影响始终没有完全深入中国文化的核心。同样,这一时期西方学前教育对中国传统幼教的核心思想冲击仍然有限。

然而,改革派人士在介绍西方世界时,或多或少涉及了西方文教方面的内容。如梁廷枏的《海国四说》(1846)堪称中国知识分子最早认识西方世界并向国内传播的著作之一,其中对英国小学、中学、大学及各专科的教育制度、教学内容等项论述颇详。这种放眼世界的眼光既是"夷夏大防"观念的松动,也是中国教育由民族文化为中心的封闭型向世界文化交流的开放型转变的重要一步。洋务派兴办各类新式学堂、派遣学子出洋留学等一系列教育举措打破了传统教育模式,为中国近代教育奠定了些许基础。维新运动前后国人对西学的态度逐渐由轻视转为重视,部分西方的教育学说也随之引入。教会学校和传教士在教育上的持续性影响,使人对西方教育有了初步的了解,特别是传教士林乐知等人创办的《万国公报》,不仅介绍了西方学校教育,还引入一些在当时西方颇具影响的教育理论。如《万国公报》在第121、122册连载的《养蒙正规》一文,介绍了柏思大罗齐(裴斯泰洛齐)和福若伯(福禄培尔)的教育理论,这是最早把裴斯泰洛齐和福禄培尔的学前教育理论介绍到中国的文章。[1]1900年,瑞典教育家爱伦·凯撰写了《儿童的世纪》,提倡尊重儿童个性,反对注入式教学,并预言20世纪将成为儿童的世纪。她的儿童教育观在世界各国引起了积极的反响。各国教育人士逐渐意识到,教育不是一种独立的社会活动,教育思想也不能独立存在:它受到各种政治、社会、学术思想以及世界思潮等的影响。在这样多变复杂的时代背景下,国人原是"铁板一块"的伦理等级的教育思想开始有所松动,中国的学前教育思想也随之发生了重要的改变。

---

① 王林:《西学与变法——〈万国公报〉研究》,齐鲁书社,2004,第63—64页。

二、清末近代学前教育思想

（一）从国家主义层面重视幼学

前文已提及，中国古代有"早谕教"及重视幼儿教育的观念，但往往基于家族及个人利益的角度去考虑。清末在外侮压迫及国家危机面前，民族意识被唤醒。先进人士在寻找一条救国救民道路的过程中，把教育改革作为改变中国落后状况的重要举措乃至国家自强的基石，加之国外有关思潮的影响，国家主义教育思想初现端倪。有人指出："自清代与欧美交通以来，外交无不失败，甲午而后，受创尤巨，谋国者莫不以谋国家之自强为事，虽然不明标国家主义的政纲，但一切设施固从这条路上走。"①

国人在西学东渐的过程中，渐渐知晓西方各国有重视学前教育的通性。林乐知来华后曾积极宣扬"学必基于蒙养"的思想，介绍西方国家视儿童为"一国之至宝，一国之光宠"，"昔伊美森有言曰：'儿童者，世界之旭日。'"②这些观点不同凡响，较之中国封建传统的儿童观有很大的进步，使得国人从一个崭新的角度开始重新审视学前教育的意义，把儿童放在关系到延存国家命脉、谋求民族进步的重要位置。它们还直接影响到后来五四时期掀起的对传统儿童观的批判。梁启超的《少年中国说》更是生动地表达了儿童与国势昌盛的关系：

> 故今日之责任，不在他人，而全在我少年。少年智则国智，少年富则国富，少年强则国强，少年独立则国独立，少年自由则国自由，少年进步则国进步，少年胜于欧洲则国胜于欧洲，少年雄于地球则国雄于地球。③

当然这里的"少年"是泛指，既包括学龄前幼童，也包括一般学龄期的青少年。梁启超认为"今日为中国前途计，莫亟于教育"④。国民的教育决定着国家与民族的命运与前途。由是，他指出，要培养未来的人才必须强调儿

---

① 舒新城编：《近代中国教育思想史》，福建教育出版社，2007，第231页。
② ［美］林乐知：《论中国亟需设立幼稚园》，《万国公报》1905年第201号。
③ 梁启超：《少年中国说》，中国画报出版社，2014，第8页。
④ 梁启超：《教育政策私议》，载《梁启超论教育》，商务印书馆，2017，第106页。

童教育；否则，欲致力于人才培养，则必无成效。

早在 1897 年，梁启超就在《时务报》上发表《论幼学》一文。该文通过中西儿童对比，阐述中国儿童教育的种种弊病，说明如何开发儿童的早期智力，倡导对中国的儿童教育进行改革。他在《论幼学》开篇就强调了幼学的意义所在："春秋万法托于始，几何万象起于点，人生百年，立于幼学"，"欲救天下，自学究始"。

此外，还有不少思想家、教育家从国家未来发展的角度倡议重视幼学。

例如，郑观应十分欣赏各国"初训以幼学"。这里的幼学并不完全指幼稚园教育，而是指四五岁以后的幼童教育。他认为，中国欲致富强的希望在于对幼童的教育上："国家之盛衰，在于人材；人材之盛衰，在乎学校。我国而欲与列强竞争于二十世纪之舞台，而不亟思讲求教育，不可也。讲求教育，学有专门，而不自幼童始，尤不可也。"[1]

再如张之洞 1904 年在《奏定学务纲要》里也指出："蒙养院与家庭教育，尤为豫教之原。"[2] 在《劝学篇·设学》第三要即是"宜教少年"。重视幼学的思想在他的言论中时常流露出来。

又如严复为《蒙养镜》一书作序时，从借鉴达尔文的物竞天择、存种保国理论出发，通过剖析封建社会上层人物在子弟教育问题上的弊端，阐明早期家庭教育的重要性。

上述清末著名人物的言谈，既反映了中国重视幼教的传统观念，也反映了源自西方的有关幼教理念。所有这些有关幼儿教育的发声，无疑为中国近代发展社会学前教育营造了一定的舆论氛围。

（二）儿童公养公育的构想

所谓儿童公育，就是"由国家——或社会，即公共设立的机关去抚育教养儿童"[3]。本书第一章已提及，早在公元前 4 世纪，希腊大哲学家及教育家柏拉图就提倡过儿童公养公育的观点，并对后世产生深远影响，成为近代西方幼儿教育社会化及公立化的思想渊源。中国古代也有人有过类似思想，不

---

① 夏东元编：《郑观应集》（下册），上海人民出版社，1988，第 242 页。
② 璩鑫圭、唐良炎编：《中国近代教育史资料汇编·学制演变》，上海教育出版社，1991，第 491 页。
③ 茅盾：《评儿童公育问题》，载《茅盾全集》第十四卷，人民文学出版社，1987，第 148 页。

过后来就沉寂了。在晚清各种尚待成熟的学前教育思想中，康有为所倡导的以"思必越位，行必素位"为主旨的儿童公育思想是较为完整的理论体系。

康有为

康有为在 1879 年出游香港后，醉心于西学。1884 年中法战争的失败，刺激他进一步向西方寻求真理。在大量吸取各种西学养分之后，他逐渐形成了自己儿童公育的思想。1884 年他所写的《礼运注》中就提出了"人人教养于公产而不恃私产"的公育思想。同年他开始撰写《大同书》，他依据公羊春秋"三世说"和《礼运》中的"小康""大同"说，混合了佛家慈悲平等说、柏拉图反对私产及公共教育说、卢梭的天赋人权说，以及欧洲空想社会主义思想等，幻构出一个乌托邦的"大同世界"，其中对儿童公育思想进行了系统详尽的阐述。

《大同书》共 10 部，特别在第 6 部《去家界为天民》里，康有为认为家庭在"乱世"尚有用处，但中国的孝道"说"得多，"行"得少，有血缘关系的亲人经常因忌妒、厌恶、利害冲突而纷争不断。他以"有家则有私以害性害种"为论点，用较大篇幅揭露了封建社会中"家"的种种罪恶和黑暗，如兄弟相残、叔侄相怨、恶夫凌妇、孤子幼女死于继母等。他认为家庭只会带来无穷的痛苦，其继续存在不符合平等自由的原则，既是社会公共利益的羁绊，也是人类进步的阻碍。家庭在"太平世"中实无存在的余地，传统的婚姻家庭制度不容于大同之世。所以他主张"去家界为天民"，消灭家庭，解除封建伦常对人们的束缚，认为只有这样才能使人人得到自由平等，才能实现天下为公、太平大同、世界极乐。

大同世界消灭家庭后，原来家庭承担养老育幼任务交由公政府负责，即"公养人而公教之"。父母对子女"无鞠养顾复之劬，无教养糜费之事"。如何公养呢？康有为设计了人从出生前到大学的公育体系，与学前教育有关的机构是：

一曰人本院，凡妇女怀妊之后皆入焉，以端生人之本；胎教之院，吾欲名之曰人本院也，不必其夫赡养。

二曰公立育婴院，凡妇女生育之后，婴儿即拨入育婴院以育之，不必其母抚育。

三曰公立怀幼院，凡婴儿三岁之后，移入此院以鞠之，不必其父母怀抱。[①]

儿童满 6 岁后进入蒙学院接受公教，直至小学、中学和大学。孕妇或幼儿进入人本院、育婴院、怀幼院后，康有为主张采取的养育方法如下：

1. 胎教之法

他要求人本院须选择地理环境优胜之处，同时对人本院的建筑、设备、医疗、卫生、保健、教育、服务等方面提出了 40 多条要求。为保证胎教的正确实施，康有为对人本院的工作人员也有具体要求，须"以妇女曾业医者充之，由众公举其仁慈智慧尤深者"[②]任之。院中还须专设医生、看护妇、女傅。女傅的职责为"随之出入，同其起居，以傅其德义，化其气质；令孕妇目不视恶色，耳不听恶声，口不道恶言，鼻不闻恶臭，身不近恶人，心不知恶事"[③]等。康有为的胎教之法传承了中国传统胎教强调外部环境作用的思想。

2. 婴幼儿教养之法

新生婴儿满 6 个月即断奶，产母离开人本院，婴儿被送到育婴院养育。满 3 岁后，进入怀幼院或慈幼院教养，"如不设慈幼院，则总归于育婴院"。所以育儿方法包括育婴院的养育法，还包括人本院中对新生儿的看护和慈幼院中对幼儿的教养方法。

康有为对婴幼儿的教育目标、内容作了规定。其教育目标为"养儿体、乐儿魂，开儿知识为主"。教育的内容有语言、歌曲、常识、手工等，特别重视手工制作对日后谋生或从事管理工作的作用。另外，他非常重视婴儿的保健工作，要求对两岁以下的婴儿，每一女保看护一人；两岁以上者，每一女保看护二三人。院中的医生须随时指导女保工作，并须每日早晚各诊视一遍。

如果我们将康有为《大同书》中的有关论述与柏拉图的《理想国》、亚里士多德的《法律篇》以及文艺复兴时期到 19 世纪西方空想社会主义者的著作（如《乌托邦》《太阳城》等）作一比较，就会发现，它们有许多一致性。

---

① 康有为：《大同书》，邝柏林选注，辽宁人民出版社，1994，第 227 页。
② 康有为：《大同书》，邝柏林选注，辽宁人民出版社，1994，第 233 页。
③ 康有为：《大同书》，邝柏林选注，辽宁人民出版社，1994，第 236 页。

诸如对私有制及封建家庭伦理的批判谴责,对公有制以及公共教育机构的倡导,对优生胎教的推崇,对平等自由的向往等,显示康有为吸取了西人的观点。[①] 康氏的论述同时也吸取了中国传统早期教育的一些优秀沉淀,包括古代的胎教方法及有关名称等,因此总体仍体现出中西合璧的特点。

康有为的思想中尽管有些不切实际乃至荒唐的设想,如取消家庭等——这个主张也是柏拉图曾提倡过的,但总体来看,他的主张触动了封建道德系统的中坚,具有强烈的反封建意义,是 19 世纪末 20 世纪初学前教育思想界的一朵奇葩。他突破旧的人学观念,针对"爱有差等"的封建观点,提出构建绝对自由的大同世界,由"爱有差等"变成"爱无差等"。《大同书》及儿童公育思想所反映出人人平等的观念,也启迪着人们在学前教育中去尊重儿童,同时也酝酿着民国时期国人对儿童的大发现。此外,他大力鼓吹儿童公育的观点在当时也具有重要进步意义,符合近代学前教育发展公立化的趋势。

(三)"中体西用"框架下公共学前教育制度的构想

鸦片战争后,开眼看世界的人士已认识到西人之技的优越。其中有些人,如王韬、冯桂芬等人,意识到西人不仅有技,更有学,而且对于近代科学的门类也有了初步概念。冯桂芬在 1861 年提出了"制洋器""采西学"的主张。以后,洋务派逐渐对此达成共识,向西方学习不仅仅局限于技术,还要通度数、明物理等,即学"西学"。

1. "中体西用"的内涵

在移植"西学"的过程中如何处理"中学"与"西学"的关系呢?从 19 世纪 60 年代初开始,就有人用"主辅""本末""体用"这些中国传统文化中固有的概念或范畴,来表达"中学"与"西学"两者应该何为主导、何为从属的观点。

---

① 此处不妨将柏拉图的相近观点列举一二。柏拉图在《理想国》一书中主张,任何人都得过集体的公共生活,取消家庭,实行共妻共子制;个人无婚姻自主权,而由执政者掌控;实行计划生育,好男配好女,尽量减少不良男女的相配;妇女怀孕期间要注重精神因素对胎儿的影响,实施胎教;孩子出生后分婴儿、幼儿两个阶段实行公共教育。他认为只有这样,儿童长大后才能成为国民中的优秀分子,才能确保国民身体素质,才能一代胜过一代(参阅柏拉图:《理想国》,郭斌和、张竹明译,商务印书馆,1986,第 190—207 页)。

最早论述相关观点的是冯桂芬。1861 年，他在《采西学议》中写道："如以中国之伦常名教为原本，辅以诸国富强之术，不更善之善者哉？"[①]"本""辅"二词的相对，表达了"中体西用"的思想意蕴。到 19 世纪 90 年代，愈来愈多的人发表类似观点，且表达方式越来越鲜明，并逐渐定型于"中学为体，西学为用"这一术语。

1892 年，郑观应在《西学》篇中说："中学其本也，西学其末也。主以中学，辅以西学。"[②]1895 年 4 月，沈寿康（沈毓桂）在《万国公报》第 75 期上发表的《匡时策》一文中说道："中西学问本自互有得失，为华人计，宜以中学为体，西学为用。"1898 年，张之洞撰成《劝学篇》，围绕"旧学为体，新学为用"的主旨集中阐述，形成了一个比较完整的思想体系。

"中学为体，西学为用"，其意即在突出"中学"主导地位的前提下，肯定"西学"的辅助作用和器用价值。从宏观来说，所谓"中体"，包括儒、道等"伦常名教"、典章制度等，其核心内容是以儒学为主体的传统思想文化；所谓"西用"，是指资本主义国家的近代物质文明和民主、自由等政治社会学说等。"体"和"用"的范围并非一成不变，而是随着西学的日益东渐，其涵盖的内容也不断层层演进，其趋势表现为"中体"日益缩小、"西用"日益扩大。洋务运动时期的"西用"是引进西方的科学技术；维新时期和清末新政的"中体"缩小为以儒学为中心的传统思想文化，而"西用"则扩展到西政、西制。正如陈旭麓先生所说："'中体'和'西用'是不会互不侵犯的，'用'在'体'中会发酵，势必不断促进事物的新陈代谢。"[③] 在 1901 年 1 月 29 日发布的"预约变法"的上谕中，统治阶层强调"盖不易者三纲五常，昭然如日星之照世；而可变者令甲令乙，不妨如琴瑟之改弦"[④]。清末虽然也有"政本艺末""西体西用" 等主张的提出，但都没有撼动"中体西用"思想所处的支配地位。可以说"中体西用"思想基本贯穿清末各个领域的变革。

① 璩鑫圭、童富勇编：《教育思想》，上海教育出版社，2007，第 27 页。
② 夏东元编：《郑观应集》（上册），上海人民出版社，1982，第 276 页。
③ 陈旭麓：《近代史思辨录》，上海人民出版社，2019，第 48 页。
④ 陈旭麓：《近代中国社会的新陈代谢》，生活·读书·新知三联书店，2017，第 216 页。

2. 公共学前教育制度的初步构想

在学前教育上，"西用"的主体是了解并学习西方学前教育制度。"中体西用"支配下的幼教思想的变化，主要体现在对西方学前教育制度上的认识，提出了学前教育制度的初步构想，为传统的家庭授教走向有组织的学前教育充当了思想先行、舆论先导和理论基础。

中国大门打开后，国内已经开始注重西书的翻译。洋务运动期间，朝廷官员多次访问西方及日本各国，了解其国情。譬如到日本考察游历的官员学者中，许多人根据他们在日本的观感，"从教育作为国家富强的基础以及儿童能够在各种各样的游戏中促进身心发展和德性培养的意义上，阐述了发展社会性幼儿教育机构的必要性"[1]。另外，在华的西洋人士对西方学前教育也有所介绍。西方学前教育思想遂通过以上渠道慢慢传播开来。

中国的有识之士从中已窥得幼稚园制度之皮毛。如郑观应在涉猎西书时发现：英、德、法、美在近代的崛起，是因为"庠序学校遍布国中，人无贵贱皆有所教"[2]，于是乎各国人才辈出，方兴未艾。他特别推崇教育制度最为完备的德国和日本，对两国的幼稚院赞赏有加："世界各国学校之最善者莫如德、日。其教训幼童也，则设一幼稚院，凡子女四岁以后者，即送入学习。"[3] "前游日本幼稚院参观，见四五岁小儿均循循有礼，互相亲爱，而且居处得法，看护有方，各遂其生，各适其性，尤易于抚养。"故在幼儿教育创办上，郑观应力主"地方负有教育之职者，宜设幼稚院多所"，"尤宜协力振兴，俾成美举"，更应效法俄、美诸国，奖励私人办学、民间办学，"万不能因噎废食，视为缓图"[4]。从他的上述言论中，依稀可以听到建立中国公共学前教育制度的呼声。

中国学前教育制度的思想基础来自张之洞"中体西用"的指导思想。张之洞的《劝学篇》从教育入手，提出并试图实现"中体西用"。他在《劝学篇》伊始就指出："世运之明晦，人才之盛衰，其表在政，其里在教。"他对学

---

① 杜成宪、单中惠主编：《幼儿教育思想史》，人民教育出版社，2008，第110页。
② 夏东元编：《郑观应集》（上册），上海人民出版社，1982，第480页。
③ 余子侠、方玉芬编著：《中国幼儿教育名著选读》，华中师范大学出版社，2008，第140页。
④ 余子侠、方玉芬编著：《中国幼儿教育名著选读》，华中师范大学出版社，2008，第141页。

习西学的原则是"政艺兼学，政学为先"。西方的
教育制度就是所谓"政学"之一。他反对"麻木不仁"，
要求"不以效法西人为耻"，具有相当的文化"开新"
意义。《劝学篇》促成统治阶层教育观念的转变，
提出改造书院等传统教育机构的观点，主张把凌乱
分散的学堂系统化，形成近代学制。

张之洞

关于学前教育制度的建立，《劝学篇》虽然没
有明确的规定，可是在其中的《设学》里提到：

> 学算，须心力锐者；学图，须目力好者；
> 学格致、化学、制造，须质性颖敏者；学方言，须口齿清便者；学
> 体操，须气体精壮者。中年以往之士，才性精力已减，功课往往不
> 能中程，且成见已深，难于虚受，不惟见功迟缓，且恐终不深求，
> 是事倍而功半也。[①]

由此观之，张之洞明显有将教育结构中的重点由"中年"以上专门教育
下移的倾向，即转向重视少儿时期的教育。

日本在明治维新后效法西方，于 1899 年（明治三十二年）制定了第一个
幼儿园规程，即《幼儿园保育及设备规程》，对幼儿园的招收对象、保育内容、
保育方法及设施等作了明确规定。[②] 该规程传入中国后，对于一直倡导"中体
西用"，以学日本作为学习西方跳板的张之洞来说，借鉴西方及日本渐趋成
熟的学制，无疑是他制定学前教育章程的必然选择。通晓学务的张之洞，基
于"蒙养通乎圣功，实为国民教育之第一基址"[③] 的理念，于清末实行新政后，
参与并主持《奏定蒙养院章程及家庭教育法章程》的制定，使学前教育制度
的构想得以实现。

除郑观应、张之洞外，晚清时期先进人士主张变革学校教育，制定新型
学制的呼声可谓此落彼起。被誉为"中国留学生之父"的容闳最早呼吁效仿
西方，建立资本主义教育制度；1896 年李端棻在《请推广学校折》中提出全

---

① 张之洞：《劝学篇》，李忠兴评注，中州古籍出版社，1998，第 121 页。
② 杨汉麟：《外国幼儿教育史》，人民教育出版社，2011，第 152 页。
③ 朱有瓛主编：《中国近代学制史料》第二辑下册，华东师范大学出版社，1989，第 573 页。

国遍设学堂、推广学校的奏议；1898 年康有为在《请开学校折》中倡导"远法德国，近采日本，以定学制"。1902 年梁启超在《新民丛报》上发表《教育政策私议》一文，明确提出构建系统学制的主张：五级设学，包括幼稚园、小学校、中学校、分科大学、大学院等。这些倡议或多或少涉及儿童教育问题，且显示出借鉴西方学制的共性，体现"西用"的特点。但是这些构建学前教育学制的思想大多难逃维持清政府统治的目的。

以张之洞《劝学篇》为例，该书分内外篇：内篇共 9 篇，所言"皆求仁之事"，主旨在"务本以正人心"，内篇以首篇"同心"为总纲，"明保国保教保种为一义"；外篇共 15 篇，所言"皆求智求勇之事"，主旨在"务通以开风气"。二者以内篇中所展示的理念为主导思想而构成一个完整的思想体系。① 随后清末建立学制系统，张之洞指出，无论何等学堂（包括蒙养院），"均以忠孝为本，以中国经史之学为基"②。他一再强调要尊重传统的纲常伦理等，其"中学为体"的核心思想不言而喻。

第二节　民国时期近代学前教育思想的发展

自 1912 年中华民国肇造，至 1949 年中华人民共和国成立，短短 30 多年，在中国几千年的历史长河之中，不过是短暂的一刹。但在这段时间里，中国社会变化万千，上演了动荡剧烈、动人心魄的篇章。其间，封建与民主争战，改良与革命相辨，建设与破坏同演，内忧与外患并存。在这样的时代环境中，中国的教育事业谋求发展的外部条件极端恶劣。

然而，其时的中国不再闭关自守，早已被纳入世界文明发展的历史进程中。西方启蒙思想也被介绍到中国。一大批进步人士积极地接受西方启蒙思想，并大力宣传；在华西人通过开办学校以及中西交往活动，直接或间接地促进

---

① 蔡振生：《张之洞教育思想研究》，辽宁教育出版社，1994，第 130 页。
② 陈学恂主编：《中国近代教育文选》，人民教育出版社，1983，第 236 页。

了中国民众科学观念、民主意识的觉醒。尽管其间经历袁世凯称帝、国民政府的"军政"和"训政"时期,但民主共和的思想逐步深入人心。尤其是新文化运动开始后,几乎所有的西学门类,诸如西方政治、经济、军事、法律、哲学、宗教、心理学、教育学、文学、美学,以及各种各样的西方思潮、学说、观念纷至沓来。中国先进分子在这一时期大量输入的各种西方社会思想、学说中,寻找各种改造中国社会、摆脱民族危机、实现国家富强的救世良方,在思想文化领域形成百家争鸣的局面。

此时期西方教育思想理论的输入有两大特点:一是规模宏大,西方教育的所有流派几乎同一时期一并涌入中国。中国的教育家经过吸收、实践和改革,形成了形形色色的教育思潮,如平民教育思潮、工读主义教育思潮、职业教育思潮、科学教育思潮、实验主义教育思潮、国家主义教育思潮等。二是全面系统,超出了以往零星式的介绍。与西方教育的早期输入相比较,这一时期的思想输入在内容、方式和效果上都有了显著的进步。传播内容体现了系统性、理论性和全面性,催生了中国教育思想理论的形成和发展。以译介方式为例,已由报纸、杂志的即译即登为主,转向整体翻译、系统出版为主。此时各种教育思潮竞相争奇斗艳,中国的教育事业在教育的理念和认识方面跨上一个新的台阶。

在急剧变革的历史时期,中国学前教育在吸收借鉴西方先进的学前教育理念和实践后,在各种教育思潮浸润下,其思想同样异常活跃。卢梭、裴斯泰洛齐、福禄培尔、蒙台梭利、杜威这些耳熟能详的教育家的思想带来了新的观点,漫天的教育思潮为中国学前教育思想的发展提供了更多的理论依据和选择。加之众多有识之士在政治环境恶劣、经济条件无保障的情况下,仍前赴后继、身体力行,使中国学前教育事业在思想上、理论上有了长足的进步,使其具有鲜明的时代特征,即民国前期浓厚的西化色彩、民国后期的本土化色彩。

一、对杜威实用主义教育的选择

早在晚清,裴斯泰洛齐及福禄培尔的教育理论就被传教士介绍到中国。

清末随着日本保姆、教习相继来中国蒙养院及保姆科任教，裴斯泰洛齐和福禄培尔的思想逐渐被国人熟知。1913年，志厚所译的《蒙台梭利女士之新教育法》在《教育杂志》第五卷第一期刊登。这是中国最早介绍蒙台梭利的文章。1916年巴士第夫人（Mrs．Basty）的演讲宣传，再加上与中国教育界实验相配合，更加扩大了蒙台梭利思想的影响。蒙台梭利教育思想比福禄培尔教育思想传入较迟，但其声势较大；而在实践层面，福禄培尔幼儿园理论的影响则更大。可是总体来看，在民国时期，特别是前期，就思想影响而言，杜威一派的实用主义教育理论在中国，特别是在学前教育及基础教育领域具有执牛耳的地位。英国哲学家罗素曾这样评价杜威："很自然，他对美国人有最强的动人力量，而且很自然他几乎同样得到中国和墨西哥之类的国家中进步分子们的赏识。"[1] 杜威的教育理论为何得到中国教育界的青睐？此处不妨稍费笔墨加以探讨。

（一）选择原因

从文化传播的角度看，文化传播本身具有选择性——文化传播不是自动化的过程而是选择性的过程。只有那些优越性显而易见，适应当地社会需要，而且与当地文化传统相容的事物，才能被接受。简言之，文化传播的前提条件是外来文化本身具有价值性、被需要性以及与本土文化的一致性。梁启超在《清代学术概论》中也曾发表过类似的观点："凡'思'非皆能成'潮'，能成'潮'者，则其'思'必有相当之价值；而又适合于其时代之要求者也。"[2] 实用主义教育作为一种外来的教育思潮，成为在新文化运动特别是五四运动时期影响最大的教育思想，其原因也不外乎以上三点。

杜威实用主义教育思想在美国及许多国家产生了广泛而深刻的影响。其原因之一在于杜威实用主义教育思想具有极高的价值和合理性。美国教育家伯杰（M.I.Berger）曾说："杜威在教育理论方面所做的批判工作既是历史的，又是现实的；既是理论的，又是实践的。"[3] 其思想在西方近现代教育理论中最为系统，只要"教育上有争议的地方，他（杜威）都不放过，他的教

---

[1] ［英］罗素：《西方哲学史》（下卷），马元德译，商务印书馆，1976，第386—387页。
[2] 梁启超：《清代学术概论》，上海科学技术文献出版社，2014，第1页。
[3] 褚洪启：《杜威教育思想引论》，湖南教育出版社，1998，第235页。

育理论涉及问题的广泛性和深刻性，在教育史上是无与伦比的"①。杜威的实用主义教育思想融合了实用主义哲学、机能主义心理学、民主主义信念。他对教育与生活、学校与社会、经验与课程、知与行、思维与教学、教育与职业、教育与道德、儿童与教师等八大关系进行了系统的阐述。从时代性来讲，他全力探讨教育与民主、科学和工业化的关系；明确教育的目的乃培养民主社会之公民，使每一分子立于平等、自由地位，积极参与社会中的一切活动，彼此交流，达成语言、思想、观念等交流，以促进个人及社会的发展。这些反映了他对新时代教育的思索和认识，具有积极意义。

从新颖性来讲，杜威立足于现实基础，从崭新的理论视角提出三大著名命题："教育即生活""教育即生长""教育即经验的改组或改造"。其教育核心观念体现在社会政治观上，即倡导民主主义，力图调和个人与社会的矛盾；体现在哲学观上，即力图克服各种二元对立，建立一种和谐的新文化，实现民主平等的美好的社会理想。杜威的实用主义教育思想力图实现教育的内在价值与工具价值的结合。

杜威有关儿童教育的论述中，同样秉承其实用主义教育的精髓。三大命题都体现出教育不仅应尊重儿童的本能、兴趣等，同时也应为促进儿童心理因素的发展提供外部条件，尤其是社会性条件，儿童的教育应是一个身心不受压抑的社会化的过程。其儿童教育观要求教育既要有益于儿童个人发展，又要富有实效，联系生活，利于国计民生。杜威试图通过以体现儿童兴趣和自由的"活动课程"与"从做中学"的教学方法，使儿童掌握科学的思维方法、知识技能。

20世纪初，赫尔巴特理论通过日本传入中国，正好被清政府拿来办"新教育"，作为新政时期教育变革的手段之一。但实施以后，其理论内部弊端日渐暴露，客观上需要新的教育理论取而代之。杜威的实用主义教育以补偏救弊为特征，代表着当时教育理论本身内在发展趋势，其引入中国也是顺理成章之事。新文化运动是一场思想启蒙和解放运动，其在教育领域高举"民主""科学"两面大旗，批判封建传统教育，反对迷信，鼓吹个性。杜威实

---

① 赵祥麟：《重新评价杜威实用主义教育思想》，《华东师范大学学报（社会科学版）》1980年第2期。

用主义教育思想中反传统以及主张民主的特点，颇符合民国初年中国教育界的内在需要，为批判中国的旧教育提供了理论武器。

对"传统教育"进行十分严厉的抨击，是杜威实用主义教育思想的重要内容之一。杜威反对的"传统教育"和中国封建传统教育的实质有所不同，但二者在方法及形式上却颇为相似。西式近代"传统教育"一般指的是以赫尔巴特为代表的主知主义及威权主义教育，简称"三中心"，即书本中心、课堂中心、教师中心。中国封建传统教育的核心是修己治人。孙中山在揭露封建教育的实质时指出："士人当束发受书之后，所诵习者不外于四书五经及其笺注之文字；然其中有不合于奉令承教，一味服从之义者，则且任意删节，或曲为解说，以养成其盲从之性。"① 在《民主主义与教育》中，杜威指出"传统教育"的缺陷在于"没有考虑教育的本质，没有注意青年具有充满活力的、寻求有效地起作用的机会的能量……"② 其表现在于学校同社会相隔离、课程同儿童需要和现实生活需要脱节、教学是"静听"的和"注入"的、教师是"监督者或独裁者"。③ 中国封建传统教育以及后来赫尔巴特理论传入中国后的教学，亦如此。儿童从小就被要求明尊卑爵秩等级，教育内容与实际生活脱节，流于呆读死记，家长就是儿童的"监督者或独裁者"。

杜威对"传统教育"的态度与中国教育界对传统封建教育批判的需要相符，加之杜威实用主义教育思想本身就蕴含着睥睨一切、重新评估一切古往今来教育价值的气魄，与当时进步知识分子崇尚反思批判精神相一致。此外，杜威实用主义教育思想所体现出来的尊重儿童、顺应儿童身心发展的特点，与新文化运动知识界对民主、科学、自由、平等的追求神形一致，一拍即合。

从文化心理的角度考察，杜威的实用主义教育思想和中国经世致用的传统相近。实用主义教育总体上是建立在近代科学及与之相适应的实用主义的效用哲学观点基础之上的。它主张各种理论的价值"'在于它们所能造就的结果中显现出来的功效'，强调效果和功利性。中国的学术传统显然有与此

---

① 茅家琦等：《孙中山评传》，南京大学出版社，2001，第48页。
② ［美］杜威：《民主主义与教育》，王承绪译，人民教育出版社，1990，第76页。
③ 单中惠：《现代教育的探索——杜威与实用主义教育思想》，人民教育出版社，2002，第186—195页。

相近或相似的一面，即重视理论学说的实用性、现实性"①。从魏源"通经致用"的经学教育传统复兴，到"中体西用"教育指导思想，以及甲午战争后向西方学习的范围扩大、层次深入，无一例外地体现出救亡图存这一最终功利目的。学以致用的观点在近代中国的知识分子中得到广泛认同。

（二）引入过程

中国对实用主义教育思想的介绍，首发其轫者为职业教育家黄炎培。1913 年他在《教育杂志》上发表了《学校教育采用实用主义之商榷》，力述当时学校教育之不当，而主张以实用主义救济之。随后他相继发表了《实用主义产出之第一年》《实用主义产出之第二年》《实用主义产出之第三年》等系列文章，成为"杜威实用主义教育理论传入的一个前奏，并在一定程度上为它的传入提供了铺垫，渲染了气氛"②。

新文化运动产生后，西方教育理论主要以杜威的实用主义教育学说为主导传入我国。1916 年至 1919 年 4 月，《教育杂志》《新教育》《时报》《民国日报》《新中国》等报刊上大量刊登了研究杜威及其实用主义教育的文章。例如《教育杂志》连续刊登了署名为"天民"的《学校之社会的训练》《台威氏之教育哲学》《台威氏明日之学校》等。1919 年 4 月，《新教育》还特别推出"杜威专号"，较为详细地介绍了杜威的生平及其学说。胡适还专门应杜威来华团体的要求，就实用主义作了四次演讲，着重讲述杜威的思想。这些文章和演讲激起人们对杜威来华的热情和实用主义教育思想的兴趣。

"杜威热"的浪潮达至顶峰的推手，便是 1919 年杜威携其妻女的中国之行。此行将实用主义教育学说直接带到中国，使中国达到了宣传、介绍并推行实用主义教育理论的高潮。杜威的中国之行共历时两年两个月，其间他做了大小 200 多次演讲，足迹遍及上海、北京、天津、辽宁、河北、山西、山东、江苏、浙江、江西、湖南、湖北、福建、广东等地。所到之处，其思想广为传播，"仅《杜威五大讲演》一书，经北京晨报社出版后，在两年之内就再版 14 次之多。直至 1925 年以后，由于民族主义运动进一步抬头，实用主义教育思想

---

① 元青等：《五千年中外文化交流史》第四卷，世界知识出版社，2001，第 64 页。
② 周谷平：《近代西方教育理论在中国的传播》，广东教育出版社，1996，第 148 页。

才开始削弱，但其在实践和理论上的影响至少持续到 1949 年"[1]。

（三）引入结果

蔡元培

实用主义教育思想直接渗透到当时中国教育宗旨、学制、课程等诸多领域和层面，并形成实用主义教育思潮。早在 1912 年蔡元培就提出"五育"之一的"实利主义教育"。虽然他没有采用"实用主义教育"的表达，但如追根溯源，"实利主义教育"的本源乃"今日美洲之杜威派，则纯持实利主义者也"[2]。20 世纪二三十年代中国教育学的著作，明显地反映出受到杜威实用主义教育思想的影响。如孟宪承编著的《教育概论》（1933）在对教育定义、教育目的论、课程论等理论阐述时，基本认同并接受杜威的教育学说。这里主要探讨杜威对中国学前教育理论的影响。

杜威的影响集中体现在他对传统教育的批判，大力倡导儿童本位论、生活教育论、活动教学论，贯彻经世致用原则，以及个性化与社会化的结合等。

杜威立足于注重教育中心理的因素及儿童的生长及其民主观念，同时也接受了卢梭等前人的影响及同时代儿童本位教育思潮的洗礼，大力倡导儿童本位的教育观，成为 20 世纪前后儿童本位论的最著名代表。他声称：

> 现在我们的教育中正在发生的一种变革是重心的转移。这是一种变革，一场革命，一场和哥白尼把天体的中心从地球转到太阳那样的革命。在这种情况下，儿童变成了太阳，教育的各种措施围绕着这个中心旋转，儿童是中心，教育的各种措施围绕着他们而组织起来。[3]

这一观念对中国学前教育理论乃至实践发展产生了深刻的影响。更重要的是，一些教育工作者开始运用实用主义理论解决教育问题，并结合中国国情形成

---

[1] 丁钢主编：《历史与现实之间：中国教育传统的理论探索》，广西师范大学出版社，2009，第155—156 页。

[2] 蔡元培：《对于教育方针之意见》，载安树芬、彭诗琅主编《中华教育通史》第9卷，京华出版社，2010，第2070 页。

[3] ［美］杜威：《学校与社会·明日之学校》，赵祥麟、任钟印、吴志宏译，人民教育出版社，1994，第44 页。

自己的学前教育理论。如陶行知的生活教育理论、张雪门的行为课程理论、陈鹤琴的活教育理论等均为其中突出代表。

此外，胡适、蒋梦麟等一批杜威的真传弟子，在受到杜威教育思想潜移默化的影响后，注重实用主义教育思想在中国的传播和运用。

胡适

例如，杜威实用主义教育思想反对从外部强加教育目的，主张根据受教育者的身心特点和实际经验去培养和发展其个性。在儿童个性发展的看法上，胡适继承杜威"儿童本位"的思想，排斥对儿童加以束缚、不尊重其身心特点的教育模式。胡适将"独立"视为人格的最高理想，这是他儿童教育观的核心。胡适在《易卜生主义》中指出："社会最大的罪恶莫过于摧折个性的个性，不使他自由发展……发展个人的个性，须要有两个条件。第一，须使个人有自由意志。第二，须使个人担干系，负责任。"[1]他主张让儿童"自立"成人、"独立"成人，"能独立思想，肯独立说话，敢独立做事"[2]，只有独立才能发展儿童的个性。

蒋梦麟发表过类似的观点。他认为"教育的真义，从心理方面讲，贵在教育儿童的本能"[3]。他同样认为"儿童的良能，就是他底资本，只要利用得法，即能生利，教育不过是帮助他经营一下罢了"[4]。

胡适也十分赞赏杜威的"须养成共同活动的观念和习惯"，所以他注重培养儿童的"合群"意识。胡适主张：儿童要学会同别人相处，处理好人际关系。他曾告诫儿子思祖要学会合群，要动脑筋想一想怎样同别人合得来。而郭秉文则主张杜威的实验研究法，强调以儿童为中心，以个人经验为中心。

除了杜威的学生，新文化运动时期许多先进人物对儿童教育的观点，无不透露着杜威实用主义教育的身影：蔡元培主张"尚自然、展个性"的新教育，即崇尚自然、尊重儿童，让儿童自由发展的主张。鲁迅倡导"幼者本位"的

---

① 胡适：《易卜生主义》，载张宝明主编《新青年·思潮卷》，河南文艺出版社，2016，第105页。
② 何卓恩编：《胡适文集（社会卷）》，长春出版社，2013，第143页。
③ 蒋梦麟：《为什么要教育》，载曲士培主编《蒋梦麟教育论著选》，人民教育出版社，1995，第176页。
④ 蒋梦麟：《儿童心理》，载曲士培主编《蒋梦麟教育论著选》，人民教育出版社，1995，第186页。

儿童教育观，他为建设新的儿童观呐喊道："孩子是可以敬服的，他常常想到星月以上的境界，想到地面下的情形，想到花卉的用处，想到昆虫的言语；他想飞上天空，他想潜入蚁穴……"[1] 因此，"一切设施，都应该以孩子为本位"[2]。叶圣陶在谈到幼儿的家庭教育时，也要求父母们在实施家庭教育时，要依据孩子的气质、性格、兴趣、能力等个性特征不同，了解孩子，了解他们的动机、愿望和要求。

二、对封建传统儿童教育观的批判

辛亥革命的胜利、清王朝的覆灭，已说明封建三纲五常伦理思想的腐朽与落后，不能适应新的社会形势发展的需要。国人都满心期盼着一个新的民主共和社会的到来。然而，随着南京临时政府的终结和袁世凯及北洋军阀的上台，民国第一任教育总长蔡元培主持制定的文化教育革新措施，几乎很快被淹没在一片尊孔读经封建回潮的滚滚逆流之中。复辟势力倒行逆施的行径必然招致强力的抵制。梁启超在《五十年中国进化概论》中说："我敢说，已经挂上的民国招牌，从今以后千千万万年再不会卸下，任凭你像尧、舜那么贤圣，像秦始皇、明太祖那么强暴，像曹操、司马懿那么狡猾，再要想做中国皇帝，乃永远没有人答应。"[3]

一批知识分子不甘心革命的果实就这样被篡夺，决心在文化教育领域发动一场旨在改变人们思想观念的斗争，即新文化运动。他们高举"民主""科学"的旗帜，对封建主义思想文化进行猛烈抨击，其矛头直指封建专制的理论支柱——儒家思想。陈独秀道："要拥护那德先生，便不得不反对孔教，礼法，贞节，旧伦理，旧政治。要拥护那赛先生，便不得不反对旧艺术、旧宗教。要拥护德先生又要拥护赛先生，便不得不反对国粹和旧文学。"[4] 以陈独秀、李大钊、胡适等人为核心，掀起一场反对尊孔读经、反对封建礼教的浪潮。

① 鲁迅：《看图识字》，载《鲁迅全集》第六卷，人民文学出版社，2005，第 37 页。
② 鲁迅：《我们现在怎样做父亲》，载《鲁迅全集》第一卷，人民文学出版社，2005，第 140 页。
③ 梁启超：《五十年中国进化概论》，载陈书良编《梁启超文集》，北京燕山出版社，1997，第 453 页。
④ 陈独秀：《本志罪案之答辩书》，《新青年》第 6 卷（1919 年）第 1 号。

他们主要抨击封建教育的危害和没落，反思传统教育的缺陷，恢复民国初年的教育宗旨，废除读经科；大力倡导资产阶级的新教育，普及教育等。

（一）反对封建的儿童观，倡导儿童本位的教育观

在学前教育的思想领域，进步知识分子反对封建的儿童观，批驳传统幼教观里对"人"也就是儿童的忽视，以及成人本位的教育观。辛亥革命以后，蔡元培提出"共和国健全人格"的教育目标，传统的封建儿童观已经受到冲击。新文化运动爆发后，一种源自西方，符合科学、民主、平等的时代精神，顺应时代的儿童观已在新生代知识分子的思想中占据主导地位。

鲁迅

以鲁迅为例，他在 1918 年 5 月发表了自己的第一篇白话小说《狂人日记》，其中以沉痛而又沉重的口吻发出了"救救孩子"的呼喊，呼吁人们把孩子从封建礼教的桎梏中解放出来。同年 9 月他发表的《随感录二十五》中说："中国的孩子，只要生，不管他好不好，只要多，不管他才不才。生他的人，不负教他的责任……小的时候，不把他当人，大了以后，也做不了人。"[①] 这对历来都是"未尝想到小儿"的中国传统文化无疑是一个强烈的震撼。

鲁迅立足于对封建家庭及成人本位观的批判以及进化论的角度，对封建儿童观的抨击层层深入。鲁迅说道：在封建社会里，"所有小孩，只是他父母福气的材料，并非将来的'人'的萌芽"[②]。由此在《我们现在怎样做父亲》一文中，他批判了"长者本位与利己思想，权利思想很重，义务思想和责任心却很轻"[③] 的封建观念。文中他具体分析了孩子作为家长"材料"的同时，自然地接受家长的支配。家长常常以命令者、强迫者的姿态出现在儿童面前，所以在中国"亲权重，父权更重"。他说道："父对于子，有绝对的权力和威严；若是老子说话，当然无所不可，儿子有话，却在未说之前早已错了。"[④] 封建儿童观是对儿童人格的禁锢和摧残，从来没有把儿童当成独立的个体看

① 鲁迅：《随感录二十五》，载《鲁迅全集》第一卷，人民文学出版社，2005，第 311—312 页。
② 鲁迅：《随感录二十五》，载《鲁迅全集》第一卷，人民文学出版社，2005，第 312 页。
③ 鲁迅：《我们现在怎样做父亲》，载《鲁迅全集》第一卷，人民文学出版社，2005，第 137 页。
④ 鲁迅：《我们现在怎样做父亲》，载《鲁迅全集》第一卷，人民文学出版社，2005，第 134 页。

待。鲁迅站在人类本位的高度来思考问题，认为父子关系只是一种自然的伦理关系，从整个人类生命延续的角度来考虑，父亲既是人之父，又是人之子，为了人类生命能够健全地延续，每个人都只是一个过渡。作为人之父，要承担对下一代的关爱与抚养；作为人之子，要感受上一代对他的关怀。因此，父母养育子女，子女赡养父母，都是对人类的发展尽义务、作贡献。父母与子女的地位是平等的，父母应以"健全的产生，尽力的教育，完全的解放"①养育子女。

鲁迅从西方进化论的角度进一步阐述。通过对封建家庭伦理的分析，他认为中国长者本位的传统违背了生物和社会进化的一般规律。在中国"本位应在幼者，却反在长者；置重应在将来，却反在过去。前者做了更前者的牺牲，自己无力生存，却苛责后者又来专做他的牺牲，毁灭了一切发展本身的能力"②。幼者是新的生命，这是因为："后起的生命，总比以前的更有意义，更近完全，因此也更有价值，更可宝贵；前者的生命，应该牺牲于他。"③鲁迅已经意识到中国传统的亲子或成人与儿童的关系是"逆天行事"的，违反社会发展规律；儿童受到的戕害最终会产生出病态的成人与社会。所以他呼唤所有觉醒了的人们，"各自解放了自己的孩子。自己背着因袭的重担，肩住了黑暗的闸门，放他们到宽阔光明的地方去；此后幸福的度日，合理的做人"④。鲁迅看到了教育与发展之间的联系，并把它作为批判封建儿童教育的利器。

正因为封建思想无视"儿童"的"存在"，鲁迅更深入地揭露了封建礼教观下，家庭教育方法对儿童心理的残害、对儿童个性的压抑：

> 中国中流的家庭，教孩子大抵只有两种法。其一，是任其跋扈，一点也不管，骂人固可，打人亦无不可，在门内或门前是暴主，是霸王，但到外面，便如失了网的蜘蛛一般，立刻毫无能力。其二，是终日给以冷遇或呵斥，甚而至于打扑，使他畏葸退缩，仿佛一个奴才，

---

① 鲁迅：《我们现在怎样做父亲》，载《鲁迅全集》第一卷，人民文学出版社，2005，第 141 页。
② 鲁迅：《我们现在怎样做父亲》，载《鲁迅全集》第一卷，人民文学出版社，2005，第 137 页。
③ 鲁迅：《我们现在怎样做父亲》，载《鲁迅全集》第一卷，人民文学出版社，2005，第 137 页。
④ 鲁迅：《我们现在怎样做父亲》，载《鲁迅全集》第一卷，人民文学出版社，2005，第 135 页。

一个傀儡，然而父母却美其名曰"听话"，自以为是教育的成功，待到放他到外面来，则如暂出樊笼的小禽，他决不会飞鸣，也不会跳跃。①

鲁迅还以儿童画本举例，形象地刻画了传统家庭教育所"造就"的儿童。他用辛辣的文字"摊"开了中国的画本：其"主角自然是儿童，然而画中人物，大抵倘不是带着横暴冥顽的气味，甚而至于流氓模样的，过度的恶作剧的顽童，就是钩头耸背，低眉顺眼，一副死板板的脸相的所谓'好孩子'……我们试一看别国的儿童画罢，英国沉着，德国粗豪，俄国雄厚，法国漂亮，日本聪明，都没有一点中国似的衰惫的气象"②。他认为传统的家庭教育过"任"和过"禁"，只能培养出"顽劣"的儿童。

从鲁迅的上述言论中，我们可以强烈感受到他对中国传统幼儿教育观的深刻反思及批判。这与他接受西方先进观念的影响实不可分。

五四时期活跃的思想家、文学家周作人也对中国传统的幼儿教育，类似于西方称之为"预成论"的儿童观及教育观进行了抨击：由于"小儿也只是父母的所有品，又不认他是一个未长成的人，却当他作具体而微的成人，因此又不知演了多少家庭的与教育的悲剧"③。

另一位反对封建旧教育对儿童的压制和摧残的先锋便是蔡元培。他认为在个性与群性之间，中国传统的观念是注意群性而忽视人的个性发展。作为"儿童本位"的代表人物，蔡元培1918年发表《新教育与旧教育之歧点》一文，字里行间充分反映出他尊重、重视儿童的特点。他引用裴斯泰洛齐的言语分析新旧教育的不同在于：

> 夫新教育所以异于旧教育者，有一要点焉，即教育者非以吾人教育儿童，而吾人受教于儿童之谓也。……教者预定一目的，而强受教者以就之；故不问其性质之动静、资禀之锐钝，而教之止有一法，能者奖之，不能者罚之。④

---

① 鲁迅：《上海的儿童》，载《鲁迅全集》第四卷，人民文学出版社，2005，第580页。
② 鲁迅：《上海的儿童》，载《鲁迅全集》第四卷，人民文学出版社，2005，第580—581页。
③ 周作人：《人的文学》，《新青年》第5卷（1918年）第6号。
④ 蔡元培：《新教育与旧教育之歧点（在天津中华书局"直隶全省小学会议欢迎会"演说）》，载高平叔编《蔡元培教育文选》，人民教育出版社，1980，第48页。

他对违反自然，束约儿童个性自由发展的教育深恶痛绝，深刻批判"以养成科名仕宦之材为目的"的教育目的论。

（二）儿童公育论

"五四"前后，接续清末，儿童公育更成为中国学术界讨论的热门话题。其原因之一便是当时人们对封建家庭罪恶的憎恨，及对传统家庭教育进行反思与批判的结果，是故倡导儿童公育的教育家往往也会把矛头指向传统的家庭儿童教育。1919年蔡元培在题为"贫儿院与贫儿教育的关系"的演讲中，论述了儿童公育思想，同时也揭露封建家庭教育对儿童产生的不良影响。如父母不知道儿童的性情与成人大不同，立下严格的规矩，要儿童模仿，很不相宜；传统家庭不正常的人际关系，以及不适合儿童阅读的书报图画和不宜儿童听到的笑话鼓词，都会给孩子的成长带来负面干扰。

和蔡元培对传统家庭儿童教育"不相宜"的态度相比，恽代英的态度更为直接。恽代英在"五四"前后，积极反对帝国主义和封建主义教育。在学前教育方面，他深刻地揭示了私有制是家庭教育和幼稚教育弊端的万恶之源，明确提出了"打破私产""儿童公育"等主张。恽代英于1920年撰文《儿童公育在教育上的价值》，从唯物史观出发，对传统家庭教育的弊端进行揭露与批判。关于儿童受教场所，他认为"现存的宗法大家庭，固然有些像个小社会。但是实际人人知道这是个不能继续存在的东西"，故家庭绝对不是适合儿童受教育的场所。①

民国初年新文化运动时期，既是中国"人的发现"初期，也是中国"儿童的发现"初期。受西方学说影响，教育家们开始意识到儿童的存在及其与成人的不同，批判封建幼教观念的呼声从来没有这样高昂过。他们开始反思并从不同的视角、依据不同的理论基础抨击封建传统儿童教育。这都可以从他们的思想中得以窥见。这也进一步促成了"儿童本位"教育观念在近代中国的传播。

---

① 恽代英：《儿童公育在教育上的价值》，《中华教育界》第10卷（1920年）第6期。

三、科学教育的导入

中国教育与近代科学联姻，始于洋务派的"西艺"教育。"西艺"教育专以科学直接应用为目的。中国近代最早倡导科学教育观的人，应推严复。他虽然不曾提出"科学教育"这四个字，"但他论中国教育的弊端以及'东海可以回流，吾言必不易'的坚决态度，主张'痛除八股而大讲西学科学'，其识见固不可及"[①]。它不但重视"物质之知识"的教学内容，还提倡用科学方法指导教学。在《原强》一文中，论述了中国传统教育在儿童"脑气未坚"之时，"即教以穷玄极眇之文字"[②] 的弊端，主张用西洋实事求是的科学方法教导儿童。

直到 1914 年留美学生在美国发起成立中国科学社，并在次年 1 月起创办《科学》月刊，宣传科学方法，研究各种科学。这标志着中国科学教育思想已成为一股潮流。

科学教育思潮的内涵主要包括两层含义：一是物质上之知识的传授；二是应用科学方法于教育研究和对人的科学精神、科学态度的训练，尤以后者为重。[③]

随着新文化运动如火如荼地展开，科学教育思潮借助着"赛先生"的东风，达到前所未有的高度。陈独秀就说过"科学之兴，其功不在人权说下"，中国要想摆脱愚昧，"欲根治之，厥维科学"[④]。"五四"前后，负笈欧美的留学生纷纷回国，他们亲身感受到科学对欧美国家生产力发展的影响。在留学期间，他们学到科学的方法。如蒋梦麟即自述："我在哥大学到如何以科学方法应用于社会现象，而且体会到科学研究的精神。"[⑤] 因而他们十分推崇科学教育。继杜威之后，孟禄、推士、麦柯尔等人先后应邀来华进行调查和考察，努力推行科学的教育化。后来中华学术界发生的"科玄之争"，也为科学教育的发展起到了推波助澜的作用。

---

① 舒新城编：《近代中国教育思想史》，福建教育出版社，2007，第 203 页。
② 严复：《原强》，载牛仰山选注《严复文选》，百花文艺出版社，2006，第 28 页。
③ 孙培青主编：《中国教育史》，华东师范大学出版社，2000，第 389 页。
④ 陈独秀：《敬告青年》，《青年杂志》第 1 卷（1915 年）第 1 号。
⑤ 蒋梦麟：《西潮·新潮》，岳麓书社，2000，第 92 页。

科学教育对儿童教育的影响主要侧重在研究方法方面，表现在提倡以科学的方法研究儿童教育，包括儿童心理和教育心理的研究、各种心理和教育统计与测量及量表的编制应用。在学前教育思想领域的影响，则主要表现在心理学与学前教育相结合方面。20 世纪 20 年代以前，中国对西方儿童心理学研究成果的介绍比较零星，缺乏系统性。随着国人逐渐重视心理学在学前教育中的作用，20 世纪 20 年代以后，有关儿童心理学的专著开始出现。如陈鹤琴的《儿童心理之研究》（1925）一书，它是中国第一部采用婴儿传记的方法研究儿童早期心理发展的专著。

在中国，推动儿童心理研究的第一人当推陈鹤琴。1919 年陈鹤琴从美国留学归国后，即担任南京高等师范学校的儿童心理学课程教授。他以科学的精神，认真研究并借鉴了西方学者关于儿童心理研究的科学理论成果，诸如华特尔（Charles W. Waddle）、克伯屈、桑代克（Edward Thorndike）、弗洛伊德（Sigmund Freud）关于儿童发展阶段的划分，布里兹（B.M.Bridges）对儿童情绪的研究等。1921 年，他先后在《新教育》《教育汇刊》（南京高等师范学校所办刊物）上发表了《儿童心理及教育儿童之方法》《儿童之好问心与教育》《儿童用书与儿童心理》等系列文章，详细分析儿童心理与儿童教育之间的关联。此外，他积极吸取国外科学研究的方法，研究了裴斯泰洛齐用撰写教育日记的形式研究自己三岁儿子的案例，随后又研究了席格门（B. Sigismund）从自己的孩子出生后，即逐日考察、记录儿童各种能力发展过程的报告，颇受启迪。他结合中国实际，学习了有关方法，在自己的第一个孩子出生后，便以此为对象，在妻子的协助下对儿子进行观察教育。陈鹤琴成为我国第一位用跟踪观察实验的方法研究儿童心理发展的学者。

陈鹤琴说："从实施教育方面说，我们若要教育之有成效，非明了受教育者之心理不可。若不顾受教育者之心理而妄教之，那未有不失败的。"[①]他认为要办好中国的学前教育，就必须把它建立在科学的基础之上，也就是要了解儿童、研究儿童，按照儿童心理、生理特点去教育儿童。儿童心理研

---

① 陈鹤琴：《未达学龄的儿童之研究》，载陈秀云、陈一飞编《陈鹤琴全集》第一卷，江苏教育出版社，2008，第 372 页。

究是科学教育儿童的基础。陈鹤琴通过多年全面、系统、科学的研究，认为儿童总体上来讲有好动心、模仿心、好奇心、游戏心及易受暗示等特点；儿童在不同年龄阶段，也表现出不同发展重点，故教育实施过程中需顾及这些特点。综上所述，20世纪20年代后，来自西方的科学教育，尤其是心理学的输入及有关实证方法的采用，使得中国学前教育思想理论更为丰富、更为系统、更为科学。

四、外来幼教理论的本土化

新文化运动后期，随着西方各种学说逐渐运用到中国的复兴之路上，知识分子开始思考如何看待西方文化的输入。胡适、陈序经、戴季陶、吴稚晖、丁文江等是一批主张"全盘西化"的代表人物，他们在文化道路的选择上，强调彻底摒弃一切本国思想传统，全盘欧美化。另外，郭秉文、李大钊等人主张通过"中西结合"来解决中国实际问题。虽然郭秉文是最谨守杜威思想进行实践的人，但他仍然提倡中西兼学，还创办了以"阐明真理，昌明国粹，融化新知"为宗旨的《学衡》杂志。李大钊认为，从世界文化发展的过程来看，东西文化实为进步之两大机轴，正如车之两轮、鸟之双翼，缺一不可。随着民族主义的高涨，在教育领域，越来越多的教育家开始审视中西方教育平衡问题。如蒋梦麟即认为："凡国有其特性，甲国之教育，未必适用于乙国。如完全模仿，即不张冠李戴，亦必失其独立之精神。"[①] 在学习西方教育的同时，要顾及中国国情，实行"适宜之教育"。致力于学前教育的教育家们，同样结合西方学前教育的先进之处，努力对其改造，以适应并促进中国学前教育的发展。在思想理论方面，热心学前教育事业的教育家们结合西方学前教育思想与理论，创造性地提出适合中国学前教育发展的教育理论。

（一）张雪门的行为课程理论

20世纪20年代，张雪门在北平大学任职期间，研读了大量卢梭、福禄培尔、

---

① 蒋梦麟：《建设新国家之教育观念》，载曲士培主编《蒋梦麟教育论著选》，人民教育出版社，1995，第47—48页。

张雪门

蒙台梭利以及杜威的著作，同时也十分关注心理学的新进展，对问世不久、后来被人们称为 20 世纪三大心理学流派之一的行为主义有强烈兴趣。20 年代末 30 年代初，正值行为主义学说在中国流行，张雪门也在此时对幼稚园的课程进行了研究，并逐渐形成了行为课程理论。

行为主义的代表人物是美国心理学家华生 (John Broadus Watson)。华生崇尚外铄论，认为心理学研究行为的任务在于查明刺激 (stimulus) 与反应 (response) 之间的规律性关系，这样就能根据刺激推知反应，根据反应推知刺激，达到预测和控制行为的目的。华生在 20 世纪 20 年代写过《行为主义的幼儿教育》一书，对如何通过环境、教育等外力去塑造婴幼儿良好的行为进行了探讨。[1] 张雪门对于环境等外力因素在形成儿童良好品质中的作用表示赞同，认为幼儿"所以能日进月长，渐渐从无知无能变成有知有能，完全由于个体和环境的接触"[2]。二者有相通之处。

然而，如果细考张雪门的行为课程理论内容，就会发现，该理论更多地还是与杜威的实用主义教育理论有关，也与自然主义教育有关。例如张雪门说过：

> 幼童的行为绝不是孤绝的，无论由于内部的需要，无论由于环境的刺激，都足以唤起其行为的反应；但反应的结果，又改变了其原有的经验。所以从各种环境实践的行为，都足以获得经验，且因经验的不断实践，又可以不断地改变其环境和自己。[3]

张雪门这里的前半段话，是典型的行为主义的刺激—反应的观点，但后半段话，则是典型的杜威的经验改造论的观点。张雪门将行为（反应）更多

---

① 可参阅［美］华生：《行为主义的幼儿教育》，杨汉麟译、点评，长江少年儿童出版社，2014，第 2—4 章。

② 张雪门：《增订幼稚园行为课程》，载戴自俺主编《张雪门幼儿教育文集》（下卷），北京少年儿童出版社，1994，第 1088 页。

③ 张雪门：《增订幼稚园行为课程》，载戴自俺主编《张雪门幼儿教育文集》（下卷），北京少年儿童出版社，1994，第 1090 页。

地与经验改造、生活、生长挂钩，将更多的注意力放到研究行为的后续效应（而不仅是行为塑造本身）上，从而更多地倾向于杜威一面。因此笔者认为，如果说张雪门的行为课程与华生有什么关系的话，也许我们只能说，这是一种灵活诠释及应用的行为主义，而不是恪守华生教义的正宗的行为主义。此外，张雪门行为课程中的"行为"，或许可以更多地解读成"行动"。当然，我们如果将杜威的实用主义教育、华生的行为主义教育、卢梭的自然主义教育共同作为张雪门行为课程的思想来源或理论基础，大致还是可以说得通的。下面的文字讨论即是基于这一前提。

1929年，张雪门在《幼稚园的研究》一书中指出："幼稚园的课程是什么？就是给三足岁到六足岁的孩子所能够做而且喜欢做的经验的预备。"[①]他提出，课程不仅是知识，而应当把"技能、知识、兴趣、道德、体力、风俗、礼节种种的经验，都包括在课程里。换一句话来说，课程是适应生长的有价值的材料"[②]。可见，张雪门受杜威实用主义教育思想的影响，非常强调经验是有机体与环境的相互作用，知识是活动的结果，课程的本质就是直接经验的总和。但张雪门在课程的分析中，对间接经验并不持否定态度。他明确指出：行为课程的四种来源之一便是"人类聪明所产生的经验，而合于儿童的需要者"[③]。直接经验与间接经验中，他选择其中适应儿童生长基本价值的东西来作为课程，足以克服儿童在自发活动中所获取的自然经验太零碎、太紊乱、太不经济、不足以供高深专业需求等缺点。

张雪门对"行为课程"概念的界定是："生活就是教育，五六岁的孩子们在幼稚园生活的实践，就是行为课程。"[④]他认为这种课程完全来源于生活："它从生活而来，从生活而展开，也从生活而结束，不像一般的完全限于教

---

① 张雪门：《幼稚园的研究》，载戴自俺主编《张雪门幼儿教育文集》（上卷），北京少年儿童出版社，1994，第24页。
② 张雪门：《幼稚园教育概论》，载戴自俺主编《张雪门幼儿教育文集》（上卷），北京少年儿童出版社，1994，第339页。
③ 张雪门：《幼稚园教育概论》，载戴自俺主编《张雪门幼儿教育文集》（上卷），北京少年儿童出版社，1994，第342页。
④ 张雪门：《增订幼稚园行为课程》，载戴自俺主编《张雪门幼儿教育文集》（下卷），北京少年儿童出版社，1994，第1088页。

材的活动。"① 行为课程的一大特质便是"生活",另一大特质是"实践",张雪门通常称之为"行动"。他认为:从行动中所得的认识,才是真正的知识;从行动中所发生的困难,才是真实的问题;从行动中所获得的胜利,才是真实的制驭环境的能力。游戏、故事、唱歌等教材,虽然也可以表演,然而代表不了实际行为。"我郑重的再说一句,幼童一定先有了直接经验,然后才可以补充想像(象)。"② 照他的话来说,"做就是教,教就是做,教和做都由于自己"③。这显然与杜威强调"从做中学"的主张相当接近。

幼稚园行为课程的目的在于:"(一)满足儿童心身的需求;(二)养成'扩充经验的方法'与习惯;(三)使之有系统的组织。"④

要达到这些目的,张雪门对行为课程内容的选择,依然可从"生活""实践"以及"功用性"三个方面进行归纳:(1)"儿童的自然环境",包括儿童周围生活中的一切有关自然界的事物与知识,如动物、植物等。(2)"儿童自发的诸般活动",即儿童自身发展中所进行的一些活动,如走路、呼吸等。(3)"儿童的社会环境",即与儿童现在的生活与未来生活相关的社会生活知识,顾及社会意义,为儿童适应社会储备经验。换言之,行为课程的内容就是指儿童周围自然和社会生活中能为其接受并有助于其获得自身发展的学习经验。

此外,张雪门编制行为课程十分注意结合中国社会现状,因为许多技能、知识、习惯、意识等为生活所必需,要想适应中国现代社会,便不能不重视课程与国情的结合。比如他将中国的气候特点、生活条件等因素融入行为课程的内容里。在具体实施中,他时常将具有本土特色的游戏形式融入行为课程的实施中去,如傀儡戏等。这样一方面易使儿童通过熟悉的生活课程或活动获得经验,另一方面为儿童适应中国社会生活做好准备。

---

① 张雪门:《增订幼稚园行为课程》,载戴自俺主编《张雪门幼儿教育文集》(下卷),北京少年儿童出版社,1994,第1088页。
② 张雪门:《增订幼稚园行为课程》,载戴自俺主编《张雪门幼儿教育文集》(下卷),北京少年儿童出版社,1994,第1089页。
③ 张雪门:《幼稚园教育概论》,载戴自俺主编《张雪门幼儿教育文集》(上卷),北京少年儿童出版社,1994,第375页。
④ 张雪门:《幼稚园课程编制》,载戴自俺主编《张雪门幼儿教育文集》(上卷),北京少年儿童出版社,1994,第126页。

总体说来，张雪门的行为课程理论源于杜威的实用主义教育思想。他秉持儿童本位，坚决反对儿童是缩小的成人观念，并将杜威的"教育即生活""从做中学"运用到学前教育中；根据儿童兴趣、内在发展等需要组织课程活动，强调通过儿童实际行动，获得直接经验，并培养获得经验的习惯，以适应环境；但同时他对间接经验也进行了客观评价，并不排斥；还要求在教学实践中打破封建传统教育，不要一味地照搬外国教学内容，须结合中国实际情况，设计富有本土特色的单元教学法，努力使其行为课程编写思想成为中国化的学前教育思想。这些努力应给予高度评价。由于张雪门的重要贡献，他所创立的行为课程被称为"我国幼稚教育第一代本土化的课程体系"①。

（二）陶行知的生活教育理论

陶行知被公认为"人民教育家"，一生都积极投身于中国平民教育（包括幼儿教育）的理论与实践，取得了丰硕的成果。陶行知留学时接触了杜威的教育思想，但陶行知秉持客观积极的态度，不盲目照搬，也不一味排斥，奉行"截长补短"的原则，不断地努力使中国学前教育本土化。他曾对晓庄师范的师生要求：

陶行知

> 我们一方面在这里干，我们一方面还要吸收别人的经验，我们要把英国的，法国的，日本的，意大利的，美利坚的……一切关于幼稚教育的经验都吸收进来，我们来截长补短冶成一炉，来造成一个"今日之幼稚园"！②

可以说，陶行知创造性地发展了杜威的学说，形成了中国式的新教育思想。

陶行知的学前教育思想和他所构建的生活教育理论有着极为密切的联系。因此，分析陶行知的学前教育思想就必须把握生活教育理论的核心。陶行知生活教育理论的三大"基石"包括："生活即教育""社会即学校""教学做合一"。

---

① 唐淑主编：《学前教育思想史》，人民教育出版社，2009，第123页。
② 陶行知：《今日之幼稚园》，载华中师范学院教育科学研究所主编《陶行知全集》第二卷，湖南教育出版社，1985，第160页。

"生活即教育"这一命题显然从杜威的"教育即生活""学校即社会"修正而来。二者都是针对传统教育脱离社会生活的弊病而提出来的，强调了教育与生活的联系。杜威的命题是说明学校教育枯燥、无实用性，必须把社会生活引入学校教育中，但杜威式的教育和生活还是关在学校的大门里的，儿童只是在学校范围内扩大生活经验。而陶行知认为教育应以生活为中心；生活决定教育，教育改造生活；要以社会生活以及在此基础上产生的经验为中心，用生活来教育。实际也说明了，只有靠中国人民的生活，才能产生真正的中国教育。

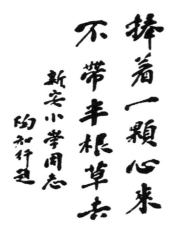

陶行知向教育表白心迹的著名题词

陶行知说道："生活即教育，就是社会即学校了。"[1] "社会即学校"诠释了生活教育的范围，即打破传统学校的围墙，"把整个的社会或整个的乡村当作学校"[2]。他的观点是杜威"学校即社会"即"学校社会化"的拨正。他和杜威的目的都是消除学校与社会的高墙，但他认为杜威的观点是把社会里的东西拣选几样，缩小搬进学校，是不符合实际需要的。陶行知说："社会是个人结合所成的"，那么家庭、工厂、乡村既是社会的组织，又是人们生活的场所，也是教育的场所。陶行知的"社会即学校"就是冲开校门、家门，

① 陶行知：《生活即教育》，载华中师范学院教育科学研究所主编《陶行知全集》第二卷，湖南教育出版社，1985，第183页。
② 陶行知：《晓庄三岁敬告同志书》，载华中师范学院教育科学研究所主编《陶行知全集》第二卷，湖南教育出版社，1985，第211页。

把学校延伸到自然、社会中去,同时他也倡导运用广大工农群众的力量办教育,用民众的力量普及教育。

作为生活教育理论的方法论,"教学做合一"吸收了杜威"从做中学"的合理因素,如联系实际,反对注入式教学,课程安排符合学生的天性,注重学生能力的培养等。同时,陶行知根据"从做中学"在中国的实践检验,强调"教"与"学",形成"教学做合一"的思想。陶行知解释道:"'教学做合一'是以生活为中心——怎样做,就怎样学;怎样学,就怎样教。"①"做"是中心,"做是发明,是创造,是实验,是建设,是生产,是破坏,是奋斗,是探寻出路"②。"教""学""做"是生活的三个方面,是一件事,不能分开。

生活教育理论是陶行知吸取杜威实用主义教育思想的精髓,"将杜威的实用主义教育与中国实际相结合,经过改造和创新"③而形成的本土化的教育理论。 从教育对象上看,生活教育理论是为中华民族劳苦大众服务的,"是大众的教育,大众自己办的教育,大众为生活解放而办的教育"④。从内容上看,生活教育理论是科学的。它重视教育与生活、理论与实际的联系,强调知行结合。陶行知在《生活教育之特质》中概括了生活教育的六大特点:"生活的""行动的""大众的""前进的""世界的""有历史联系的"。⑤

陶行知的学前教育思想同样反映出生活教育理论的诸多特点。

在论述幼稚教育的重要性时,陶行知不仅发挥了我国古代"教儿婴孩"的传统,论述了"人格教育,端赖六岁以前之培养",认为儿童六岁以前是人格形成的最重要时期:"凡人生之态度、习惯、倾向,皆可在幼稚时代立一适当基础。"⑥ 他还从世界幼稚教育发展历程来说明幼稚教育的意义:"从福禄伯(福禄培尔)发明幼稚园以来,世人渐渐的觉得幼儿教育之重要;从

---

① 陶行知:《在湘湖师范教学做讨论会上的答问》,载华中师范学院教育科学研究所主编《陶行知全集》第二卷,湖南教育出版社,1985,第161页。
② 陶行知:《教学做合一下之教科书》,载华中师范学院教育科学研究所主编《陶行知全集》第二卷,湖南教育出版社,1985,第290页。
③ 董宝良、周洪宇主编:《中国近现代教育思潮与流派》,人民教育出版社,1997,第172页。
④ 陶行知:《生活教育之特质》,载华中师范学院教育科学研究所主编《陶行知全集》第三卷,湖南教育出版社,1985,第27页。
⑤ 陶行知:《生活教育之特质》,载华中师范学院教育科学研究所主编《陶行知全集》第三卷,湖南教育出版社,1985,第25—27页。
⑥ 戴自俺、龚思雪主编:《陶行知幼儿教育的理论与实践》,四川教育出版社,1987,第29页。

蒙梯梭利（蒙台梭利）毕生研究幼儿教育以来……世人乃渐渐的觉得幼儿教育实为人生之基础，不可不乘早给他建立得稳。"[①] 由此不难看出陶行知幼稚教育思想的历史积淀以及独到的世界眼光。

陶行知在论述幼稚教育的服务方向时，首先抨击了当时幼稚园的"三大病"，即外国病、花钱病、富贵病，指出幼稚园成为了外国货的贩卖场以及富贵人家的专用品。针对"三大病"，陶行知明确指出："要把外国的幼稚园化成中国的幼稚园；把费钱的幼稚园化成省钱的幼稚园；把富贵的幼稚园化成平民的幼稚园。"[②] 他对当时中国幼稚园的批评，可谓恰中肯綮、切中要害。这样的批评也表现出他对改造中国幼稚园的坚定决心。他呼吁：扩大传统幼稚教育的范围，幼稚教育要为劳苦大众服务；幼稚园要下乡进厂，进入广大群众生活的场所，向工农开门。这是他对中国教育把脉后开出的科学药方。幼稚教育为大众服务、下乡进厂的观点，不仅是幼稚教育本土化的表现，还是"生活即教育""社会即学校"理念的贯彻，充分体现生活教育理论"生活的""大众的"等特点，至今仍有其积极意义。

创造精神的培养是陶行知生活教育理论的重要特色。在论述儿童创造力的解放时，他提出六大"解放"的观点：（1）解放儿童的头脑；（2）解放儿童的双手；（3）解放儿童的眼睛；（4）解放儿童的嘴；（5）解放儿童的空间；（6）解放儿童的时间。[③] 六大观点都是陶行知在科学地认识儿童、科学地教育儿童的基础上提出的。"'行动'是中国教育的开始，'创造'是中国教育的完成。"[④] 既然"行动"是"创造"之始，不管是"解放"儿童身体的各器官，还是其时间和空间，都是让儿童在"教学做合一""行""生活""活动"中去认识世界，增长才干。简言之，六大"解放"就是为了更好地"行动"，从而培养儿童的创造力。

---

① 陶行知：《创设乡村幼稚园宣言书》，载华中师范学院教育科学研究所主编《陶行知全集》第一卷，湖南教育出版社，1984，第618页。

② 陶行知：《创设乡村幼稚园宣言书》，载华中师范学院教育科学研究所主编《陶行知全集》第一卷，湖南教育出版社，1984，第618页。

③ 余子侠、方玉芬编著：《中国幼儿教育名著选读》，华中师范大学出版社，2008，第238—239页。在本书《创造的儿童教育（节目）》这篇文章中，陶行知指出了五大解放，"解放儿童的眼睛"是后来加上的。

④ 陶行知：《创造的教育》，载华中师范学院教育科学研究所主编《陶行知全集》第二卷，湖南教育出版社，1985，第615页。

(三) 陈鹤琴的"活教育"理论

陈鹤琴同样是一位留过洋，深受西方教育理论影响，但终身追求办出具有中华民族幼稚教育特色的教育家。1927年，他在总结南京鼓楼实验幼稚园办学经验时，就提出"幼稚园要适合国情的"需要，并批评中国幼稚教育盲目崇拜、模仿美国的现象。不过他反对模仿并不是因为美国幼稚教育的经验欠佳，而是因为它们有不符合中国国情

陈鹤琴

之处。陈鹤琴的观点是：中国的幼稚教育事业既已开创，"就应该自己先问一问，用一种什么目标来办？怎样来办？倘若一些主张都没有，仍旧像初办的时候，今日抄袭日本，明日抄袭美国，抄来抄去，到最终也办不出好的幼儿教育来"①。陈鹤琴在探索中国化、科学化的学前教育道路上，提出了办好中国化幼稚园的15条主张，并于1940年创立了与学前教育有着密切关系的"活教育"理论。

从字面上来看，"活教育"与中国传统的"死教育"相对立。他引用陶行知描绘"死教育"的警语："教死书，死教书，教书死；读死书，死读书，读书死。"② 陈鹤琴决心变腐朽的"死教育"为进步的、有活力的"活教育"："教活书，活教书，教书活；读活书，活读书，读书活。"③

"活教育"的理论渊源，无疑来自杜威的实用主义教育哲学；就其脉承关系而言，则是对比利时教育家德可乐利"活的教育"（或译"生活教育"）的继承和发展，同时也旁收了陶行知"生活教育"的养分。但陈鹤琴秉持创新精神，结合中国国情，对杜威等的理论进行改造和重构，因而其理论形态具有中国特色。他曾这样论述过"活教育"与杜威教育理论既有联系又各自独立的关系：

> 我提倡的活教育是和杜威的学说配合的，因为活教育和杜威学说，其出发点相同，如所走的路子、所用的方法有相似之处……（活教育）是接受世界新教育的思潮，并和杜威一样的在创造理论，也

① 何晓夏主编：《简明中国学前教育史》，北京师范大学出版社，1990，第273页。
② 陈鹤琴：《什么叫做"活的教育"》，载陈秀云、陈一飞编《陈鹤琴全集》第五卷，江苏教育出版社，2008，第20页。
③ 陈鹤琴：《什么叫做"活的教育"》，载陈秀云、陈一飞编《陈鹤琴全集》第五卷，江苏教育出版社，2008，第20页。

创造方法。①

"活教育"理论主要包括三大纲领：目的论、课程论、方法论。

"活教育"的目的就是"做人、做中国人、做世界人"②。"做人"是指培养儿童的基本修养，使他们具有健全的身体、聪明的头脑、独立的人格，在人与人相互关系的社会里，能够通力合作，把握自然、改进社会，达到个人与全人类均幸福的目的。"做中国人"的提出，是由于人生存的自然与人为环境不同，人除需要具备基本素质以外，还有其他要点需注意。中国"活教育"的对象是中国儿童，他们生于斯、长于斯，他们的发展必然受中国社会发展特质的影响。在当时，中国还是半殖民地半封建的国家，正因为如此，"每一个人都担负了一个历史任务，那便是对外反对帝国主义的干涉，争取民族独立；对内肃清封建残余，建树科学民主"③。"做中国人"还需要创造的能力、服务的精神和合作的态度。"做世界人"是因为人除了要过国家的生活，同时还要过世界的生活；他不仅要了解中国社会发展的特质，还要了解世界的进步潮流；他不仅要为中国的民主独立而努力，还要为世界和平而奋斗。④"做世界人"就必须具有世界眼光。所谓世界眼光，就是站在人类的立场看待世界，了解世界万物。只有以整个宇宙为学校，才能培养世界的眼光，才能做一个世界人。"活教育"的目的论不仅体现出陈鹤琴重视儿童发展、个人本位的观念，还反映出他的爱国主义情怀以及放眼世界的国际主义胸怀。特别是"做世界人"的目的论，是他对中西文化教育有透彻感悟后而提出的精彩言论。它打破了狭隘的民族主义，纠正了盲目过激的爱国主义，促进了中国社会的现代化，是当代中国学前教育仍需借鉴的宝贵思想。

"活教育"的课程论也可以说是"活教育"的内容。陈鹤琴针对传统教

---

① 陈鹤琴：《活教育》，载陈秀云、陈一飞编《陈鹤琴全集》第四卷，江苏教育出版社，2008，第270—271页。
② 陈鹤琴：《活教育的目的论》，载陈秀云、陈一飞编《陈鹤琴全集》第五卷，江苏教育出版社，2008，第59页。
③ 陈鹤琴：《活教育的目的论》，载陈秀云、陈一飞编《陈鹤琴全集》第五卷，江苏教育出版社，2008，第59—60页。
④ 陈鹤琴：《活教育的目的论》，载陈秀云、陈一飞编《陈鹤琴全集》第五卷，江苏教育出版社，2008，第62页。

材呆板、课程固定的现象，指出"大自然大社会是我们的活教材"①。课程的核心就是自然与社会。

"活教育"的课程有以下特点："1. 以大自然大社会做主要的教材，以课本做参考资料，这是直接的活知识，是直接的经验。2. 各科混合或互相关联。3. 不受时间的限制，没有分节的时间表，时间倒为功课所支配。4. 内容丰富。5. 生气勃勃。6. 儿童自己做。7. 整个的，有目标。8. 有意义。9. 儿童了解。"②课程论强调课程与实际生活环境的联系，既体现杜威"学校即社会"的内核，又是陶行知生活教育的继承。

"做中教，做中学，做中求进步"是"活教育"方法论的基本原则。陈鹤琴同样强调直接经验，以"做"为中心，这些显然与杜威的"从做中学"有着紧密的联系。陈鹤琴所谓的"做"不仅是身体上的活动，还包括理性的心智活动。在学校的所有活动，凡是儿童自己能完成的，就应当让他自己做。只有通过"做"，才能获得直接经验，了解事物的性质，知晓事情的难度。根据"做"的原则，他把教学过程分为四个步骤：实验观察、阅读参考、发表创作、批评研讨。

陈鹤琴将西方教育学、心理学理论引入"中国这片未经真正开垦的幼教理论园地上耕耘……他第一个构建了一套完整的与传统教育壁垒分明的幼教理论"，从而"成为了中国现代幼儿教育理论的奠基人"③。他把中国传统教育中遭到无视的"人"拉到近现代学前教育的目标中去，并且把西方心理学的研究成果融入"活教育"，本着"心理学具体化，教学法大众化"的理念，总结了"活教育"的 17 条教学原则。故"活教育"处处透露出尊重人的地位与价值、强调幼儿的主体性的思想，符合中国学前教育发展的需要，堪称借鉴外国理论后实现本土化的成功范例。

在建设中国近代学前教育事业进程，特别是本土化过程中，中国涌现出不止以上三位著名的学前教育理论家和实践家。比如张宗麟曾协助陈鹤琴创

---

① 陈鹤琴：《活教育的教学原则》，载陈秀云、陈一飞编《陈鹤琴全集》第五卷，江苏教育出版社，2008，第 69 页。
② 陈鹤琴：《活教育与死教育》，载陈秀云、陈一飞编《陈鹤琴全集》第五卷，江苏教育出版社，2008，第 22—23 页。
③ 喻本伐编著：《中国幼儿教育史》，大象出版社，2000，第 417 页。

张宗麟

办我国第一所幼稚教育实验中心——鼓楼幼稚园。他还兼任晓庄试验乡村师范学校第二院（幼稚师范）指导员，积极创办乡村幼稚园，也论述过幼稚教育民族性和平民化，以及儿童参与社会生活等相关问题。

本章所涉及的三位学前教育家的理论侧重虽各有不同，但都深受西方元素的影响。其理论与思想成为民国中后期学前教育思想发展的主流。张雪门一生非常重视幼稚园的课程，故其理论侧重于幼稚园课程研究开发方面；陶行知的生活教育理论创造性地改造了杜威实用主义教育理论，立足于服务平民，故其理论除了处处可见的杜威的影子，更可以看到为中国民众服务的努力及意向；陈鹤琴的"活教育"理论除了承袭杜威的教育思想，还加入西方心理学的理论与研究成果，更具科学色彩。

在中国近代学前教育思想的发展过程中，西方近代学前教育的两位巨擘——福禄培尔及蒙台梭利自然也不可能置身事外，他们的幼教理论，包括福禄培尔的幼儿园理论及蒙台梭利教学法等都对近代中国幼儿教育产生了重大影响。例如，张雪门在其著述中曾花费极大篇幅探讨福禄培尔幼儿园理论在中国幼教实践中的运用。他们对近代中国幼儿教育的影响更多体现在学前教育的制度及实践层面，这些将在下面几章中进一步讨论。

第三章

从创建到逐步成熟的中国学前教育制度

在"中体西用"思想的影响下，国人对西学的态度由排斥到逐渐接受，借鉴西学的内容也由西技深入到西政。就学前教育而言，国人开始从文化的中层（制度层面）去认知西方的学前教育，并催生建立学前教育制度的构想，随后直接借鉴了日本近代学前教育模式，继而间接吸纳欧美近代学前教育模式，使构想得以实施。中国近代学前教育制度化过程大致可分为从无到有、一字之变、最终形成三个阶段。

第一节　从无到有：清末以蒙养院为主体的
学前教育制度

古代中国没有正规的学前教育机构，更谈不上学前教育体制。中国学前教育制度的开创，是近代系统性学习西方教育的产物。清末以蒙养院为主体的学前教育制度随《癸卯学制》的制定而建立，在中国学前教育发展史中具有标志性的意义。《癸卯学制》的制定，是通过直接借鉴日本、间接吸纳欧美得以完成的，是故蒙养院制度不可避免地体现出日本近代教育的特性以及近代资本主义教育的诸多特点。

一、姗姗来迟的《癸卯学制》

鸦片战争后，士大夫阶层因屡受列强炮舰的教训，于是开始接受西方的物质文明。洋务运动期间，虽然清政府在少数开放地区创立了各种教授实际技能的学校，西方传教士在介绍西方各国学制方面也做了不少工作，但封建束缚使得中国近代学制的发展极为缓慢。1866年斌椿在《职方外纪》里发表过制定学制的意见，随后李善兰、黄遵宪、王之春、郑观应等人也发表过类似的观点，但都流于议论，正式的学制仍未产生。[①] 1895年甲午战败强烈震撼了中国。屈辱的《马关条约》强行将台湾岛、澎湖列岛、辽东半岛悉数割让给日本。[②] 两亿两白银的赔款，超过了当时清政府以往历次对外战争的赔款总和。更让人扼腕叹息的是，甲午战争的敌人不是拥有坚船利炮的西方列国，而是向来受中国文化辐射，在1868年才走上资本主义维新道路的日本。日本明治维新开始的时间明显在洋务运动开展之后。但甲午战争失败是不争的事

---

① 周予同：《中国现代教育史》，良友图书印刷公司，1934，第14页。
② 辽东半岛只是在"三国干涉"后才脱离虎口。

实，它迫使中国"四千余年大梦之唤醒"①，不仅成为随之而来的百日维新的催化剂，而且促使人们总结洋务运动失败的教训，吸取日本富强的经验。李鸿章说："我办了一辈子的事，练兵也，海军也，都是纸糊的老虎。"② 胡燏棻总结日本维新经验时说道："日本自维新以来不过一二十年，而国富民强，为泰西所推服，是广兴学校、力行西法之明验。"③ 教育乃救国、兴国之本，成为甲午战争后国人的共识。中国教育已经无力通过固有的方式达到救国、兴国的目的，必须向"强于教育"的敌人学习。这种倾向不仅体现在清末学制的制定上，同样反映在甲午战后维新变法的教育措施和清末新政教育革新的诸多举措上。

（一）百日维新时期的教育改革

通过甲午战争，国人意识到日本向西方学习颇有成效，这给中国知识分子探索救国道路以莫大的启示。那就是可以直接学习西方，也可以效法日本。康有为说："日本地势近我，政俗同我，成效最速，条理尤详，取而用之，尤易措手。"④ 康有为在维新变法前曾向光绪皇帝进言："以俄国大彼得之心为心法，以日本明治之政为政法。"⑤ 在战争失利的震撼和上述舆论宣传的鼓动下，1898 年 6 月 11 日，光绪皇帝下《明定国是诏》，实施变法。该诏书"以变法为号令之宗旨，以西学为臣民之讲求，著为国是，以定众向"⑥。

百日维新，光绪皇帝颁布了一系列改革法令，其中关于教育改革的有：创办京师大学堂，废八股改科举，广设新式学堂。光绪皇帝在《明定国是诏》里提出："京师大学堂为各行省之倡，尤应首先举办。"随后梁启超根据日本学规，又参酌本国情形，草拟《京师大学堂章程》。1898 年 7 月 3 日，光绪皇帝正式批准设立京师大学堂，由孙家鼐出任管学大臣，负责大学堂事务。值得一提的是，《京师大学堂章程》共 8 章，对大学堂的性质、办学宗旨、课程、入学条件、学成出身、教习聘用、机构设置、经费筹措及使用进行了详细的

---

① 梁启超：《戊戌政变记》，载《梁启超全集》，北京出版社，1999，第 181 页。
② 田川：《晚清外交四十年：内外交困的李鸿章》，译林出版社，2014，第 121 页。
③ 杨宏雨：《困顿与求索——20 世纪中国教育变迁的回顾与反思》，学林出版社，2005，第 44 页。
④ 汤志钧编：《康有为政论集》（上），中华书局，1981，第 208 页。
⑤ 汤志钧编：《康有为政论集》（上），中华书局，1981，第 208 页。
⑥ 梁启超：《戊戌政变记》，载《梁启超全集》，北京出版社，1999，第 192 页。

规定。无论从内容上还是从形式上看，《京师大学堂章程》都算得上中国近代学制的萌芽，清末《壬寅学制》中的《钦定京师大学堂章程》就是在此基础上修改补充而成。同时京师大学堂也是全国最高的教育行政机关，代管全国教育行政，为稍后学部的成立作了铺垫。废八股改科举后，人们不得不学西学；广设新式学堂，促进了西学的广泛传播。维新运动"虽骤起而卒蹶"，守旧派恢复了以科举为核心的传统教育制度，但人们向往富有朝气的新式教育的愿望没有泯灭，民间办新式学堂逐渐成为时尚。"甲午以前三十多年……私立几无。而甲午后五年（1895—1899 年），由官方和民间创办的新式学堂平均每年多达二十一所，五年间共计增加新学堂一百零七所。这一百零七所中大部分为民间所办。"①人们向西方学习的决心坚定，这为后来《癸卯学制》的颁布实施扫清了保守复古派的部分障碍。

（二）《癸卯学制》的酝酿

《癸卯学制》的制定实施并非一蹴而就，而是在王公大臣的多次奏议，新式学堂章程制定后的先行，赴日人员的专门考察，以及中外人士的共同倡议等多方面条件逐步成熟后，方颁行的。

1901 年，当时的山东巡抚袁世凯上奏《遵旨敬抒管见备甄择折》，湖广总督张之洞、两江总督刘坤一联名上奏《会奏变法自强疏》，安徽巡抚王之春上奏《复议新政疏》等。他们上疏内容的共同之处在于重教育、倡学制、劝游学。

袁世凯在《遵旨敬抒管见备甄择折》里说："查五洲各国，其富强最著，学校必广，人材必多。中国情见势绌，急思变计，兴学储才，洄刻不容缓矣。"再是倡议"仿照各国学校章程，区分等次，以次推广"。②游学的优势显而易见，但清政府财政捉襟见肘，难以派出诸多学子前往西方诸国求学。"而教法尤以日本为最善，文字较近，课程较速；其盼望学生成就之心，至为恳切。传习易，经费省，回华速，较之学于欧洲各国者，其经费可省三分之二，其学成及往返日期可速一倍。"③再加上日本曾和中国一样，被西方列强以武力

① 杨宏雨：《困顿与求索——20 世纪中国教育变迁的回顾与反思》，学林出版社，2005，第 42—43 页。
② 璩鑫圭、唐良炎编：《中国近代教育史资料汇编·学制演变》，上海教育出版社，1991，第 9 页。
③ 璩鑫圭、唐良炎编：《中国近代教育史资料汇编·学制演变》，上海教育出版社，1991，第 20 页。

打开国门，但它通过明治维新学习西方，在维护天皇制的前提下，以教育为重要手段之一，最终雄踞东亚。这和清政府希望不触动其君权统治而富强的愿望相一致。有鉴于此，以"'西方技术与东方道德'完美结合"的日本为师被认定为最佳的选择。1896 年清政府派出首批 13 名留日生，随后几年留日教育达到高潮。1901 年有 274 人，1902 年达到 574 人，1903 年超过了 1000 人。① 《剑桥中国晚清史》也评价晚清留日潮"很可能是到此时为止的世界史上最大规模的学生出洋运动"②。留日学生的影响是巨大的，他们将日本学习西方而强盛作为典范，带有强烈的政治留学色彩。他们积极进取，重视教育。通过他们介绍或翻译，日本教育中重要的学制、教育法规及条例，都被引入中国。据谭汝谦的《中国译日本书综合目录》记载，留日学生翻译的有关日本学制的书籍，从 1899 年至 1903 年有如下数种（见表 4）。此外，在国内，1901 年 5 月由罗振玉发起创办、以王国维为主编的中国近代最早的教育专业刊物《教育世界》各期中，也系统地翻译介绍了日本重要的教育法规，研究探讨教育改革问题。它们共同为《癸卯学制》的制定提供了参照蓝本。

表 4　20 世纪前后中国翻译有关日本学制书籍目录③

书名	作者	译者	出版地	出版时间
《日本东京大学规则考略》	东京大学		北京京师大学堂	1899 年
《日本新学制》	文省部	天津东寄学社	天津	1902 年
《日本东京师范学校章程》（附预备科）	东京高等师范学校	翁崑焘	正学堂	1902 年
《日本学制大纲》	泰东同文局		东京	1902 年
《日本普通学科教授细目中学校令实行规则》	东京高等师范学校	胡元倓、仇毅	东京	1903 年

　　清末建立的新式学堂较为分散，在培养目标、学生出身、教习聘用、课

---

① 李喜所：《中国近代社会与文化研究》，人民出版社，2003，第 720 页。
② ［美］费正清、刘广京编：《剑桥中国晚清史（1800—1911 年）》（下卷），中国社会科学研究院历史研究编译室译，中国社会科学出版社，1985，第 404 页。转引自李扬帆《涌动的天下：中国世界观变迁史论（1500—1911）》，知识产权出版社，2012，第 435 页。
③ 朱有瓛主编：《中国近代学制史料》第二辑上册，华东师范大学出版社，1987，第 26 页。参照谭汝谦所列资料。

程设置、学习年限等方面基本处于各自为政的无序状态。各学堂自立章程，在课程及年限上同样参差不齐。此时，通过一套全国统一的学制系统来确立标准，加强规范管理，消除各方面的分歧，已成为中国近代教育发展的内在需要。近代学制已呼之欲出。各地学堂所试行的学堂章程其实包含了小学堂、中学堂、大学堂及师范学堂章程，其中一部分因地制宜、全面系统，在小范围内初步形成稳定的教育制度，这为《癸卯学制》的制定提供了实践层面的经验（包括小规模试验的经验）。

随着学制改革被纳入新政范围，清政府秉持"取径东洋，转道入华"的原则，派姚锡光、李宗棠、罗振玉、吴汝纶、缪荃孙、胡景桂等人赴日本"考其章程，以为国家教育之助"。他们对日本的各类学校进行了详细的了解，对日本教育改革的经验认真深入学习。如罗振玉在日期间多次拜访日本教育家伊泽修二、嘉纳治五郎等，在文部省旁听有关日本教育行政、制度、教科书等方面的讲座。他们认识到中国旧法之窳败，必须进行教育变革，而日本的教育变革提供了有益的借鉴：

　　　《日本学制大纲》见示，辞约而事核，全国学校若持筹而指数也。

　　　使吾国人……足不涉日域可坐窥此邦学制之盛美，亦一快已。日本

　　学校屡改而益进，其制尽取之欧美，近则取德国者独多。兴办才卅年，

　　而国势人才已骎骎与欧美埒。……此日本取欧美新法立学之本意也。

　　　今学制大备，欧美人多艳称之……①

明治维新以后，日本教育界的"先锋战士"利用从西方学到的教育知识，努力建立日本的教育制度。它并非以西方某一特定国家为唯一的学习模式而制定，而是兼采各家之长。如1872年日本的《学制》就是在广采西方诸国之长的基础上建立起来的（见表5）。清政府派出的赴日考察人士对日本"取百家之长"的学制推崇备至，其赞美之词溢于言表，显示出清朝官方已有模仿日本建立学制的意向。

① 璩鑫圭、唐良炎编：《中国近代教育史资料汇编·学制演变》，上海教育出版社，1991，第132—133页。

表5　1872 年日本《学制》参考外国教育制度的情况[①]

国名	明治学制的条目	比率 /%
法国	64	43.5
德国	39	26.5
荷兰	17	11.6
英国	11	7.5
美国	9	6.1
俄国	1	0.7
西洋其他各国	6	4.1
总计	147	100.0

　　中外人士的倡议同样是清末学制制定的重要推动力量。中国有识之士的倡导已在上文有所涉及，在此不再重复。不少外国人士也在报刊上呼吁中国及早建立学制。传教士李提摩太、林乐知都有过建立学校体制的倡议。如李佳白于 1895 年拜会恭亲王时，面呈《创设学校议》，其中特别提出建立三级学制，即各乡镇"遍立蒙学馆"，府县立"中学堂"，省会之地立大学堂及"专门学堂"，而于京师立"总学堂"。[②]1901 年郭斐蔚在《万国公报》发表《设学校以育人材论》一文，提出仿照西方国家的学校体系并加以变通，而建立中国的四级学校制度。日本《教育时报》的主笔辻武雄于 1902 年在《教育世界》上发表了《清国两江学政方案私议》，分析了当时中国的学政状况："学政不得其序，教习不得其人"，然清政府大肆兴办新式学堂，"弦诵之声相闻，人才之出仍不可望"。[③]辻武雄一针见血地指出，只有建立系统的学校制度，才能解决中国学堂管理混乱、教习缺乏的问题。日本法学博士高桥作卫给予中国兴学的建议中，首条便是制定教育方针及统一各学堂学风、教育目的。这些具有建设性的建议，无疑成为《癸卯学制》制定的理论基础以及舆论推手。

（三）《癸卯学制》的实施

　　1902 年，中国教育史上第一个法令化的学制系统，即《壬寅学制》，又称《钦

　　① ［日］永井道雄：《近代化与教育》，王振宇、张葆春译，吉林人民出版社，1984，第 55 页。
　　② 王立新：《美国传教士与晚清中国现代化——近代基督新教传教士在华社会文化和教育活动研究》，天津人民出版社，1997，第 254 页。
　　③ 璩鑫圭、唐良炎编：《中国近代教育史资料汇编·学制演变》，上海教育出版社，1991，第 188 页。

定学堂章程》被制定出来。但此学制刚一出台即遭致争议和批评，未能颁布实施。经过学务大臣张百熙、张之洞、荣庆等人对《壬寅学制》的改订，在1904年1月13日颁行了《奏定学堂章程》，即《癸卯学制》。这是中国教育史上第一个颁布并实行的学制。

《钦定学堂章程》　　　　　　　　《奏定学堂章程》

　　《癸卯学制》由《奏定学务纲要》、《奏定蒙养院章程及家庭教育法章程》、《奏定初等小学堂章程》、《奏定高等小学堂章程》、《奏定中学堂章程》、《奏定高等学堂章程》、《奏定大学堂章程》（附《通儒院章程》）、《奏定初级师范学堂章程》、《奏定优级师范学堂章程》、《奏定实业教员讲习所章程》、《奏定初等农工商实业学堂章程》、《奏定中等农工商实业学堂章程》、《奏定高等农工商实业学堂章程》、《奏定实业学堂通则》、《奏定译学馆章程》、《奏定进士馆章程》、《奏定各学堂管理通则》、《奏定各学堂奖励章程》、《奏定实业补习普通学堂章程》、《奏定艺徒学堂章程》、《奏定任用教员章程》、《奏定各学堂考试章程》22个文件组成。从结构体系看，它在纵的方面可分为三段七级（见《癸卯学制》主体系统图）。第一阶段是初等教育，分三级：蒙养院（4年）、初等小学堂（5年）、高等小学堂（4年）。第二阶段是中等教育，只有一级：中学堂（5年）。第三阶段是高等教育，分三级：高等学堂或大学预科（3年）、大学堂（3年至4年）、通儒院（5年）。在横向方面另有师范教育和实业教育两个旁系。

年龄	学年	
32/33	25 24 23 22 21	通儒院 （5年）
27/28	20 19 18	大学堂 （3年至4年）
24	17 16 15	高等学堂或大学预科（3年）
21	14 13 12 11 10	中学堂（5年）
16	9 8 7 6	高等小学堂（4年）
12	5 4 3 2 1	初等小学堂（5年）
7		蒙养院（4年）

《癸卯学制》主体系统图①

　　《癸卯学制》实施后，其存在的问题陆续暴露，如学制年限太长、女子教育没有纳入学制中、私塾教育如何办理未作要求等，于是清政府随之逐步修订补充，使之较为完善。如：1907年3月8日颁布了《奏定女子小学堂章程》和《奏定女子师范学堂章程》，将女子教育正式纳入教育制度中。1909年颁布了《变通初等小学堂章程》，缩短了初等小学修业年限。1910年颁布《改

---

　　① 根据《奏定学堂章程》的各学堂章程相关规定而绘制。笔者按：继《奏定学堂章程》（《癸卯学制》）后，清末民初以政府名义颁布了不少学制令，最低一级均为学前教育。为避免繁复，后面的学制不再列举图表。

良私塾章程》，规定"改良私塾以私塾教授渐期合法并补助地方教育为宗旨"①，整顿私塾，加强管理。1904 年到 1911 年间，清政府还陆续颁布了《简易识字学塾章程》《奏定师范学堂毕业效力义务章程》《检定小学教员章程》《优待小学教员章程》《检定初级师范学堂、中学堂教员章程》《优待初级师范学堂、中学堂教员章程》等，对补习教育及师范教育进行更加系统、全面的补充。

二、蒙养院制度的开创

自 19 世纪六七十年代开始，西方教会已在华开办小孩察物学堂及幼稚园等幼教机构。1903 年，张之洞、端方又开办了中国第一所公立幼稚园——湖北幼稚园。这些学前教育机构的管理规章及运行办法，都为蒙养院制度的建立奠定了一定的基础。蒙养院制度随《癸卯学制》的颁布正式开创。虽然它未列入正式的学校系统，但是其学前教育的地位已被确立。这在中国学前教育发展史上是一件标志性的事情。

蒙养院是教育学前儿童的专门机构。《奏定蒙养院章程及家庭教育法章程》（以下简称《奏定蒙养院章程》）既是《癸卯学制》的重要组成部分，又是中国近现代最早颁行的学前教育法规，还是中国近代学前教育机构的实践准则。它分为四章，共计 21 节，对学前教育的办理进行了初步规定。其主要内容如下。

第一章即"蒙养家教合一"。标题就点出学前教育的宗旨，是"以蒙养院辅助家庭教育"。保育教导的对象为"三岁以上至七岁之儿童"，实为男童，而"女子只可于家庭教之"，每日受教时间为四小时。蒙养院的场所附设于"各省、府、厅、州、县以及极大市镇"的"育婴、敬节二堂内"。育婴堂和敬节堂内专门划出一院为蒙养院。师资的相关规定是：主要选择育婴堂乳媪和敬节堂节妇中的识字者，"令其讲习为乳媪及保姆者保育、教导幼儿之事"，"一年以后，由各该堂员董考察其讲授之乳媪、节妇；讲习认真，保育、教

---

① 舒新城编：《中国近代教育史资料》（上册），人民教育出版社，1981，第 108 页。

导合法者……给予奖赏，并发给保姆教习凭单"。"由官将后开保育要旨条目，并将后开之官编女教科书，家庭教育书刊印多本"，发给育婴堂或敬节堂，作为讲授教材。针对家庭教育，刊布女教科书，每家散给一本："有子者母自教其子，以为入初等小学之基；有女者母自教其女，以知将来为人妇、为人母之道。是为人母者皆自行其教育于家庭之中；母不能教者或雇保姆以教之，是家家皆自有一蒙养院矣。"①

第二章标题为"保育教导要旨及条目"，主要明确蒙养院的保教目的及保教的具体实施措施。保育教导的要旨为："专在发育其身体，渐启其心知，使之远于浇薄之恶风，习于善良之轨范。"保育教导的过程中，"当体察幼儿身体气力之所能为，心力知觉之所能及……务留意儿童之性情及行止仪容，使趋端正……务专意示以善良之事物，使则效之"。保育教导的科目包括游戏、歌谣、谈话、手技等。其中游戏"分为随意游戏及同人游戏两种：随意游戏者使幼儿各自运动；同人游戏者合众幼儿为诸种之运动。且使合唱歌谣，以节其进退"。歌谣"可使歌平和浅易之小诗，如古人短歌谣及古人五言绝句皆可"。谈话"择幼儿易解及有益处、有兴味之事实，或比喻之寓言，以期养其性情、兴致"。手技"授以盛长短大小各木片之匣，使儿童将此木片作房屋门户等各种形状；又授以小竹签数茎及豆若干，使儿童作各种形状；又使用纸作各种物体之形状；更进则使用粘（黏）土作碗壶等形"②。

第三章是对蒙养院设施——屋场图书器具的规定。房舍"以平地建造为宜，断不可建造楼房，致儿童登降有危险之虞"，"蒙养院当备保育室、游戏室及其他必需之诸室"。保育室"面积之大，当合每幼儿五人占地六平方尺"。庭院"面积之大，至小者当合幼儿一人占地六平方尺"。器具"凡手技用之器物图画、游戏物具乐器、几案椅凳、时辰表、寒暑表、暖房器及其他必需之器具，视其经费酌量置备"。③

第四章系对蒙养院人事管理的规束。管理人员，"置院董一人，管理院

---

① 璩鑫圭、唐良炎编：《中国近代教育史资料汇编·学制演变》，上海教育出版社，1991，第393—396页。
② 璩鑫圭、唐良炎编：《中国近代教育史资料汇编·学制演变》，上海教育出版社，1991，第397页。
③ 璩鑫圭、唐良炎编：《中国近代教育史资料汇编·学制演变》，上海教育出版社，1991，第398页。

中一切事务；司事酌设。但董司均须择老成、端谨而又和平耐烦者"。选派程序是，管理人员"若系官立者，由官选派；若系乡村公立者，由绅董公议，禀请本地方官核定。若私立之蒙养院，则由创设者自主之，亦须禀报本地方官批评立案"①。

《奏定蒙养院章程》实施以后，学前教育机构有了办学的依据，京师、湖南、江苏、广州等地的学前教育机构纷纷兴办起来，且有的学前教育机构还遵循《奏定蒙养院章程》的办学原则衍生出各自的办学章程。而其时湖北幼稚园已在《癸卯学制》颁布之前创办，导致其办学措施与《奏定蒙养院章程》相关规定大有出入，如聘请日本女教习，幼稚园附设女学堂，聚集青年妇女至六七十人之多，与《奏定蒙养院章程》的规定尤为不合等。在《癸卯学制》颁行以后，湖北幼稚园进行动迁多有不便，为了使其与《奏定蒙养院章程》大致相合，只好做出以下变通：（1）在该园左近增设武昌模范初等学堂，将该园附设于其下；（2）1904年又更名为武昌初等小学堂附设蒙养院，简称武昌蒙养院；（3）改名后，原设幼稚园内附设之女学堂随即裁撤；（4）同时在湖北学务处将省城宾阳门内的敬节堂分堂扩充屋宇，添建讲堂，改建为敬节学堂，另将保安火药局基地修建改作育婴学堂，延聘日本女教习讲习保育幼儿、教导幼儿之事，以备将来绅富之家雇用乳媪之选。

《奏定蒙养院章程》统一了中国学前教育机构的办学，其规定成为各公立学前教育机构办学的总框架，明晰了蒙养院与初等小学堂的关系，中国以蒙养院为主体的学前教育体制初步形成。

另外，随着《癸卯学制》逐步实施，清政府意识到"化民成俗所由必以妇学为先务也"。因为"家庭之教不讲，蒙养之本不端，教育所关，实非浅鲜"，仅将女学纳入家庭教育范畴是不够的，必须在教育领域解除女禁，所以在1907年3月颁行学部拟订的《奏定女子师范学堂章程》及《奏定女子小学堂章程》。《奏定女子师范学堂章程》规定："女子师范学堂，以养成女子小学堂教习、并讲习保育幼儿方法，期于裨补家计、有益家庭教育为宗旨。"②

---

① 璩鑫圭、唐良炎编：《中国近代教育史资料汇编·学制演变》，上海教育出版社，1991，第398页。
② 璩鑫圭、唐良炎编：《中国近代教育史资料汇编·学制演变》，上海教育出版社，1991，第575页。

它要求"教授女师范生，须副女子小学堂教科、蒙养院保育科之旨趣，使适合将来充当教习、保姆之用"[①]。同时，蒙养院跳出了囿于育婴堂、敬节堂的圈子。《奏定女子师范学堂章程》规定："女子师范学堂当设附属女子小学堂及蒙养院一所，以便师范生实地练习。"[②]1907年以后，直隶、江西等地的女学堂附设了幼稚园。这改变了蒙养院师资的培养模式，既提高了师资水平，又使学前教育体制继续向前迈出了可贵的一步，蒙养园制度的端倪初现。

蒙养院制度是中国学前教育体制之始，其纲领性的教育法规《奏定蒙养院章程》毕竟是清末时期的产物，存在不少问题。

首先，蒙养院的教育作用有限。《奏定蒙养院章程》的宗旨已明确蒙养院之设置是为了辅助家庭教育，所以清末学前教育的责任仍主要依赖家庭。《奏定蒙养院章程》又有"既不能多设幼稚园"的规定，所以清末蒙养院存在数量不多、教学时间较短等弊端。加之蒙养院和育婴堂、节妇堂等社会慈善、救济机构往往被混为一谈，乃至混杂一处。由此看出，蒙养院制度只是照各国通例建立，徒有其表而已，真正的教育作用有限。

其次，封建色彩浓厚。《奏定蒙养院章程》明确保教人员的教材，大多是《孝经》《列女传》《女诫》《女训》《教女遗规》及"四书"等与之相关的内容。其目的是对儿童灌输封建道德思想。

再次，师资水平低下。《奏定蒙养院章程》规定蒙养院的师资一般来自育婴堂和敬节堂的乳媪和节妇。育婴堂里乳媪的职责是喂养和照顾小孩儿，多数系没有受过正规教育的文盲。敬节堂里的节妇，受封建思想"三从四德"禁锢，被迫为亡夫守节。节妇中虽不乏识字者，但为数并不多。即使少数乳媪和节妇能讲习保育、教导幼儿之事，也能慢慢学习，并传习官方编辑的教科书和家庭教育书籍，但是由于她们的文化素质低下，加上缺乏学前教育的专门训练，乳媪、节妇很难胜任学前教育的工作，属于不合格师资。虽然1907年清政府颁行了《奏定女子师范学堂章程》，促进了蒙养院的师资培养，但因该章程颁行较晚，且规定的修业年限为四年，女子从师范学堂毕业，从

---

① 璩鑫圭、唐良炎编：《中国近代教育史资料汇编·学制演变》，上海教育出版社，1991，第577页。
② 中国学前教育史编写组：《中国学前教育史资料选》，人民教育出版社，1989，第99页。

事学前教育工作之时已改朝换代。该章程也无训练保姆的明文，毕业生是否能成为合格的保姆值得怀疑。有鉴于此，可以肯定晚清时期学前教育的师资力量十分薄弱。

最后，《奏定蒙养院章程》对官办性质的蒙养院具有较强法令意义上的约束，对私立蒙养院的约束力相对较弱，而对教会兴办的幼教机构则不能进行统一有效管理。清末各类学前教育机构质量参差不齐，办学宗旨各异。比如，教会设立的小孩察物学堂的最终目的是培养忠于基督的儿童，带有强烈的宗教色彩，与官方厘定章程有关规定相去甚远。

三、蒙养院制度与日本幼稚教育制度比较

为适应中国社会形势的发展，清末教育改革从整体上向日本借鉴，"曲线"学习西方，以期实现富国强兵，所以从《癸卯学制》的酝酿到颁行无不透露出模仿日本的气息。蒙养院制度随《癸卯学制》的颁行而建立，也难免受到日本学制的影响。

从与其他教育系统的关系上来看，蒙养院同日本的幼稚园一样，都未列入正规的学校教育体系中。在日本教育法令中，第一次提及幼稚教育是1872年颁布的《学制令》。《学制令》中规定设置"幼稚小学"，招收六岁以下未正式就学之男女幼儿。但实际上，在明治初年并未实施该规定，故"幼稚小学"只是一种构想。

日本学前教育机构的发轫则是在1876年，东京女子师范学校附设了日本第一所幼稚园，距德国的福禄培尔首创幼稚园不到40年。明治十二年（1879）文部省重新颁布《教育令》，规定了幼稚园的设置与废止、设置者的区别等事项。但在当时各地对于幼稚园的兴设，既无财力又无深切认识，故其始终难以兴盛。依据文部省的调查，同年日本的幼稚园，包括国立、公立、私立三种，只有四所而已。"明治十三年（1880）之改正教育令，稍作详细的规定。十四年定'府县立学校幼稚园书籍馆设立废止规则'。"[①] 为了使广大家长安心工作，减少

---

① 廖鸢扬：《近代日本教育之史的发展及其现况（续）》，《中华教育界》第21卷（1934年）第9期。

未及学龄的幼儿提前入学的现象，文部省于 1884 年实行了奖励开设简易幼儿园办法。自此以后，幼儿园逐渐增加，1885 年达 30 所，幼儿人数达 1893 人。1891 年发布了《关于幼儿园的规则》（文部省令第 18 号），规定"市町村可设置幼儿园""幼儿园保姆必须是具有小学教员资格及经府县知事许可者的女子"等许多事项。[①] 到 1897 年，日本已有国立幼儿园 14 所、公立幼儿园 153 所、私立幼儿园 55 所，入园幼儿约有两万名。[②] 明治三十二年（1899）文部省鉴于幼稚园已在各地逐渐发展，遂制定《幼稚园保育及设备规程》，其中对幼稚教育的要旨、课程内容、年龄、保育时间及人数编制等皆有明确的规定。后来所制定的《小学校令》及其《施行规则》，亦对幼稚教育作详尽规定。至此，日本幼稚教育有关法令逐渐完备，并奠定了继续发展的基础。

通过上述较为简短的介绍，可以看出，殖着日本幼稚教育的发展，其制度是逐步完善的。但在明治三十年（1897）以前，文教当局及社会一般人士悉认幼稚园不属于学校教育，而是正规学校以外之设施，其功用仅为代替家庭教育。日本幼稚园在相当长一段时间也确实不在正规学校系统里。1899 年的《幼稚园保育及设备规程》第五条强调幼儿教育的目的之一便是辅助家庭教育。这种情况对一心借鉴日本的中国来说也有很大影响。在《癸卯学制》的酝酿时期，各种有关设立学堂的观点大都认为正规学校是从小学直至大学。如 1902 年河南巡抚林开謩的《遵旨设立学堂谨陈筹备情形疏》里讲道："学堂之设，必先由小学、中学递升大学。"[③] 目光较为长远的张之洞，考察各国教育后已知："蒙养之初，又有所谓幼稚园者，以抚育孩提而驯之于姆教。揆其立法用意之精深，合乎中国古先之制。"[④] 可是他在湖北初办学堂时，认为学堂不能管理 10 岁以下幼童，幼童的教育只可通过家塾及义塾教之。而官办学堂自当从高等小学开始。清末学制的制定中，《壬寅学制》完全没有涉及学前教育；《癸卯学制》创设了蒙养院制度，但同样未将其列入正式的学校系统，"蒙养家教合一"的目的也是让蒙养教育成为家庭教育的辅助。虽然导致这一情况的原因是多方面的，但日本官方、民间对幼稚园在学校系统

---

① 邱生主编：《当代日本教育改革与教育立法》，辽宁教育出版社，1989，第 147 页。
② 霍力岩：《学前比较教育学》，北京师范大学出版社，1995，第 133 页。
③ 璩鑫圭、唐良炎编：《中国近代教育史资料汇编·学制演变》，上海教育出版社，1991，第 70 页。
④ 璩鑫圭、唐良炎编：《中国近代教育史资料汇编·学制演变》，上海教育出版社，1991，第 97 页。

里的定位的确影响了清朝蒙养院制度的建立。

从学前教育机构的服务与招收的对象、办学宗旨及其内容等方面来看，清朝对日本的模仿痕迹就更加明显。

《奏定蒙养院章程》中的保育对象、保教目的、保教方法、保教科目，以及蒙养院的设施，无不和日本《幼稚园保育及设备规程》惊人地相似。

在保育对象及时间上，日本第一所幼稚园招收三至六岁儿童，每日保育时间为上午四小时。日本的《幼稚园保育及设备规程》里规定幼稚园系为年满三岁至学龄前儿童开设的保育场所，保育时间每日为五小时以内（包括吃饭时间）。将清朝和日本有关章程相比，在保育对象和时间上二者大致相同。

在保育目的及方法上，日本的《幼稚园保育及设备规程》第五条规定，对幼儿进行教育，是为了使其身心得到健全的发展，养成良好习惯以及辅助家庭教育；保育方法应以坚持适应幼儿身心发展，教授其难易程度相应的事物为本职业的根本；要时常注意纠正幼儿的德行仪表；因幼儿模仿能力极强，所以平素应使他们多接触嘉言懿行。《奏定蒙养院章程》与《幼稚园保育及设备规程》体现出的保育核心都是采用适当的教育方法，发展幼儿身心，培养良好的习惯。

在保育科目上，日本的《幼稚园保育及设备规程》作了以下明确规定。游戏：包括自由游戏和集体游戏，以此来使幼儿心情愉快，促进身体健康；唱歌：通过教授幼儿一些简单的歌曲，促进其听觉器官和呼吸器官的发育，并达到心情舒畅、陶冶情操的目的；谈话：通过对儿童讲授有益且有趣的故事、寓言以及介绍自然风光、人文景物等，以培养其道德修养和观察注意力，兼之做语言发音矫正；手工作业：利用幼儿园"恩物"做训练幼儿手、眼的练习，以促进其智力的发展。《奏定蒙养院章程》与《幼稚园保育及设备规程》的保育科目几乎一样。

在学前教育机构的设施上，日本的《幼稚园保育及设备规程》列出以下所需的设备："1. 每所幼儿园应在平房建筑的园舍中，设有保育室、游戏室、保育园室及其他必需的房间。保育室的大小，须以平均4名幼儿占一坪（36平方米）为标准。2. 游戏场地，须以平均一名幼儿占一坪为标准。3. 幼儿园的教学设备应包括恩物、绘画、游戏等用具，以及乐器、黑板、课桌、椅子、时钟、温度计、采暖等设备，及其他所需设备。4.操场、饮用水、门窗的采光标准，均以小学的有关规定为准。① 除操场、饮用水、门窗的采光标准外，其余的设备及标准几乎是中国蒙养院的模板。

从学前教育制度建立的文化基础来看，中日共同体现出儒家文化的特点。在"中体西用"指导思想下蒙养院制度必然同样体现出"中学为体"的特点。创办者期望蒙养院里受保教的幼儿能具有善良的规范、端正的性情、良好的德行涵养，不违背传统礼教，注重修身养性。日本从古代就开始受中国儒家文化影响，儒教已深深融入日本自身的文化中。虽然 1872 年的《学制令》清楚地表明政府去除教育中儒教色彩的决心，但 1879 年以后日本教育界稳健保守势力复活，因此儒家之忠孝伦理精神再度抬头。1882 年以天皇敕谕的名义颁布的《幼学纲要》里讲道："彝伦道德是教育之根本，乃我邦与中国共同崇尚之所在，欧美各国虽亦有修身之学，但我国并未得其要领。而今学科多端，颠倒本末者亦不鲜。幼年就学，最应以忠孝为本，仁义为先。"② 1890 年日本天皇颁发的《教育敕语》不仅受西方现代道德观的影响，具有一般道德准则的性质，而且受儒教思想的影响也很大。忠孝精神是《教育敕语》道德准则的根据之一。故日本幼稚园亦开始提倡忠孝精神，这是儒家文化在教育制度中的体现。

19 世纪后半叶，福禄培尔的教育原理在各国极受推崇，日本以"文明开化"作政策指导，在以欧美为师的道路上，逐渐吸收了福禄培尔的教育思想。日本第一所幼稚园就是由德国女教师柯拉列及日本本土女教师丰田英雄负责筹划办理的。德国福禄培尔的影响在日本《幼稚园保育及设备规程》中体现得极为充分，福禄培尔所提倡的"恩物"游戏遂成为日本幼稚园中最重要的教育活动。此外，日本也受到了其他西方国家的影响。如在明治三十年（1897）后，大量美国的女传教士来日从事宗教活动，并且利用性别优势，兼办幼稚园与培养保姆，对日本幼稚园的发展贡献很大。清朝蒙养院制度在直接照搬日本的同时，也间接吸收到西方学前教育诸多元素。在《奏定蒙养院章程》

---

① 梅根悟主编：《世界幼儿教育史》（上册），刘翠荣等译，吉林人民出版社，1986，第 319—321 页。
② 吉林师范大学日本教育研究室：《明治年间小学教材中的孔孟之道》，《外国教育研究》1974 年第 6 期。

的保育教导要旨及条目里，已经开始尊重儿童身心特点。如要求保育教导科目符合儿童认知发展年龄特点，采用儿童喜闻乐见的形式，促进其身体、性情、智育等方面的发展等。中国学前教育在模仿中建立起最初的蒙养院制度，促进了学前教育制度化和近代化的发展。

第二节　一字之变：民国初以蒙养园为主体的学前教育制度

1911 年 10 月 10 日，武昌起义打响了辛亥革命的第一枪，吹响倾覆封建清王朝的号角。1912 年 1 月，政体变更，民国肇造，随即设立中央行政各部门。同年 1 月 9 日，南京临时政府教育部成立，标志着中国第一个资产阶级的最高教育行政机构的诞生。新形势下，清末制定的《癸卯学制》已不适应共和政体，是故民国教育部随即通令废止清末学制系统，新学制的制定也提上议事日程。时任教育总长的蔡元培，邀请教育界著名人士共同商议学制的制定，最终民国初年的《壬子·癸丑学制》得以实施。《壬子·癸丑学制》制定较为仓促，依然以日本学制为蓝本，中学阶段采取德国文实分科的模式，但仍反映出资产阶级政权的需要。蒙养园制度便随着《壬子·癸丑学制》的实施而建立，并在之后不断调整。中国的学前教育制度不再是"蒙养院"，而改成了"蒙养园"。这一字之变，一方面意味着中国的学前教育制度仍保有日本幼稚教育制度的特点，另一方面也显露出其进一步接受西方诸多元素影响的色彩。

一、承前启后的《壬子·癸丑学制》

与《癸卯学制》颁行过程不同，《壬子·癸丑学制》是在全国教育行政机构成立之后，在有了暂行教育通令、教育宗旨等铺垫之后建立的。

民国教育部成立后，其下设普通教育、专门教育、社会教育三司。蔡元培奉行唯才是举的原则，聘请各色学者能人，各司其职，以使教育部机构与职能尽快组建并发挥效用。民国初立之时，各地战争并未平息，国内形势极其复杂。蔡元培虽然深感辛亥革命后，清末所颁行的《壬寅学制》和《癸卯学制》不适于共和，不能满足国人的要求，但却认为新学制的制定必须慎之又慎。当时，各省的教育法令各有不同，所以当务之急乃颁布新的法令，暂时统一全国的教育举措，恢复学校正常的教学秩序。陆费逵在《敬告民国教育总长》中说："改革伊始，百端待理，缓急轻重，亟宜审慎⋯⋯今日所尤急者，厥有四端。"[①] 一是速宣布教育方针；二是颁普通学校暂行简章；三是组织高等教育会议；四是规定行政权限。教育部委托蒋维乔、陆费逵等人草拟相关"暂行办法"，并于 1912 年 1 月 19 日正式颁布《普通教育暂行办法》和《普通教育暂行课程标准》两个重要法令。这两个法令主要是对小学到中学和师范学校的办学以及课程作了具体的规定，清除了封建教育的相关内容，例如将清末的各项学堂一律改称学校，实行初等小学男女同校，禁用清末学部颁行的教科书，废止小学读经等。《普通教育暂行办法》虽然只有 14 条，但使得新式学校能够在政权更迭的社会背景下得到较快的恢复。《普通教育暂行课程标准》成为《壬子·癸丑学制》中关于小学、中学、初级师范课程设置的蓝本。它们"是资产阶级运用政权的力量颁发的最早的改造封建教育的法令，为民国教育、为制定新学制打下了基础"[②]。

虽然《普通教育暂行办法》和《普通教育暂行课程标准》暂时维持了学校基本运行的局面，但新生的资产阶级共和国教育规划蓝图势在必行。其中确立教育宗旨或方针在教育发展中具有战略意义。

1912 年 4 月，蔡元培在《东方杂志》上发表了著名教育论文《对于教育方针之意见》，较为集中地从理论上对"五育并举"的教育方针进行系统探讨。"五育"即公民道德教育、军国民教育、实利主义教育、世界观教育及美感教育。同年 7 月，全国临时教育会议通过了民国教育宗旨，并于 9 月 2 日由民国教

---

① 璩鑫圭、唐良炎编：《中国近代教育史料汇编·学制演变》，上海教育出版社，1991，第 620 页。
② 钱曼倩、金林祥主编：《中国近代学制比较研究》，广东教育出版社，1996，第 142 页。

育部公布实施，其内容为："注重道德教育，以实利教育、军国民教育辅之，更以美感教育完成其道德。"① 这是在蔡元培"五育并举"的基础上确定的，"世界观教育"因其中陈义过高，未被与会者接受，故未被采纳。民国教育方针包含了德、智、体、美和谐发展的四大因素，体现出资产阶级教育要求。这个教育方针成为随后颁布的《壬子·癸丑学制》的指导思想。

民国教育部成立之初就开始着手制定新学制的相关工作，召集了一批留学日本和欧美的归国人员，特别是教育家，分别草拟各级学校规程；同时令其将各国学制译出，舍短取长，参考世界各国的先进学校教育制度。

最初意向是倾向于欧美学制，但欧美各国教育条文与当时情况多不相容，并且欧美归国人员中缺少专门学习教育之人，对欧美学制缺乏深入了解，所以在 1912 年全国临时教育会议讨论中，与会者都认为日本学制原本模仿欧洲各国，且"取西洋各国之制而折衷（中）之，取法于彼，尤为相宜"②。民国教育部最终仍在参照日本学制的基础上，结合当时的实际情况，形成了民国初年学制草案，并在 1912 年 9 月 3 日正式公布了民国学制系统的结构框架，即《学校系统令》。因当年为阴历壬子年，故称《壬子学制》。

《壬子学制》公布后，经过一年多的实施，民国教育部对其进行修订与改进，陆续公布了以下学校令和学校规程：《小学校令》《中学校令》《师范教育令》《专门学校令》《大学令》《公立私立专门学校规程》《中学校令施行规则》《师范学校规程》《小学校教则及课程表》《大学规程》《私立大学规程》《高等师范学校规程》《中学校课程标准》《实业学校令》《实业学校规程》等。到 1913 年即癸丑年，已逐步形成全面完整的学制系统。这套较为完备的学制系统称《壬子·癸丑学制》。

《壬子·癸丑学制》的主体结构分为三段四级即"7·4·6 或 7"。初等教育阶段分为初等小学校（4 年）、高等小学校（3 年）；中等教育阶段设中学校（4 年）；高等教育阶段不分级，设立大学（6 年或 7 年），大学实际分为三个层次：预科（3 年）、本科（3 年或 4 年）、大学院（学年不定）。小

---

① 《教育部公布教育宗旨令》，《教育杂志》第 4 卷（1912 年）第 7 号。
② 我一：《临时教育会议日记》，《教育杂志》第 4 卷（1912 年）第 6 号。

学前设的蒙养园和大学本科后的大学院，均不计学制年限。除主体学校系统之外，还有师范类和实业类学校以及特设或附设的补习科、专修科、讲习所等。

民国初年政局动荡，加上袁世凯因恢复帝制而推行封建教育等措施，《壬子·癸丑学制》在局部上也是几经调整。初等教育方面，1915年7月和11月，民国教育部先后公布《国民学校令》《高等小学校令》和《预备学校令》。法令颁行后将原来体现平等价值观的初等教育单轨制变为带有等级色彩的双轨制。这一教育制度在1916年宣布撤销。高等教育方面，1917年公布《修正大学令》，对大学预科、本科年限和设置进行调整，还规定具备任意两科以上者都可称大学，单设一科者也可称某科大学。课程设置方面，因封建教育回潮，1915年的《颁定教育要旨》调整了各级各类学校的课程标准，最大变化是普设读经课程，但在袁世凯死后便予以废除。

《壬子·癸丑学制》是中国近代第一个资产阶级性质的学制。与《癸卯学制》相比，它的变化是：整体上缩短了修业年限；增设初等小学补习科、高等小学补习科；取消高等学堂，改为大学预科；特设专门学校与大学平行；重视师范教育；女子教育不别立系统，与男子同；废除读经等封建教育内容。上述变化是对旧教育制度的重大改进。其显而易见的优点是：各级学校之间的衔接较清末学制更为科学；补习科的设立为长年失学者提供了学习的机会，扩大了受教育面，有利于教育普及；男女受教育平等体现民主平等的精神。有关课程内容虽几经调整，但废除尊孔读经为后来新文化运动及五四运动奠定了基础，打击了封建教育。

《壬子·癸丑学制》的颁行促进了中国教育事业的发展，无论学校的数量还是学生的人数都普遍增加，为推动中国教育近代化迈出了一大步。随着实施时间渐长，该学制自身存在的缺陷亦逐渐暴露。早在1915年全国教育联合会第一次会议上，湖南省教育会就提出了《改革学校系统案》，里面即指出了《壬子·癸丑学制》的六大弊病：

（一）学校之种类太单简，不足谋教育多面之发展。……

（二）学校之名称不正确，名误实受其害矣。近日小学校视为中学之准备，中学校视为大学之准备，误会中小之名以准备，失其独立之用。……

（三）学校的目的不贯彻，致令求学之人三四年一易其宗旨。初小之目的本与高小不同，中学之目的又与上级学校预科有异。入大学专门者必经过此数种目的不同之校，转折迁徙，进行莫能一致，直接青年受其伤，间接国家人才受其害矣。

（四）学校的教育不完成，依规定之学科时间，恒有充其所教，罄其所学，不能得具足之生活力者，而毕业反为社会之累。……

（五）学校的阶段不衔接，非失之过则失之不及。……

（六）学校的年限不适当，全系学年失之长，而各校分配又不适当，大学毕业至二十四岁，大学校费去六年或七年未免多，中学校反止四年未免少也。①

对上述缺点的揭橥，在某种程度上也意味着呼唤一种新学制的到来，以期能够解决有关问题。

二、蒙养园制度的确立

民国初年的蒙养园学前教育制度主要随《壬子·癸丑学制》的公布而实施。1912 年 9 月 3 日民国教育部公布的《学校系统令》尚未涉及学前教育系统。在随后的教育令及规程中，最早提到蒙养园的是同年 9 月 28 日公布的《小学校令》，其中说明了蒙养园的性质与命名原则。它规定：办学经费如来自城镇、乡，就称某城镇、乡立蒙养园；办学经费如来自县，名某县立蒙养园；办学经费如来自私人或私法人，名私立蒙养园。

紧接着在 9 月 29 日公布的《师范教育令》和 12 月 10 日公布的《师范学校规程》中，明确了女子师范学校的设立目的，即"以造就小学校教员及蒙养园保姆为目的"②。在女子师范学校里，应附设蒙养园，"地方长官，得酌量情形，于一定期限内以公立小学校代附属高等小学校，或以公立、私立之蒙养园代附属蒙养园"③。女子高等师范学校也不例外，不仅附属小学校、女

---

① 璩鑫圭、唐良炎编：《中国近代教育史资料汇编·学制演变》，上海教育出版社，1991，第 836 页。
② 璩鑫圭、唐良炎编：《中国近代教育史资料汇编·学制演变》，上海教育出版社，1991，第 660 页。
③ 璩鑫圭、唐良炎编：《中国近代教育史资料汇编·学制演变》，上海教育出版社，1991，第 688 页。

子中学校，还并设蒙养园。在师范学校的学科设置方面，必须为欲任保姆者设蒙养园保姆讲习科。女子师范附属蒙养园的保育费，由师范学校校长酌定。

以上的《师范教育令》及《师范学校规程》虽然较为简略，且多为原则性的规定，但仍初步确定了蒙养园制度。

好景不长，在袁世凯篡夺了辛亥革命的胜利果实之后，教育成为他实现称帝美梦的手段，封建教育重新回潮，"尊孔""读经"一度甚嚣尘上。在此背景下，蒙养园制度及学前师资方面也出现些许变化。1914 年民国教育部拟定的《教育方案草案》中，虽然规定了女子师范学校每省须设一所，并附设蒙养园，但要求女子师范学校以育成良妻贤母为原则，以挽学生"委琐龌龊或放任不羁之陋习"[①]。由此意味着女子师范学校培养出来的学前教育的师资，必然又回归到培养封建夫为妻纲，具有贞淑之德的女性的老路上去。在性质与命名上，《国民学校令》规定国民学校得附设蒙养园。蒙养园的经费由自治区负担者，名区立蒙养园；由私人之经费设立者，名私立蒙养园。1916 年 1 月公布的《国民学校令施行细则》的第六章"蒙养园及类于国民学校之各种学校"里，作了十条较为具体的办学规定，其内容如下：

第七十三条 蒙养园以保育满三周岁至入国民学校年龄之幼儿为目的。

第七十四条 保育幼儿，务令其身心健全发达，得良善之习惯，以辅助家庭教育。

幼儿之保育，须与其身心发达之度相副，不得授以难解事项及令操过度之业务。

幼儿之心情容止，宜常注意使之端正，并示以良善之事例，令其则效。

第七十五条 保育之项目为：游戏、唱歌、谈话、手艺。

第七十六条 保育之时数，由管理人或设立人定之，报经县知事之认可。

第七十七条 蒙养园得置园长。

---

① 璩鑫圭、唐良炎编：《中国近代教育史资料汇编·学制演变》，上海教育出版社，1991，第 743 页。

第七十八条　蒙养园保育幼儿者为保姆。

保姆须女子有国民学校正教员或助教员之资格，或经检定合格者充之。

前项之检定，由国民学校教员检定委员会行之。

第七十九条　蒙养园长及保姆之任用、惩戒，依国民学校教员之例。

区立蒙养园长及保姆之俸额及其他给与诸费，县知事依照国民学校教员之规定，参酌地方情形定之。

第八十条　蒙养园之幼儿数，须在百人以下；但有特别情事者，得增至百六十人。

第八十一条　保姆一人所保育之幼儿数，须在三十人以下。

第八十二条　蒙养园应设备游戏园、保育室、游戏室及其他必要诸室，室以平屋为宜。

恩物、绘画、游戏用具、乐器、黑板、桌椅、钟表、寒暑表、暖房器及其他必要器具，均须齐备。[①]

袁世凯死后，诸多封建教育令、规程都被废除，但与蒙养园制度有关的法令、规程却被保留下来。蒙养园制度成为 1922 年以前中国学前教育体制的核心。在 1920 年公布的《地方自治开始实行法》中，明确规定："凡在自治区域之少年男女，皆有受教育之权利。学费、书籍，以及学童之衣食，当由公家供给。学校之等级，由幼稚园，而小学，而中学，当陆续按级而登，而至大学而后已。"[②] 这一规定为教育薄弱地区适龄儿童能顺利入蒙养园提供了保障。

根据当时家庭教育的缺点，为了让儿童更好地适应以后的小学教育，1921 年 7 月民国教育部通过了《推广蒙养园案》。其内容如下：

查蒙养园之应设，约有二故。吾国今日女学幼稚，母教莫兴，而为父兄者，教育知识亦多缺乏，故子女于学龄时期之前，即未受

① 璩鑫圭、唐良炎编：《中国近代教育史资料汇编·学制演变》，上海教育出版社，1991，第795—796 页。
② 郑必仁：《地方自治理论与实施》，文明书局印刷所，1934，第 81 页。

适宜保育。但儿童值此时期，身心之发育，甚为敏速，其发展之不适宜，于将来品性之成就，影响非浅。故必于此时间，施行相当之保育，以补救家庭教育之缺点，而养成善良之根本，则学校教育，方克收美满之功效。此就事实言之，蒙养园之急宜推广者一也。家庭教育基于亲子之情爱，多失于放任。学校教育，出乎教师之理想，易趋于严格。儿童由家庭入于学校，其境遇之变迁，过于急剧，而身心之发展，或不免受障碍。若蒙养园者，其形式之组织，同于学校，其保育之方法，类于家庭，能调和家庭与学校境遇之变迁，使适于自然之发展。此就理论言之，蒙养园之急宜于推广者二也。谨拟办法为左（下）请大部采择施行：

(1) 女子师范学校应设保姆科。

(2) 除女子师范学校及女子师范讲习所应附设蒙养园外，每县至少须设蒙养园一所。[①]

该方案为后来幼稚园制度的建立做了一定的准备。

1912—1922 年间，虽然蒙养园制度建立起来，但国内形势依然动荡不安，革命党人的二次革命、三次革命以及军阀混战等此起彼伏。在动乱的社会状况下，蒙养园大多是在清末已开办的幼稚园或蒙养院基础上续办。不过各地也陆续开办了一些新的幼稚园或蒙养园。例如，据江苏省教育会幼稚教育研究会统计，"民国七年（1918 年），仅上海一地新建的幼稚园就有 12 所（其中教会幼稚园 6 所）"[②]。但总体说来，这一时期学前教育发展较为缓慢，公立蒙养园数甚至低于清末官办蒙养院数。袁希涛曾说："自欧战以还，我国教育家虽咸注重于幼稚教育，然每因经济困难，人才缺乏，以致不能实行，所以幼稚园实尚无完备者。"[③]民国教育部历年的教育统计，"关于初等教育段只分国民高小，而将幼稚生及盲哑等特殊学生数目，统赅于'其他学生'四字之下"[④]，无法辨别各种类别学生的人数，包括幼稚生的人数，其窘可知。

---

① 李桂林、戚名琇、钱曼倩编：《中国近代教育史资料汇编·普通教育》，上海教育出版社，1995，第414—415页。

② 唐淑主编：《中国学前教育史》，人民教育出版社，2015，第119页。

③ 舒新城：《近代中国教育史稿选存》，中华书局，1936，第73页。

④ 舒新城：《近代中国教育史稿选存》，中华书局，1936，第72页。

不过这一时期的学前教育也并非一无是处。此时，一批保姆养成所及幼稚师范的建立，某种程度上保证了蒙养园的师资培养，对推动民国初期蒙养园制度的发展起了一定的促进作用。

三、蒙养园制度的特点

蒙养园制度可以说是对封建学前教育体制改革的一次实践，它曾因辛亥革命的失败几经调整，但在确立之后，却并未因时局的变化而被废除，反而具有较强的生命力，在全国范围内实施起来。

《壬子·癸丑学制》在民国初年制定。制定者的本意乃结合当时中国的实际谨慎地吸取各国教育模式的精华。怎奈时间仓促，无暇他顾，《壬子·癸丑学制》总体上仍沿用了日本模式，创新性并不显著。

通过前文对《壬子·癸丑学制》与蒙养园的介绍，可知蒙养园制度作为《壬子·癸丑学制》的一部分，同样属模仿日本模式。蒙养园制度的相关规定，基本和清末《奏定蒙养院章程及家庭教育法章程》同类。其主要表现是：在学制系统地位上，不管是蒙养院还是蒙养园，二者都处在附属而非独立的地位上；在保育对象上，二者都是招收三周岁至入小学的幼儿；在办学目的上，二者都强调辅助家庭教育的作用及培养幼儿良好的习惯；在保育项目、学前教育机构的设备配置上，二者亦大致相同。总之，蒙养园制度从形式与内容上看，是对日本幼稚教育制度的沿袭。此外，"恩物"第一次出现在蒙养园制度的相关规定里，这种通过日本间接学习欧美的特点也较为明显。

不过民国初期蒙养园制度在一定程度上也体现出受西方民主共和精神与平等观念影响的痕迹，如努力改造蒙养院制度中的封建因素即为其中表现。

首先，1912年后学前教育机构由有名无实的"蒙养院"改为"蒙养园"，虽然只是一字之差，但却是学前教育机构第一次从封建社会的慈善机构中剥离出来，附设于学校中。从名义上看，蒙养园具有教育性。《地方自治开始实行法》对自治区教育的公家供给从学前教育阶段起，保障儿童平等的受教育权。这些规定在动荡的年代不啻注射了一剂强心针，对推动蒙养园的发展起了积极的作用。

其次，蒙养园制度模仿日本学前教育制度，吸收了西方学前教育重视师资培养的传统及做法。蒙养园的教师称为"保姆"，这与清末时期蒙养院的师资称谓相同。但在《壬子·癸丑学制》中，保姆的培养向正规化、严格化、标准化转变。女子师范学校的培养目标是把培养小学教员与蒙养园的保姆并列起来，确定了保姆的训练在师范教育中的地位。虽然这与清末《奏定女子师范学堂章程》中蒙养院师资培养模式看似雷同，实则不然，因为女子师范学校的科目相当程度上剔除了封建教育的糟粕，取而代之的是体现民主、科学的教育内容，如历史、物理、化学等。袁世凯上台后封建教育一度复古，女子师范学校的教学又偏向严肃之风纪，但不久袁世凯死后，尊孔、读经之活动也就灰飞烟灭，蒙养园的保姆培养又恢复原有的科目，较为符合资产阶级的现实需要。总之，蒙养院的保姆是在封建教育制度下培养，蒙养园的保姆则是在共和政体下培养，二者自然泾渭分明。此外，蒙养园的保姆具有较高的知识水平，且因女子师范学校所学科目还包括一些家政科目，保证了保姆得到一些专业训练，具备较好的专业素质。

最后，蒙养园相关规定越发具体化、科学化。蒙养园制度具体规定了师生比例，对园舍的结构、设备以及管理都有更为具体的要求，在一定程度上提高了蒙养园的整体水平。蒙养园制度在模仿日本幼稚教育制度的基础上所做的改进，为后来幼稚园制度的确立奠定了较好的历史基础。可以说，蒙养园制度是清末蒙养院制度与1922年后出台的民国中期幼稚园制度之间的桥梁，是一种制度上的过渡。

第三节　最终成形：民国中后期以幼稚园为主体的学前教育制度

《壬子·癸丑学制》所勾勒出来的资产阶级教育蓝图，在袁世凯复辟和北洋军阀统治的打击下，几经回环往复，再加上其自身的先天缺陷，已不能适应社会发展需要。1915 年新文化运动的兴起，西方民主、科学思想的进一步传播，更加促进教育观念的变革。此时美国的教育理念及其先进的教育制度"风靡全球"，再加上杜威、孟禄、克伯屈等美国教育家相继访华讲学，美国的实用主义及进步主义教育思潮深深地影响着当时中国的教育。1922 年问世的《壬戌学制》就是在这样的背景下应运而生。其后虽然国民政府颁布了其他的学制，但实际那些学制仍以《壬戌学制》为基础，只是稍作变化而已。可以说，《壬戌学制》是中国近代教育史上实施时间最长、影响最大的学制。随着《壬戌学制》的颁行，中国近代以幼稚园为主体的学前教育体制最终确立。

一、应时而兴的《壬戌学制》

《壬子·癸丑学制》的制定，如果仅从时间上看，无疑较为仓促。随后《壬戌学制》的产生则是社会经济、文化等共同作用的结果。正如陶行知所言，《壬戌学制》是"适应时势之需求而来的"，是"应时而兴的制度"。[①]

（一）改革学制的先声

1914—1918 年第一次世界大战期间，欧洲各国忙于战争，而无暇东顾。19 世纪 70 年代产生的中国民族资本主义工业此时得到一个千载难逢的自我发展的机会。与之相适应，为了发展生产，民族资本主义工业迫切需要各式专业技术人才。当时的《壬子·癸丑学制》不能适应中国民族资本主义发展的新需求，实业人才供不应求。1915 年湖南省教育会就曾指出《壬子·癸丑学制》模仿日本的弊害，并提出改革学制系统案，堪称学制改革之嚆矢。自此而后，批评之声不绝于耳。批评的焦点主要集中在《壬子·癸丑学制》缺乏灵活性，罔顾社会需要，导致学校与社会脱节。

朱叔源认为，《壬子·癸丑学制》的实施所带来的弊病在于："学校生活和社会生活，每不相适应。至于升学呢，又复极感困难，因为学生在学校里所受的系普通教育，科目纷繁，杂而不精，同大学或专门学校的课程，往

---

① 璩鑫圭、唐良炎编：《中国近代教育史资料汇编·学制演变》，上海教育出版社，1991，第 900 页。

往不相衔接。"① 舒新城总结中学学制的不足在于："年限过短。第一年课程与高小第三年级重复。课程底规定太机械。""不仅是职业教育无补于各地社会，就是升学预备又何能满足各地人民之要求。……造成少数升学之学生外，大概为增加社会上之寄生虫。"②

与此同时，各种改革学制方案层出不穷。1919年第五届全国教育会联合会年会上提出了修定学制的问题，并向民国教育部首次提交了《改革女学制度案》。浙江省提出改革师范教育案。1920年第六届年会上，安徽、奉天、云南、福建各省提出了各自的改革学制议案，专门成立学制系统研究会。1921年，第七届年会以学制为主要议题，广东、黑龙江、甘肃、浙江、湖南、江西、山西、云南、福建、直隶等省提出了各自的学制改革案。值得注意的是，在这些提案的制定过程中，制定者都详细考察了西方各国的学制，而提案中有不少倡导美国学制。年会上，经过认真讨论后，因"广东案较为完备"，大会议决以此为根据，"与其他各案比较审查"，于当年10月30日通过了新的《学制系统草案》。至此，学制改革已呼之欲出了。

在第七届年会后，教育界人士反映强烈，纷纷加入讨论评议改革学制的队伍里。舒新城、廖世承、余家菊、俞子夷、陶行知、周予同等人都纷纷发表相关文章。他们针对旧制存在的问题，提出多方面的改进意见，并广泛参照先进国家学制且结合当时中国的国情，给予建议。

受实用主义影响，不少人比较欣赏美国的学制。袁希涛在《新学制草案与各国学制之比较》一文中，较详细地分析了美国、德国、法国、英国、意大利、瑞士、瑞典、丹麦、荷兰、西班牙、比利时、日本的学制。虽然袁希涛没有直接说明借鉴哪国学制，但通过比较，他认为美国学制最能体现平民主义精神，美国中学的"限制选科所选皆极有关系之科目，经教师亲切之指导，而选择皆能得当，为选科中最良之方法"③。但总体说来，对于外国经验，教育界人士的态度是"应该明辨择善。决不可舍己从人，轻于吸收"④，不再以

---

① 朱叔源：《改良现行学制之意见》，《中华教育界》第10卷（1920年）第3期。
② 舒新城：《中学学制问题》，《教育杂志》第14卷（1922年）第1号。
③ 袁希涛：《新学制草案与各国学制之比较》，《新教育》第4卷（1922年）第2期。
④ 璩鑫圭、唐良炎编：《中国近代教育史资料汇编·学制演变》，上海教育出版社，1991，第901页。

哪一国学制为蓝本进行单纯的复制。陶行知说："至于外国之经验，如有适用的，采取他；如有不适用的，就回避他……去与取，只问适不适，不问新和旧。"①《教育杂志》《中华教育界》《新教育》《教育与职业》等刊物都不同程度地开辟了学制研究专栏，成为讨论学制问题的中心论坛，《新教育》还专门刊发"学制研究专号"。这样逐渐形成研究学制改革的高潮，为学制改革做好了充分准备。

一方面学制改革的讨论越来越热烈，另一方面教育改革实践也慢慢展开。早在1917年，蔡元培以"思想自由、兼容并包"的原则对北京大学进行改革。其中，学制改革是北大改革的重要举措之一。1919年暑假后北大将年级制改为选课制，在其实行后不久，即为各大学所竞相采用。北大改革也成了当时高等教育改制的前奏。1920年，舒新城、夏丏尊在湖南第一师范学校打破年级分组，实行"选科制"与"能力分组制"。1921年5月，江苏省立第一中学实行全面选科制。第七届年会后，各省区都有指定某校实地试验"新制"的案例，如广东确定由执信学校先行试办。这些教育改革实践，为新学制的最终制定提供了坚实的依据。

（二）新文化运动的推动

袁世凯篡夺了辛亥革命的果实，在教育上推行"尊孔""读经"的政策，使历史的车轮发生了倒转。此时，资产阶级革命党人深入思考从洋务运动到戊戌变法再到辛亥革命一再失败的原因。他们意识到，虽然民主共和渐入人心，但如果"没有一种能赋予民主制度以生命力的社会心理基础"②，人们期望建立的民主共和国家必不能实现。于是，他们举起"民主"与"科学"两面大旗，向封建复古主义宣战，旨在解放国民思想的新文化运动开始了。

新文化运动在教育领域的表现为：抨击封建传统教育；反对封建迷信，提倡民主与科学。作为抨击封建传统教育的先锋，陈独秀指出孔教的"三纲五常"是封建礼教与封建教育的核心，其目的是维护尊卑贵贱的阶级制度。这与共和是绝对两不相容之物。孔教不铲除，封建教育残余也将接踵而至，

---

① 璩鑫圭、唐良炎编：《中国近代教育史资料汇编·学制演变》，上海教育出版社，1991，第902页。
② 李全生主编：《中外教育简史》，天津人民出版社，2010，第131页。

反动的帝制复辟也将频频上演。另一位新文化的倡导者李大钊猛烈批判复古教育。他认为孔子的学说之精神，已不适于今日之时代精神。鲁迅、蔡元培、蒋梦麟等都是反封建教育的斗士，他们的抨击与批判弥补了辛亥革命后未能从思想上扫清封建教育的缺憾，他们强烈发出改革当时封建复古教育制度的呼声。在他们的倡导下，随着袁世凯的倒台，政府废除了"读经"，恢复民国初年教育宗旨，学校推行白话文等，有力地推动了新学制的制定。

新文化运动促进了西方教育理论的传入。新文化运动的倡导者积极提倡教育个性化、平民化、实用化，用民主主义教育代替封建专制主义教育，用实用主义教育代替空疏无用的伦理教育，符合资产阶级建立民主共和国家的需要，加快了改革不符合社会发展期许学制的步伐。

（三）《壬戌学制》的确立

1922 年 9 月，北洋政府教育部在北京召开学制会议，对全国教育会联合会提出的《学制系统草案》进行审订与修改。10 月，在第八届全国教育会联合会年会上征询意见，最终于 11 月 1 日以大总统令的形式公布了《学校系统改革案》。因 1922 年为旧历壬戌年，故称"壬戌学制"，因是《壬子·癸丑学制》的更新，亦称"新学制"。由于采用的是美国式的六三三分段法，又称"六三三学制"。

《壬戌学制》制定的指导原则基本是《学制系统草案》的延续。其制定标准是："（一）适应社会进化之需要。（二）发挥平民教育精神。（三）谋个性之发展。（四）注意国民经济力。（五）注意生活教育。（六）使教育易于普及。（七）多留各地方伸缩余地。"[①] 这些标准以制度化的形式，反映了新文化运动以来新教育思想"民主"与"科学"的精神，满足了其对于教育改革的基本要求。

《壬戌学制》对各级学校修业年限分为三段五级即"4·2·3·3·4—6"。初等教育阶段分为初等小学校（4 年）、高等小学（2 年）；中等教育阶段分为初级中学（3 年）、高级中学（3 年）；高等教育阶段设大学（4—6 年）。如果将幼稚园和大学院计算在内的话，《壬戌学制》可分为三段七级。除主

---

① 璩鑫圭、唐良炎编：《中国近代教育史资料汇编·学制演变》，上海教育出版社，1991，第 990 页。

体学校系统之外，还有师范学校、职业学校与专门学校等。

《壬戌学制》颁布以后，对其局部的修改增损不断。1923年5月，当时教育部颁布《实施新学制中小学校进行及补充办法》，对中小学校在新学制颁布前后的变化作了更为具体的规定。同年6月，全国教育会联合会刊布了《中小学课程标准纲要》，虽然不是当时教育部颁行，但该组织具有相当的权威性，所以各地依然施行。南京国民政府成立后，1928年5月，在中华民国大学院第一次全国教育会议上，提出《整理中华民国学校系统案》，即《戊辰学制》。该学制以《壬戌学制》为基础略加修改。《戊辰学制》实施后，随时局变化曾作过修订，但《壬戌学制》的基本框架仍旧未变，一直沿用到新中国成立之前。

从以上的梳理不难看出《壬戌学制》经过了长达七年的酝酿，多省试行并不断改进，集中了教育界众多人士的智慧。它虽然受实用主义影响较大，具有较强的美国色彩，但没有简单套用外国模式，对外国的借鉴较为理性。《壬戌学制》顺应了以西方教育为主导的世界教育潮流，呈现以下特点：第一，根据儿童身心发展规律划分教育阶段。这种划分建立在对中国儿童身心发展的科学研究基础之上，是新文化运动以来西方科学主义教育的体现。第二，初等和中等教育年限更为合理，男女平权，表现出受西方平民教育、个性教育思想的影响，教育重心下移，利于教育普及。第三，选科制实施与职业教育制度的改革，使学生在发展个性的同时适应社会发展需要，兼顾个人本位与社会进化的需要。

二、幼稚园制度的确立

（一）幼稚园制度的初建

民国幼稚园制度建立与学制改革紧密相连，同时受新文化运动影响，体现出西方学前教育思想的特点。此时，教育界人士越发重视学前教育在学制中的角色和地位。1920年第六届全国教育会联合会就呈送推广蒙养园议决案到教育部。1921年第七届全国教育会联合会年会上，广东、湖南两省所提的学制议案中就专门论及幼稚教育，随后大会通过的《学制系统草案》里，关于初等教育规定有"幼稚园收容六岁以下之儿童"。次年教育部在以《学制系统草案》为基础进行修订而后公布的《壬戌学制》中，对小学之前的教育，即幼稚园的规定，与《学制系统草案》里规定的一样，以法令的形式确立了幼稚园在学制系统中作为国民教育第一阶段的地位。幼稚园正式被列入了学制系统，改变了 1922 年以前学制中一直没有明确规定学前教育机构的窘况，也真正同欧美国家接轨了。从名称上来讲，幼稚园制度不仅统一了学前教育机构的名称，而且与蒙养园相比，它更体现出受新文化运动影响后，近代学前教育突出儿童本位的特点。

古人把对儿童实施的初等教育及学前教育或者"启蒙""抚养"称为"蒙养"，带有成人看待教育的色彩，蒙养园更多从成人实施教育的意义来命名。"幼稚"指幼孩的含义。如晋代陶渊明在《归去来兮辞（并序）》中说："余家贫，耕植不足以自给；幼稚盈室，瓶无储粟。"① 其中"幼稚"就是指幼儿。幼稚园以受教育的主体命名，是对儿童尊重的一种表现。幼稚园地位确定后，不仅公立幼稚园大体上呈攀升的趋势，而且在北京、南京、上海等地，均有热心人士成立幼稚教育研究会等组织，从事并推动幼稚教育的实验研究工作。

可惜的是，《壬戌学制》虽然肯定了学前教育的地位，较之以往大有斩获，但没有提出更全面的要求，留下一些遗留问题。俞子夷曾对《学制系统草案》中初等教育的规定提出自己的看法。他发现《学制系统草案》里没有明确幼稚园和小学校的关系，从教育源头上看，二者并非同源：

> 不过就小孩子身体上想，小学校和幼稚园办法不同了，他的痛苦当怎样？那末我们还是把小学校初年级去就幼稚园呢，还是把幼稚园去就小学校呢？现在一般小学校教一年生的方法，可以说是顶不合一年生的，所以万无叫幼稚园去就小学校的道理。然而现在幼稚园的办法也不过从前沿下来的些些骨胳（胳）和皮貌（毛），幼稚园的精神早已失却了好久的了。所以从呆板的小学校方法，变到取貌遗神的幼稚园方法去，也没有什么价值。我们在施行新制以前，又当研究出一个幼稚园和小学校共通的办法，这样才可以得实际上

---

① 陶渊明：《归去来兮辞》，载王瑶编注《陶渊明集》，人民文学出版社，1956，第 110 页。

的联络。[①]

因《壬戌学制》中，关于学前教育的规定与《学制系统草案》相同，所以俞子夷的观点也可以看作对《壬戌学制》中关于幼稚园问题的阐述。正是因为壬戌学制中幼稚园制度还处在尚未完善的状态，所以在随后的时间里，民国教育部通过颁布课程标准、规程等，逐步完善了幼稚园制度。

（二）幼稚园制度的逐步完善

幼稚园制度实施以后，中国学前教育有了一定发展，但同时存在一些问题，如幼稚园课程问题、幼稚园师资问题、幼稚园设置问题等，均亟须解决。

同样在新文化运动推动下，幼稚园的课程发生了较大的变化。较之清末蒙养院课程，此时幼稚园课程竭力剔除封建教育内容。一批美国教育家杜威、孟禄、推士、克伯屈来华，将外国的学前教育课程直接引入中国。但民国建立以来，幼稚园课程迄无标准，所使用教材散漫无章，多不适合国情。20 世纪 20 年代中后期，国人在学前教育实践中积累不少经验。在 1928 年 5 月全国教育会议上，陶行知、陈鹤琴提交《注重幼稚教育案》。该案共七项，第七项便是"审查编辑幼稚园课程及教材案"，要求"聘请专门人才，搜集国内已有之幼稚园课程与教材，并严格审查"。[②]此案在大会上经讨论予以通过。同年 10 月，民国教育部聘请专家 11 人进行幼稚园课程标准的拟定工作。有关工作完成后，1929 年民国教育部令各省试行暂行的《幼稚园课程标准》，汇总各方面情况后再作修改。1932 年 10 月，民国教育部正式公布了《幼稚园课程标准》。这是中国第一部幼稚园课程标准。该标准在 1936 年再次进行修正，但基本框架、设计要目鲜有变化。

以 1936 年修正后的《幼稚园课程标准》为例，它分为幼稚教育总目标、课程范围、教学方法要点三部分，主要内容如下：

    幼稚教育总目标：（一）增进幼稚儿童身心的健康。（二）力谋幼稚儿童应有的快乐和幸福。（三）培养人生基本的优良习惯（包括身体、行为等各方面的习惯）。（四）协助家庭教养幼稚儿童，

---

① 俞子夷：《关于全国教育会联合会议决学制系统草案初等教育段的问题》，《新教育》第 4 卷（1922 年）第 2 期。

② 中国学前教育史编写组编：《中国学前教育史资料选》，人民教育出版社，1989，第 257 页。

并谋家庭教育的改进。①

课程范围主要包括：音乐、故事和儿歌、游戏、社会和常识、工作、静息、餐点。在每一科目下，还有详细的授课目标、内容大要和最低限度要求，授课过程更为细化、科学化。可从"社会和常识"中略窥一二：

（1）目标

（甲）引导对于自然环境和人民活动的观察和欣赏。

（乙）增进利用自然、满足生活、组织团体等的最初步的经验。

（丙）引导对于"人和社会自然的关系"的认识。

（丁）养成爱护自然物和卫生、乐群、互助、合作等的好习惯。

（2）内容大要

（甲）关于食、衣、住、行等生活需要、卫生方法，以及家庭邻里、商铺、邮局、救火组织、公园、交通机关等社会组织的观察研究，与本地名胜古迹的游览。

（乙）日常礼仪的演习。

（丙）纪念日和节日（如元旦、国庆、总理忌诞辰、五九、五卅、儿童节，以及其他令节）的研究举行。

（丁）集会的演习（以培养公正、仁爱、和平的态度精神为主）。

（戊）党旗、国旗、总理遗像……等的认识。

（己）习见的鸟、兽、虫、鱼、花草、树木、和日、月、雨、雪、阴、晴、风、云等自然现象的认识和研究。

（庚）月日、星期和阴、晴、雨、雪等逐日气候的填记。

（辛）附近或本园内动植物的观察采集，并饲养或培植。

（壬）身体各部的认识和简易卫生规律（如不吃担上的糖果，不吃杂食，食前必洗手、食后必洗脸，不随地便溺，不随地吐痰，不吃手，不用手挖耳揉眼，早睡早起，爱清洁等）的实践。

（癸）健康和清洁的查察。

（3）最低限度

---

① 中国学前教育史编写组编：《中国学前教育史资料选》，人民教育出版社，1989，第230—231页。

（甲）认识自己日常生活所用的主要衣、食、住、行各项物品。

（乙）略知家庭、邻里、商铺、工场、农田以及地方公共机关的作用。

（丙）知道四肢、五官的机能作用。

（丁）认识家禽、家畜及五种以上植物，并太阳、风、雨的作用。

（戊）认识总理遗像和党旗、国旗。

（己）对于师长、家长有相当的礼貌。

（庚）有爱好清洁的习惯。[①]

教学方法要点共有17条，主要内容包括：将各课程科目打成一片，综合在一起；采用设计教学法；幼儿在园时间全日制每日约六小时，半日制每日上午约三小时；各种作业可由儿童各从所好自由活动；故事、游戏、音乐、社会和自然大都可由教师引导，施行团体作业；教师对儿童做好细微全面的记录；教师是儿童问题的裁判者；加强与家长的联系；等等。

总体上看，《幼稚园课程标准》看似采用分科课程的设计，但以设计教学法、综合课程和活动课程为重，反映了杜威及美国进步主义教育思潮的影响。这些基本规定符合儿童身心发展的需要，且结构完备，设计思想较为科学先进，极大地完善了当时幼稚园制度。不过必须指出的是，1931年国民党中央通过了"三民主义教育实施原则"，规定幼稚教育的目标是要注重伦理知识及实践，以助长儿童忠孝仁爱信义和平之美德。这些条款包含了树立国民党权威及弘扬中国传统道德的条文。

《壬戌学制》中，师范学校虽然也单独设立，但很多师范专业成为高中的一个科，整体上削弱了师资培养，幼稚师范更不被重视。在陶行知、陈鹤琴等大力呼吁下，政府开始重视学前教育师资的培养。1933年4月，民国教育部公布了《师范学校规程》，并在1935年7月进行了修正，规定"师范学校得附设特别师范科及幼稚师范科""幼稚师范科修业年限三年或二年"。[②]三年制幼稚师范科的教学科目与二年制的相比较，二者专业科目大致相同，

---

① 中国学前教育史编写组编：《中国学前教育史资料选》，人民教育出版社，1989，第233—235页。
② 中国学前教育史编写组编：《中国学前教育史资料选》，人民教育出版社，1989，第245页。

但三年制的普通文化科目课程相对较多，从而保证了幼稚师资的专业性。《师范学校规程》还制定了师范学校及幼稚师范科学生的入学、转学、休学、复学、退学及毕业后服务的办法，统一了师范教育的管理，促进幼稚师资水平的不断提高。此外，1946年11月，民国教育部还公布了《国民学校教员检定办法》，不仅对幼稚园教员任用制定了标准（一般要求有高级中学以上的文化水平，理论与实践能力兼具），还对幼稚师范科教员任用条件提出下列规定：

> 必须具备下列条件之一才可任教：国内外师范学院或师范大学毕业者；国内外大学研究院研究期满得有硕士或博士学位者；国内外大学教育学院或其他各院系毕业曾修习教育学科二十学分以上有证明书者；国内外大学各院系高等师范本科或专科毕业后有一年以上教学经验者……若不够大学本科学历，有相当的实际经验或研究成就的也可。……如所规定条件都不具备，便要参加考试，进行检定，合格者才可任教。[①]

较高的任用标准，较严格的检定要求，确实能从源头保证幼稚园的师资力量；同时《国民学校教员检定办法》不完全唯学历是举，富有一定的灵活性，致力于选贤与能，充实幼稚园及幼稚师范科的教员队伍，这些都应肯定。

1937年日本发动全面侵华战争，使中国学前教育制度及其发展遭到破坏。国民政府及时提出"战时须作平时看"的方针。民国教育部于1938年顺应此方针制定了《战时各级教育实施方案纲要》。其中关于幼稚教育的内容规定："应使保育与教导并重，增进幼儿身心之健康，使其健全发育，并培养其人生基本的良好习惯。施教对象应推广及于贫苦儿童。"[②]《战时各级教育实施方案纲要》第一次明确提出创立托儿所，其目的是为外出工作的父母代为教养婴儿。这是中国学前教育制度的进一步完善，意在非常时期保证学前教育事业不因残酷的战争而中辍。

1939年，民国教育部公布了民国幼稚教育史上重要的法规《幼稚园规程》。该规程规定幼稚教育目的为：增进幼稚儿童身心之健康；力谋幼稚儿童应有

① 何晓夏主编：《简明中国学前教育史》，北京师范大学出版社，1994，第122页。
② 唐淑、钟昭华：《中国学前教育史》，人民教育出版社，1993，第144页。

之快乐与幸福；培养幼稚儿童关于人生基本之优良习惯（包括身体行为等各方面之习惯）；协助家庭教养幼稚儿童，并谋家庭教育之改进。

1943年，民国教育部将《幼稚园规程》加以修正，经呈奉行政院令改为《幼稚园设置办法》，同年12月以教育部令公布施行，作为设置幼稚园的准则。《幼稚园规程》与《幼稚园设置办法》，二者除幼稚教育目的外，其余条文基本相同。其主要内容包括以下五个方面。

受教对象：规定"幼稚园收受四足岁以上至六足岁以下之儿童"，遇特殊情况可"收受未满三足岁之婴儿予以保育"。

设立原则：幼稚园附设于国民学校中心学校或小学，并得单独设置。既可公办，亦可私立，但都须将名称、主持人员姓名及资历等，以及园址、园则、设备、经费及维持方法、开办日期等事项，"呈请主管教育行政机关核准"。公办的幼稚园"由市县政府视地方需要及经济能力设置之"。

设置要求："幼稚园之儿童数以一百二十人为限"，必要时经主管教育行政机关批准，可增至二百人。"幼稚园之编制，应按儿童之年龄智力分组，视儿童多寡，合并或分别保育"。每位教员对应的保育之儿童数不得超过二十人。幼稚园园址"应择便于幼稚儿童来往之地点，并须有善良之环境"，"园舍建筑以平房为原则"，应有保育、游戏、工作、午睡、自由活动的园舍或园庭。必须设有各种保育用具。

运作原则："幼稚园得视地方情形分别为半日制，上下午半日二部制或全日制。""幼稚园儿童之活动项目，应遵照幼稚园课程标准之规定……应充分应用乡土材料。"幼稚园应顺应儿童个性，"依照其身心发展之程序，施以适当之保育，不得授以读书写字等类于小学功课之事项，或使为过度之工作"，还应联络并协助家庭。

管理原则："单独设置之幼稚园设主任一人，综理园务，附设于国民学校中心学校及小学之幼稚园设主任一人，秉承校长掌理园务，必要时得由校长兼任之。""幼稚园按照儿童组数、保育项目等，设相当额数之教员掌理保育儿童事宜。单独设立之幼稚园主任，以幼稚师范学校毕业或具有小学教员资格、办理幼稚教育二年以上著有成绩者为合格，并应以女子为原则。"幼稚园教员以"幼稚师范学校毕业或具有小学教员资格、曾任幼稚园教员一年以上之女子"为主等。①

上述《幼稚园规程》《师范学校规程》《战时各级教育实施方案纲要》《国民学校教员检定办法》以及《幼稚园设置办法》，均为民国时期学前教育制度的细化、补充和完善，也是此时期学前教育最终走向成熟，实现近代化的标志。总体上看，民国学前教育制度的最终成形，促进了中国学前教育的发展，加快了教育普及的步伐，提高了国民素质。

三、幼稚园制度与欧美学前教育制度比较

民国中后期学前教育制度以幼稚园为主体，它作为《壬戌学制》的一级，在制定过程中同样参考欧美各国的教育经验。但幼稚园制度的建立与完善所体现出来的欧美色彩更为浓厚，特别是受美国学前教育影响很大。这与当时欧美各国教育界进步主义教育与实用主义教育浪潮的风靡不无关系。而美国作为进步主义教育与实用主义教育的发祥地，其影响力自然较西方其他各国更大。

从学前教育制度结构看，"至 19 世纪末，幼儿教育在西方各国教育制度中已初步确立了其基础地位"②。其中，美国学前教育为盎格鲁－撒克逊模式，是一种复杂、重叠的行政体系。孩子自出生到入小学之前的养护和教育由两种平行机构监管：一为教育行政体系，一为社会福利体系。幼儿园、保育学校、日托所是美国学前教育阶段的主要教育机构。其中，日托所属于社会福利体系，其余大致属于教育行政体系，影响最大的当属幼儿园。从美国学前教育的沿革来看，它经历了从无到有，从局部到全国，从只有私立到公私并举，从不成熟到逐渐完善并形成一个比较完整的学前教育体系的过程。美国教育行政以"地方分权"为最大特点，所以教育制度的形成往往由地方教育开展作为先导。美国学前教育体系的肇始，可追溯到 19 世纪上半叶的欧文幼儿学校及 19 世纪中叶的福禄培尔幼儿园。二者分别从英、德引进，后者

---

① 中国学前教育史编写组：《中国学前教育史资料选》，人民教育出版社，1989，第 227—229 页。
② 杨汉麟：《外国幼儿教育史》，人民教育出版社，2011，第 116 页。

影响尤大。美国第一所幼儿园（德语幼儿园）系由热衷移民事务的舒尔兹夫人（Mrs. Frau Karl Schurz）于 1855 年在威斯康星州的瓦特镇创办，恪守福禄培尔的理论办学。五年之后，皮波迪（Elizabeth Palmer Peabody）又在波士顿创办美国第一所英语幼儿园。19 世纪 70 年代后，公立幼儿园大发展。1880 年，"全美 30 个州都设立了属于学校教育系统的公立幼儿园"[①]。但在 20 世纪以前，只有少数几个州有专项经费支持公立幼儿园。进入 20 世纪后，各州政府积极参与与支持，促进了公立幼儿园的发展。1901 年公立幼儿园数量超过私立幼儿园。随着联邦政府学前教育管理机构的成立，如 1912 年成立联邦儿童局（Federal Children's Bureau），1913 年美国教育署（Office of Education）成立幼稚园教育司（Division of Kindergarten Education），并有计划发展学前教育，美国学前教育体系日趋完整，特别是公立幼儿园逐渐占据主流。美国学前教育制度在结构上与初等教育相互衔接，上下沟通。通过政府的介入，在法律上，保证儿童不分性别、民族、阶级和宗教信仰，人人都享有平等受教育的权利，可以在同一个幼儿园受教育。

《壬戌学制》的制定，实际也是从民间团体发起再到政府部门最后颁行。幼稚园也因政府的倡导，终于成为教育制度中的一级，得到较稳定的发展。随着时局的变化，国民政府还适时地建立了福利性质的托儿所。学前教育制度虽在初建阶段没有明确幼稚园与小学的关系，但在后来的不断完善过程中，幼稚园与小学的衔接逐渐明晰。如《幼稚园课程标准》中对课程教法的规定，打破了幼稚园的封闭性，为日后学生进入小学学习，进行社会性活动做准备。国民政府普及教育，以及用切实的法令保障男女公平受教育的愿望也得到了一定程度的体现。诸如《战时各级教育实施方案纲要》中对贫苦儿童受教育的重视，整个《壬戌学制》倡导的男女平权等，都体现出受美国学前教育的影响。

从学前教育制度的功能来看，欧美各国学前教育的演进时间长，在萌芽时期其机构均为慈善性质和自愿性质，较强调"保护、照顾"的功能，服务的儿童即所谓的家庭位于贫民窟、父母须工作的"文化不利"（culturally

---

① 王小英主编：《国内外学前教育改革与发展趋势》，东北师范大学出版社，2017，第 239 页。

disadvantaged）儿童。在演进过程中，教育学者和心理学者积极地参与并证实早期儿童教育的重要性，充实和改善儿童教育的观念和方法，使得学前教育机构在 19 世纪下半叶至 20 世纪初时转而强调"教育"的功能，进而成为教育系统的机构。法国有凯葛玛（Pauline Kergomard）等人宣传编织学校的教育功能；英国有麦克米伦姊妹（Rachel McMillan and Margaret McMillan）开启保育学校的教育功能；美国有皮波迪等宣传幼儿园的教育功能。他们的积极推动，使得学前教育机构的教育功能获得认可。此外，自 20 世纪初期，蒙台梭利、德可乐利和格塞尔（Arnold Lucius Gessell）等著名学者陆续从事儿童发展的研究与实验，发现早期教育的重要，并提出具体而实际的教育内容和方法后，学前教育机构的教育功能得到进一步肯定。

从清末到民国时期，中国幼稚教育与幼稚园制度的教育功能也在逐渐凸显并受到重视。除幼稚园在整个学校教育系统地位的提高，直接表现出其教育功能的加强外，《幼稚园课程标准》中涉及的课程范围对儿童教育也是多方面的，不仅开发儿童的智力，锻炼身体，培养德行，还注意儿童社会化的引导。即使在战争的非常时期，《战时各级教育实施方案纲要》也没有忽视幼稚园的教育功能，倡导"保育与教导"二者不可缺一。《幼稚园设置办法》从设置要求、运作原则等方面，直接或间接反映出幼稚园的教育使命。如规定要求养成良好习惯，其目的即培养儿童的合群性，促进其对社会的适应；再如设有各种幼稚园应有用具如挂画、乐器、黑板等教学器物，亦为达至幼稚园使命所需。清末蒙养院虽然也讲究保育的功能，但其附设于育婴堂和敬节堂，其教育功能可想而知。而民国教育部通过权威的政府法令、详细的规定规章，使幼稚园制度的功能真正发挥出来。

从学前教育制度的基础及开展来看，19 世纪上半叶，欧美各国学前教育领域以英国欧文为首的幼儿学校运动引领风骚；19 世纪下半叶，则是德国福禄培尔幼儿园运动独占鳌头。20 世纪初，福禄培尔教育理论中神秘主义与形式化因素受到批评，影响力逐渐降低。20 世纪上半叶，尽管蒙台梭利热一度兴盛，但美国进步主义教育运动理论、杜威的实用主义教育理论占据学前教育的主流。学前教育制度的实施都能体现出其理论精髓。例如在学前教育课程中，体现实用主义内涵的游戏居于显要地位。之所以如此是因为游戏是一项发现自我、与他人互动，以及内化社会规范的主要媒介和方法，对于幼儿的社会情绪以及认知发展也相当重要。

这一时期中国幼稚园制度的确立借鉴了西方学前教育的方方面面。特别是其反映出来的核心精神，深受 20 世纪上半叶扎根于欧美学前教育制度里的诸种理论影响。以《幼稚园课程标准》为例，其规定的"幼稚教育总目标"，没有从成人的角度去要求德、智、体、美几方面达到一定的水平，而是从"儿童本位"的角度强调给儿童带来应有的快乐，培养儿童的良好习惯。"课程范围"的规定符合儿童在学前阶段的接受能力，以寓教于乐的形式锻炼儿童各种能力，尤其是社会化的培养，其中就包括通过"游戏"提高生理素质，更重要的是训练"互助、协作、合群守纪律、公正、耐苦等社会性"①品质等。这种围绕儿童社会化问题来建构保育内容的特点，与杜威实用主义教育学说重视培养适应社会生活的公民、调和个人与社会的矛盾的论述相一致。此外，"课程范围"里还有直接仿照蒙台梭利教育的内容。"教育方法要点"采用的设计教学法，更是直接对以实用主义教育为主旨的教学方法的照搬。所以，《幼稚园课程标准》从目的、核心内容、方法上，无一不受西方特别是美国实用主义教育理论的影响。

我们也应当看到，民国后期的幼稚园制度在制定与完善中，虽然借鉴、参考了西方各国（包括日本）的学前教育制度，但没有直接照搬某个国家的学前教育制度。加上张雪门、陶行知、陈鹤琴等人长期坚持进行本土化幼稚园实验，不断积累经验，为完善中国幼稚园制度提供了帮助。幼稚园制度初步实现了在适合中国国情的前提条件下，"取其所长，为我所用"。与之相应，幼稚园制度注意根据中国各地实际状况，因地制宜；幼稚园的设备尽量中国化，幼稚园设置或开发课程时，努力体现具有民族特色的一面，如注意将中国民间传说、历史故事等融入其中；等等。这些举措为中国学前教育制度本土化乃至近代化发挥了重要作用。

① 中国学前教育史编写组编：《中国学前教育史资料选》，人民教育出版社，1989，第233页。

第四章

近代化进程中的中国学前教育机构（上）

前文已从思想理论和制度层面，对中国学前教育在接受西方元素影响后的变化进行了分析与研究，下面将目光转向器物层面与实践层面进行探讨。考虑到实践层面或器物层面中国学前教育发展变化的内容比较厚重，现拟以两章的篇幅对其办学与教学两方面情形分而述之。本章致力于探讨中国近代学前教育机构的办理、管理及发展历程。

第一节　清末近代学前教育机构的萌芽

　　鸦片战争以后，中国沦为半殖民地半封建社会，外侵资本势力在中国大肆掠夺廉价劳动力，办工厂、开矿山、筑铁路。大工业生产使得原来的农民、手工业者纷纷破产，一部分妇女因生活所迫，走出家庭，加入劳工行列。自洋务运动发生后，中国自身的经济领域也出现了旷古未有的改变，官办企业与民间资本的逐步成长，使得工商经济成分日渐壮大且不断地冲击着传统的自给自足的农耕经济。于是，自给自足的封建生产关系被打破，传统男耕女织的家庭结构发生改变。这种社会转型过程中家庭及其成员角色的变化，使得传统的儿童（尤其是幼儿）抚育方式也被迫发生改变，预示着一种新式的教育机构要来顶替家庭的教育工作。所以清末通过仿照外国幼稚园而创办的中国学前教育机构应需而生。

　　此外，洋务运动后，在洋枪洋炮的刺激下，各式新式学堂应运而生。以学习西方为契机，学前教育机构也在 20 世纪初试图"迎头赶上"。蒙养院制度的确立，使得中国各式学前教育机构有了发展，它们成为中国近代学前教育机构的新尝试。据袁希涛在《五十年来中国之初等教育》中的统计：光绪三十三年（1907），蒙养院幼儿数为 4893 人，占初等小学生数的 5.46%；光绪三十四年（1908），其人数为 2610 人，占初等小学生数的 2.26%；宣统元年（1909），其人数为 2664 人，占初等小学生数的 1.80%。[①] 有关数据竟呈逐年递减态势，说明新生事物发展之不易。整体上，尽管中国近代学前教育事业的开始较为曲折艰难，但为以后的发展奠定初步基础。另外，在中国学前教育机构开办之前，教会开办的幼教机构就随着教会学校的建立而进入中国。虽然它先于中国学前教育机构开办，但是二者在清末的交集很少。然而

---

　　① 袁希涛：《五十年来中国之初等教育》，《最近之五十年（1872—1922）》，申报馆，1923 年，第 258 页。

中国在创办幼教机构时毫无实践经验可言，教会幼教机构实际上是一个潜在的参照物或借鉴对象。据说张之洞在湖北兴学时，曾经派梁鼎芬去教会所办的教育机构进行过考察。教会开办的幼教机构既可以看作中国近代学前教育机构萌芽的先行者，也是国人学习西方学前教育的一个重要的直观渠道。

一、教会开办的慈幼机构

第一次鸦片战争失败后，清政府签订了一系列不平等条约。借助这些条约所赋予的种种特权，来自英、美、德等国十余个基督教（新教）差会及天主教会遂纷纷在广州、厦门、福州、宁波、上海等沿海口岸城市设立教堂、学校、医院，并开设了多所孤儿院和慈幼院等。有关资料显示，早在 19 世纪 40 年代，教会就在湖南衡阳开办了一所慈幼院，"以后这种机构增多起来"[①]。比如，1855 年，法国天主教耶稣会属下的巴黎耶稣会教士南格禄（Claude Gotteland）、艾方济（Franciscus Esteve）等在上海创办圣母院，1867 年，又创办圣母院育婴堂。1885 年，美国圣公会在上海圣玛利亚女校亦附设育婴堂。到 1903 年，据林乐知统计，仅耶稣教各会在华所设育婴堂就有 9 所，共收有男孩儿 5 人、女孩儿 293 人，共 298 人。[②] 与中国传统慈善机构"重养轻教"不同，教会组织及其人士开办的这些慈善机构虽说不是专门的教育机构，但他们除了对收养的儿童救济帮助，还会进行一定的教育，也就是养与教二者并行。正是在这种慈善机构及其事业的基础上，一种名为"小孩察物学堂"的教会学前教育机构随之出现在中国大地上。

（一）教会开办学前教育机构概况

教会最早在华开办专门学前教育机构的时间，限于笔者手头可见的资料，尚难查证。但从 1860 年起到 1877 年止，教会兴办的教育机构进入一个新阶段。不仅限于香港和"通商五口"，而且在其他城市也开办有教会学校，与之相应，用于学前教育的机构也日益增多。其中 19 世纪 80 年代，已知外国教会在沿

---

① 何晓夏、史静寰：《教会学校与中国教育近代化》，广东教育出版社，1996，第 85 页。
② 何晓夏、史静寰：《教会学校与中国教育近代化》，广东教育出版社，1996，第 85 页。

海口岸福州、宁波、上海等地设有名曰"小孩察物学堂"的学前教育机构，招收六岁以下儿童。

"小孩察物学堂"一词，最早见于1905年林乐知撰写的《全地五大洲女俗通考》一书。其原意与幼稚园同义，或者说是外国教会在华开办的早期教会幼稚园的另一个名称。教会学前教育机构多是直接将西方的幼稚园"搬到"中国。如英国基督教公会韦玉振牧师与夫人韦爱莉，于清光绪二十四年（1898）在厦门鼓浪屿创办幼稚园，命名为"怀德幼稚园"（现名为厦门市鼓浪屿日光幼儿园）。有人称它是文献记载的"中国第一所幼儿园"①。该园的入园幼儿大部分是四到六岁的基督教徒子女。幼稚教育的内容除宗教教育外，多采用福禄培尔和蒙台梭利的教育模式，注意发展儿童的感觉器官，还教幼儿学习数学、自然科学、语言文学、绘画、手工、唱歌等，其中游戏、"恩物"占有主要地位。所使用教材、教具大部分由英国直接运来，并由一些牧师夫人和女传教士负责。林乐知对此类学前教育机构作了进一步说明：

> 泰西蒙学，始于幼稚园，亦称察物学堂。小孩未读书之前，先使察物，就其目所能见，手所能抚，耳所能闻之物，皆使记其名字，及其造法、用法。故至读书识字之时，能收驾轻就熟之效也。②

由是可知，幼稚园或"小孩察物学堂"较重视日常知识的教学，为日后幼儿进入小学奠定基础。这是该类机构与教会所办慈善机构的最大不同。

教会学前教育机构最开始仅为牧师的子女服务，但当时外国传教士在华布道困难重重，于是他们便把目光放到容易受教的儿童身上，再加上传教士们逐渐认识到开办学校在传教中的效用，所以不久他们开始在自己开办的学前教育机构中招收教徒的子女。如怀德幼稚园的入园儿童大部分是四到六岁的基督教徒子女，最后扩展到一般人的子女。据《全地五大洲女俗通考》记载，"耶稣教各会在华所立学校"，其中"小孩察物学堂（幼稚园）六所，学生数194人（男女各半）"③。20世纪以后，教会设立的学前教育机构多采用幼

---

① 参见百度百科的"怀德幼稚园"词条。此说只是一家之言。关于中国更早（或最早）的幼儿园，一般历史记载不够周详，故尚有探讨余地。

② 李楚材辑：《帝国主义侵华教育史资料——教会教育》，教育科学出版社，1987，第418页。

③ 李楚材辑：《帝国主义侵华教育史资料——教会教育》，教育科学出版社，1987，第13页。

稚园这一名称。"小孩察物学堂"这一名称遂不再使用。

教会学校在开办之初,难以招收到学生。为解决这一问题,学校一方面给予优惠措施,比如免费提供衣食住宿,甚至发给零用钱等,另一方面引入一些先进科学的教育内容借以吸引人们的眼球,迎合当时人们对西学的渴望并采取某些本土化措施以降低人们的抗拒心理。儿童能在幼稚园里学习到粗浅而零星的数学、自然科学知识等。这类幼稚园有的甚至表现出对中国传统文化及礼仪风俗等的尊重,出现"中国化"趋向。教会学校既用心传教,又注重传授文化知识,从而一定程度上具有"世俗化"的特点。同样,教会幼稚园也从"宗教化"转向一定程度的"世俗化"。

随着西方列强对中国进一步侵略,教会幼稚园的开设不再局限于沿海口岸城市,而是开始深入内陆地区。如 1905 年,芬兰差会在湘西大庸县设立大庸县福音堂幼稚园;又如 1906 年,美国监理会牧师帅洁贞(Clara Stegar)在浙江吴兴北城开设湖郡女塾幼稚园等。为方便引导儿童信仰基督,幼稚园大多附设在教堂内或教堂附近,甚至在传教士自身的住所。总体上看,清末教会创办的学前教育机构大多带有明显的依附性质,或附属于教会,或附属于教会学校。如前面提到的大庸县福音堂幼稚园,它的办学经费来源于芬兰和本地教会,由教会直接管理。当然,也有少数单独设立的教会幼稚园。如1911 年 9 月,美国长老会碧卢夫人(Mrs. Biglow)在广州开设私立慈爱幼稚园,园址在西关长老会内。1900—1911 年间,教会学前教育机构发展迅速,其机构数量和招收人数都远远超过国人所办的蒙养院等同类机构。这种局面一直持续到民国时期。

与此同时,教会逐渐改变原先免费入学政策,招生时以收取"教会津贴"为名收取高额学费,并将招生对象开始转向权贵富商子弟。例如 1865 年上海《北华捷报》登载的上海英华学堂一则招生通告:"在沪外侨决定在英租界内开设一所高标准的、有才能和有效管理的学校。……学费,包括书簿费每年收银五十两,先付后学。招收十至十三岁的男生,安排在校学习七年。"①同样,教会设立的学前教育机构所具有的慈善特点也逐步转向一般化,开始

---

① 《招生通告》,《北华捷报》1865 年 7 月 12 日。

收取学费以达自养。例如，由美国教会创办，成立于1910年的柏美兰女塾幼稚园，其学费"初等每学期六元，高等九元。膳宿费，每学期三十五元"①。根据1902年颁布的《新定北洋督练处薪公饷项章程》得知，该处高官固然月薪可达饷银300两（还不算可观的公费职务报销），而职务较低的收发文件委员每月薪金仅为饷银16两。最低收入的"三处及各股清书"各月支饷银仅12两。由此薪级状况可见，其时非富贵家庭难以承受教会幼稚园如此高昂的学费。

小孩察物学堂的教师最先由牧师或牧师夫人担任，随着教会学前教育机构的增加及其事业的发展，需要合格的学前教育师资。中国最早开办的教会学前师范培训机构也在19世纪末开始出现。1892年，美国监理公会传教士海淑德（Laura Askew Haygood，同时也是林乐知的助手）女士在上海就开办了幼稚园教师培训班。"该班每周六下午上课，收学生20名。"②1898年，美国卫理公会传教士金振声女士，在苏州城内慕家花园创设英华女塾。该校在创办初期就举办幼教师资培训班，后增设幼稚师范科。其他比较有影响的兼负幼教师资培训功能的学校有：岭南大学于1904年所设的高等幼稚师范专科部；1905年在北京开办的华北协和女子大学附设的幼稚园教师训练班。此外，还有厦门怀仁女中、苏州景海女学等。为培养幼教师资，它们一般招收有基督教信仰且有一定文化素质的女子，以利其具备毕业后能顺利在幼稚园任职的条件。

（二）教会开办学前教育机构的原因

教会热衷于在华办学，当然不是单纯抱着无私奉献的精神来帮助中国发展教育事业，而是以整个中国基督化，或曰用基督教精神从思想层面征服中国为根本目的。教会开办学前教育机构的缘由也是如此。西方殖民势力入侵中国采取双管齐下的策略：一面以强大的军事武力掠夺与瓜分中国，一面以看似温和的文化攻势来消除中国人的民族意识，以基督教义占据中国人的思想。

---

① 陈晴：《清末民初新式体育的传入与嬗变》，华中师范大学出版社，2007，第31页。
② 唐淑、钟昭华主编：《中国学前教育史》，人民教育出版社，1993，第85页。

可是，在传教之初，教会办学进展得并不顺利。第一次鸦片战争后，在受伤的民族感情混合着儒家文化本位主义，再加上文化传统的惰性与"闭关自守造成的愚昧落后"① 等多种因素共同作用下，教会学校在国人心中成为侵略者或妖魔者的化身，无不遭到抵制与排斥，其办学情状极为惨淡。经过第二次鸦片战争及随之而来的中外一系列不平等条约签订后，传教士在华办学受到了条约的保护，中国政府失去了对传教士办学的控制，教会学校在保护伞的庇佑下发展起来。他们在中国传教办学扩大了范围，突破了区域，并摆脱了办学初期门可罗雀的局面。

1877 年第一次基督教传教士大会召开后，教会人士认识到，"教育在中国是晋升到上等阶层的最佳途径"②，"基督教会应把教育作为它们工作的一个重要组成部分"。③ 帮助教会争取信徒，培养可靠的牧师，传播基督教义，逐渐成为传教士们的共识。当时的中国开始面临学习科学文化的潮流，教会学校开办者逐渐认识到，"科学不是成为宗教的盟友，就是成为宗教最危险的敌人"④。倘能顺应潮流，将体现西方文明的科学、艺术引进中国，"就会为基督教取得普遍胜利开辟一条光明大道"⑤，实现他们借办学之名载传教之道的愿望。

甲午战争后，中国民众爱国情绪高涨，不少人士抱有学习西方的热情。但学习西方先要懂得西方的语言文字，这样才能读懂西方的书籍，才能谈所谓的向西方学习。教会学校不失为国人学习西方文化特别是西方语言文字的一个窗口。1900 年庚子事件以后，西方列强在华势力进一步渗透。西方列强控制的海关、铁路、银行等高级职员"非教会学校毕业生不收"，使教会学校"造就服从西方的知识干部的社会职能"逐步明显化。⑥ 如此规定也在诱使学生进入教会学校。1895 年到 1911 年，是教会学校发展最快的一个时期。

教会学校开办学前教育机构的直接原因是通过学前教育进行宗教宣传费

---

① 崔运武：《近代中国教会女子教育浅析》，《史学月刊》1988 年第 2 期。
② 陈学恂主编：《中国近代教育史教学参考资料》（下），人民教育出版社，1987，第 11 页。
③ 陈学恂主编：《中国近代教育史教学参考资料》（下），人民教育出版社，1987，第 2 页。
④ 陈学恂主编：《中国近代教育史教学参考资料》（下），人民教育出版社，1987，第 10 页。
⑤ 陈学恂主编：《中国近代教育史教学参考资料》（下），人民教育出版社，1987，第 10 页。
⑥ 陈阳凤、丁美华：《湖北省教会学校的沿革及其接管述略》，《华中师范大学学报》（哲学社会科学版）1987 年第 2 期，第 118 页。

用低廉、收效最大。《直隶藩司增筹办省城女学堂附设幼稚园请立案文》（1907）写道："……核计每月已需经费四百余两，日来附学增加，及添设幼稚园，每月约需五百金，方足敷用。"① 该女学堂所附设的幼稚园招收一百余名四岁以上七岁以下者。由此可推断，规模为 100 人左右的幼稚园，每月基本开销不足 100 两，办学费用十分低廉。另外，林乐知等传教士自然明白及早施教的道理。

在实施宗教教育时，他们认为"吾闻善诱敌者，即以敌人之所以诱人者诱之，然则幼稚之年，正就我范围之时，而亦吾党所宜注意之时也"；且"幼稚园者，导儿童以实行，始知有权利，而后毕生之行事，由习惯而成自然，习之既久，但使不误于趋向，则充其能力，虽他年任之以艰巨，亦不足畏矣"②。那么"吾党传道之士，苟知劝道华人之法，惟幼稚园之收效为最大。吾知其必置他事于缓图，而以是为先务"③。麦女士也说："欲造民主国国民根基，除幼稚园外，无他术也。欲使街巷顽童，家中劣子，成为安分之小国民，除幼稚园外，亦无他术，能收效若是之速也。"④

在此形势下，受其影响，小孩察物学堂或者教会幼稚园等被认为是传教的最佳场所。除了灌输宗教信仰，还能培养儿童智力和德性，这就使得这种学前教育机构受到欢迎，由是越来越多的人愿意接受基督教教育。

洋务运动以后，清政府从实务的角度出发，将中国新式学堂发展的着眼点更多地放在专门训练的专科性质学校，而无暇顾及学前教育。教会及其传教人物恰恰抓住了中国学前教育缺失而国人需要新式教育的机会，积极发展幼教事业，站稳了脚跟，为教会学前教育机构布道讲经开辟了门路。洋务运动无暇顾及学前教育的缺憾成为教会学前教育机构发展的间接原因。

虽然外国教会在中国开办学前教育机构，并不是为了发展中国的学前教育，而是以期从小在中国儿童内心种植下宗教信仰，进而达到以基督文化彻

---

① 李桂林、戚名琇、钱曼倩编：《中国近代教育史资料汇编·普通教育》，上海教育出版社，1995，第 20 页。

②［美］林乐知：《论中国亟需设立幼稚园》，《万国公报》1905 年第 201 卷。

③［美］林乐知：《论中国亟需设立幼稚园》，《万国公报》1905 年第 201 卷。

④［美］麦女士：《基督教女子教育》，载李楚材辑：《帝国主义侵华教育史资料——教会教育》，教育科学出版社，1987，第 237 页。

底征服中国的目的，其本质是一种文化侵略，但是如果抛开民族情感，不可否认，教会所设立的小孩察物学堂、幼稚园以及幼师培训机构等，客观上为近代中国建立学前教育机构和师资培训机构提供了重要的借鉴；同时在中国学前教育机构缺失的情况下，教会开办的学前教育机构在一定程度上满足了中国家庭生活模式变化后的需要，冲击了中国传统的封建家庭教育，给封闭的中国输入了西方学前教育的"新鲜血液"。

二、官方开办的学前教育机构

在《奏定蒙养院章程》颁行之前，中国已有官方创办的学前教育机构——湖北幼稚园（1903）。蒙养院制度确立前后，各地先后开办起零星的学前教育机构。其中京师第一蒙养院（1903）、湖南蒙养院（1905）、福州幼稚园（1907）、上海公立幼稚舍（1907）、山西育婴堂附设蒙养院（1908）、湖南省女子师范附属蒙养院（1911）等，是其时较为知名的官办学前教育机构。它们虽然名称各不相同，但大多采用日本模式办学，间接学习到西方学前教育的办学经验。

（一）模仿日本办学

清末官办学前教育机构既然以《奏定蒙养院章程》为指导，而蒙养院制度借鉴日本，间接受西方学前教育影响，那么清末官办蒙养院的办理在很多方面必然与日本幼稚园大致相同。

在幼儿保育方面，大多数蒙养院与日本幼稚园的开设目的相同——辅助家庭教育。如京师第一蒙养院是以振兴家庭教育为办学宗旨。上海公立幼稚舍制定的《上海公立幼稚舍章程》，开篇即强调"谨遵奏定学堂章程蒙养院办法"[①]。其宗旨强调调护儿童身心，改良家庭习惯，与"蒙养家教合一"的宗旨完全一致。在保育宗旨方面，日本幼稚园大多旨在"一为发达其健全身体，二为涵养其善良习惯，三为练习其觉官因应"[②]。清末官办蒙养院以此为办园

---

① 李桂林、戚名琇、钱曼倩编：《中国近代教育史资料汇编·普通教育》，上海教育出版社，1995，第 11 页。
② 《论幼稚园》，《东方杂志》1907 年第 3 期。

宗旨，强调调护儿童身心，改良儿童的习性。

清末官办学前教育机构教材、器具与设施的配备，也和日本幼稚园基本相同。湖南蒙养院通过模仿日本幼稚园的教育，采用德国福禄培尔创造的"恩物"，包括木积、板排、箸排、镶排、豆细工、纸织、纸折、纸剪、纸刺等。一些蒙养院还聘请了日本师资。比如京师第一蒙养院的院长原是一位从日本保姆师范毕业的学生，湖北幼稚园和湖南蒙养院直接聘请日本保姆充当教员，此外，小野八千代在南京弁敏女学堂幼稚园，酒井余野在安庆布政使衙门幼稚园，山口政子、前田新子分别在奉天第一、二蒙养院工作等。

在幼稚园运作方面，日本文部省于1884年实行奖励开设简易幼儿园办法后，日本开设一大批收费低廉的幼稚园，入园者可免收学费或只收少量入园费，以促进公共学前教育的发展。20世纪初，日本幼稚园的学费一般"每月每儿纳费一元五十钱，多寡不等，盖须购玩物以为教导之资料。然亦有贫寒免纳者，则设分室以教之"①。虽然《奏定蒙养院章程》没有涉及学费问题，但清末官办学前教育机构在模仿日本幼稚园办理过程中，同样采取仅收低廉学费这一做法，以补益贫民生计。上海公立幼稚舍的学费"每月脩洋一元二角，每年作十个月，逢闰照加。贴膳者，每月加一元五角。又每半年杂费洋三元（果点、纸笔、仆人赏均在内）"②。与教会幼稚园的学费相比，蒙养院的收费低廉得多。

在招收对象上，清末官办学前教育机构与日本幼稚园也大致相同，一般男女儿童兼收。清末蒙养院因各地区情况不同，其招收儿童的学龄稍显不同。但一般招收三至八岁年龄范围内即入小学堂以前的儿童。如湖南蒙养院规定三岁以上未届学龄的儿童（六、七岁）皆可入园；上海公立幼稚舍的儿童学龄要求："自五岁至八岁，足九岁以上应入小学堂，本舍概不收录。"③另外，清末官办蒙养院的教学科目和教育内容、方法，也多以日本幼稚园教学为主（下章将具体论述）。

---

① 《论幼稚园》，《东方杂志》1907年第3期。
② 李桂林、戚名琇、钱曼倩编：《中国近代教育史资料汇编·普通教育》，上海教育出版社，1995，第11—12页。
③ 李桂林、戚名琇、钱曼倩编：《中国近代教育史资料汇编·普通教育》，上海教育出版社，1995，第12页。

　　总体说来，清末官办学前教育机构的办学基本依照《奏定蒙养院章程》的相关规定进行。对《奏定蒙养院章程》没有具体规定的问题，蒙养院或幼稚园在办理过程中也并非完全照搬日本办学经验，而是根据实际情况酌情处理。

　　关于招生规模，日本的幼稚园一般按《幼稚园保育及设备规程》的规定办学。其规定为："一名保姆可保育 40 名以内的儿童。一所幼儿园可招收 100 名儿童，个别情况可招收 150 名儿童。"[①] 在实际办园中，日本幼稚园限招收三岁以上幼儿，且"分为三班"："五岁以上为一班，可直入小学校，四岁至五岁为二班，三岁至四岁为三班。"[②]《奏定蒙养院章程》里对蒙养院招收幼儿人数的要求，"由地方官及绅董体察情形酌办"[③]。然兴学尤重筹款，而当时各地经费紧张，且师资有限，在此情况下，蒙养院招生规模没有一味向日本幼稚园看齐，规模较小，一般也没有按年龄分班。京师第一蒙养院定额 50 名，安徽公立女学堂附设幼稚园定额 40 名，上海公立幼稚舍定额 40 名，山西育婴堂附设蒙养院共有幼儿 62 人。

　　有的蒙养院自己制定的办学章程也是在《奏定蒙养院章程》的基础上加以细化而成。在与《奏定蒙养院章程》实质不矛盾的条件下，《上海公立幼稚舍章程》对幼稚舍基本运行做了附加要求：

　　　　除节假外，勿无故旷课。报名须开姓名、男女、年岁并某月生、家长姓名、本籍及现在住址，又保人姓名、住址。早晚领送须按照上课、散课时刻，勿过早过迟。初入舍时，如年龄过稚，可由家人或女仆陪同数日，以期习熟，惟勿入课堂以及高声呼唤。来舍参观者，须由本舍职员导引，勿任意走动。学生如有不便处，尽可由学生家属面询，或函达，其但由仆从传言者，不作为凭。[④]

　　这些细化规定能保障幼稚舍的正常办学，同时针对幼小儿童一时难以适应幼稚舍生活的问题做出灵活性规定，便于贯彻执行。

---

① 梅根悟主编：《世界幼儿教育史》（上册），刘翠荣等译，吉林人民出版社，1986，第319—320页。
② 《论幼稚园》，《东方杂志》1907年第3期。
③ 璩鑫圭、唐良炎编：《中国近代教育史资料汇编·学制演变》，上海教育出版社，1991，第395页。
④ 李桂林、戚名琇、钱曼倩编：《中国近代教育史资料汇编·普通教育》，上海教育出版社，1995，第12页。

（二）个案举例：湖北幼稚园的创办

在清末的蒙养院中，湖北幼稚园不仅是近代中国学前教育机构中的领头羊，也是以张之洞"中体西用"思想为指导，实现学前教育制度构想的开端。因当时借鉴日本的方方面面已成大势，从湖北幼稚园的筹办到真正的办理，无不借鉴日本学前教育机构办理的模式与经验，进而间接受到西方元素的影响。

1902年9月，张之洞与湖北巡抚端方联名呈奏《次第兴办学堂折》，里面就谈到日本学校的情况。明治三十一年（1898），日本"虽穷乡僻壤，赤户单丁，或开夜学及半日学校、隔日学校、日曜学校，免其束脩，假以书籍及教科用具，而国中幼稚园已过三百所，尚议扩充……国之强弱由于民之智愚，日本之兴，盖在于此"[1]。从中可以看出张之洞等人已有仿照日本幼稚园设立学前教育机构的打算。1903年9月，由张之洞谋划、端方主持开办的湖北幼稚园在武昌寻常小学堂（后又称模范初等小学堂）内正式开办。鉴于当时国内尚无专门的幼教师资，特聘请三名日本女师范生任教，分别是户野美知惠、大杉森、丹雪枝子。[2] 其中，户野美知惠毕业于东京女子高等师范学校并留校任教，应聘到湖北后任湖北幼稚园园长。

户野美知惠上任后，随即以日本幼稚园办园模式开展工作。1904年由她主持拟定的《湖北幼稚园开办章程》，无不遵循日本的《幼稚园保育及设备规程》："无论是幼稚园的教育宗旨，还是教学内容都和日本在1899年（明治三十二年）公布的《幼稚园保育及设备规定（程）》中的完全一样。甚至对幼儿的教学内容中，都有日语一项，其受日本的影响，可想而知。"[3]

在幼儿保育方面，湖北幼稚园借鉴日本经验，以辅助家庭教育为目的，以德、智、体三育为保育之旨。日本教育虽然重视智育，但幼稚园教学中绝无读书、识字等课，有之，则惟小学之初级。湖北幼稚园同样遵循这一重要原则，重养不重教。《湖北幼稚园开办章程》基本规定为："幼稚园因

---

① 张百熙：《遵旨议奏湖广总督张（之洞）等奏次第兴办学堂折》，载谭承耕、李龙如校点《张百熙集》，岳麓书社，2008，第33页。
② 黎仁凯等：《张之洞幕府》，中国广播电视出版社，2004，第106页。
③ 汪向荣：《日本教习》，生活·读书·新知三联书店，1988，第172页。转引自周积明主编《湖北文化史》（上），湖北教育出版社，2006，第680页。

家庭教育之不完全而设，专辅小儿自然智能、开导事理、涵养德性，以备小学堂之基础为宗旨。幼稚园重养不重学，儿童未及学龄之年，皆其当期（三岁以上六岁以下）。有此蒙养，将来就学自然高人一等。"湖北幼稚园"设园旨趣"有三："一、保全身体之健旺，体育发达基此；二、培养天赋之美材，智育发达基此；三、习惯善良之言行，德育发达基此。"这与日本幼稚园的办园目的与宗旨如出一辙。关于每日保育时间，湖北幼稚园稍短，但与日本幼稚园一样，保育活动都在上午进行："审定保育时间，每日三点钟为度：春分以后早八钟来园，十一钟半归家；秋分以后早八钟半来园，十二钟归家。"①

对幼稚园硬件设施基本配备，湖北幼稚园与日本幼稚园大致相同。《湖北幼稚园开办章程》里说明："本园所设场室凡十有一：曰开诱室、训话室、游戏室、陈列图书玩具室；室外有场，曰游嬉场，场有山曰游戏山，山有亭曰游戏亭，凡以资养教育者皆备；其他则保姆助教休息室，看管小儿仆妇室，会计办公室，接应宾客室，亦略具焉。"②但没有进一步对幼稚园的教学设备详细说明。

在幼稚园运作管理方面，湖北幼稚园主要招收本省儿童，基本贯彻日本开办幼稚园学费低廉的传统，以免费为原则。《湖北幼稚园开办章程》规定："本园一切服装、图书、保育物品，均属官备，惟不备餐饭。本省小儿入园免收学费。"如果外省儿童入园，费用稍高，"外省小儿入园每月须纳学费洋四元。外省小儿入园，首月学费限于受业后五日由其父兄或引证人纳入，其每月学费则以初十为限，一体交纳"③。其他管理条例大致包括："小儿愿入园者，须将族贯姓名、生年月日及父母引证人姓名住所，详细开呈以凭查核。凡经挑选愿入园小儿，于入园之日，务须由其父兄亲填愿书，愿以后令小儿遵守园章，绝不违背。愿书式略。入园小儿不论男女均须有引证人作保，立保证书。保证书式略。入园小儿，其父母及引证人移居之际，务须来园启告。小儿或病或有事故逾三日不能来园者，则须启告其事由。

---

① 《湖北幼稚园开办章程》，《东方杂志》1904 年第 11 期。
② 《湖北幼稚园开办章程》，《东方杂志》1904 年第 11 期。
③ 《湖北幼稚园开办章程》，《东方杂志》1904 年第 11 期。

小儿欲退园者，须由其父兄及保证人申明事故乃可，若罹恶疾，应归医治，则宜速退。"[1]

在招收对象上，湖北幼稚园开办之初都带有一定学前班性质，这与日本幼稚园稍有不同。《湖北幼稚园开办章程》要求："本园暂定额八十名，男女均收，限一年卒业后，另有推广办法。本园招收小儿，以五岁至六岁为率。本园挑选此班小儿，即小学堂之预备科，务须气质聪强、体格一律，方易施功；若身体高下不一、气质暗弱及有疾病者，一概不收。"在小儿班的幼儿一年卒业，即升入本园初等小学堂后，才"另招幼稚，则以四岁上下为率，二年卒业"[2]。

值得一提的是，在《湖北幼稚园开办章程》中，最后两条是关于添设幼稚园保育科，以培养幼稚园保姆："第二十一条，幼稚园添设保育科，本科生徒赖有实地练习保育之方，请求保育，庶有经验。第二十二条，保育科为幼稚之先事，初等小学为蒙养之升阶，盖相以为用者，设园为主，二义为辅。"[3]1903年年底，张之洞在与瞿鸿禨往来的信函中，经常提到"保姆院章程"改订等问题，可见其时湖北幼稚园已在着手设立相关科部，用于培养师资。1904年2月，湖北幼稚园附设女子学堂正式开办，招收15—35岁青年妇女专门学习保育学科，这是中国幼儿师范教育的萌芽。[4]据称当时女学堂有学生"六七十人之多"，直接由日本教习讲授必要的保育知识。但由于当时女学风气未开，女子上学成为轰动一时的新闻，路人闻之，争相观看，指指点点，飞短流长，甚至与学堂门卫发生纠纷。有鉴于此，张之洞乃在《两湖总督张札幼稚园文》中称，因"恐习染纷歧，喜新好异，必致中国礼法概行沦弃，流弊滋多"，故而原幼稚园内附设之女学堂于1904年秋明令予以裁撤；"有愿学习女子师范家庭教育及保育教导幼儿之事者，准其分别附入敬节学堂及育婴学堂内一体教授，每堂不得过三十名；其未出嫁之室女，即毋庸附入此

---

① 《湖北幼稚园开办章程》，《东方杂志》1904年第11期。
② 《湖北幼稚园开办章程》，《东方杂志》1904年第11期。
③ 《湖北幼稚园开办章程》，《东方杂志》1904年第11期。
④ 何晓夏主编：《简明中国学前教育史》，北京师范大学出版社，1994，第96页。

两学堂，以示限制而昭区别"。①

虽然湖北幼稚园后来的发展较为曲折，但是它的创办打破了中国学前教育以家庭为中心的局面，是中国学前教育社会化、近代化之滥觞，也是间接受西方元素影响的结果，故而其示范作用功不可没。在其开办以后，"各地也相继设立幼稚园，都聘用日本女教习来主持。对各幼稚园中担任保育工作的保姆，也有专设培训班负责培训的"②。

三、民间私立学前教育机构

在《癸卯学制》颁行以后，由民间人士或达官富绅或其他团体开办的蒙养院发展势头较为良好。其时影响较大的私立学前教育机构，有上海务本女塾附设幼稚舍（1904）、天津严氏蒙养院（1905）、上海私立爱国女学社附设蒙养院（1907）。此外，还有江苏金山县怀仁幼稚园（1908）、北京曹氏家庭幼稚园、湖南周氏女塾附设幼稚园等。官办学前教育机构大多只设立在省城或经济发达地区，私立学前教育机构发动民间办学力量，将学前教育机构带入中小城市或经济不发达地区，如：江西宜黄县职妇吴陈氏"因江西省女学未兴，慨捐巨款，在县设立女学堂，附设幼稚园，以为之创"③；"（江苏）句容，黄孝廉芳之母周氏，近与职妇陈赵氏等，捐资开办女学堂一所，并附设幼稚园"④；"皖绅张君振埙等集款设一竞化女学堂，招收学生八十名……并拟附设幼稚园一所，凡学生之子侄弟妹……均可携带入园云"⑤。私立学前教育机构的创办大大弥补了官办学前教育机构布局不全及数量不足的缺点，满足了一些地区对学前教育机构的需求。

---

① 张之洞：《两湖总督张札幼稚园文》，《东方杂志》1904 年第 7 期。笔者按：据李桂林、戚名琇、钱曼倩编《中国近代教育史资料汇编·普通教育》，将张文篇名写为《札学务处办敬节育婴堂文》。
② 汪向荣：《日本教习》，生活·读书·新知三联书店，1988，第 172 页。转引自周积明主编《湖北文化史》（上），湖北教育出版社，2006，第 681 页。
③ 李桂林、戚名琇、钱曼倩编：《中国近代教育史资料汇编·普通教育》，上海教育出版社，1995，第 25 页。
④ 《各省教育汇志》，《东方杂志》1907 年第 7 期。
⑤ 《各省教育汇志》，《东方杂志》1906 年第 5 期。

（一）私立学前教育机构概况

私立学前教育机构一般会向属地衙门立案，同样以《奏定蒙养院章程》为办学原则，模仿日本幼稚园办园。

在办学宗旨与目的方面，各私立学前教育机构大多以调护儿童身心、改良家庭习惯为宗旨。

在机构设施与师资方面，资金雄厚的蒙养院拥有条件较好的设施与设备。能筹集足够资金的私立幼儿园也不遑多让，如由流亡海外的康有为和梁启超等人成立的保皇会设立的广州南强公学附属幼稚园，就是条件较佳的私立学前教育机构。该园内部设施一应俱全：

> 保育室一所，陈列小风琴数具；游戏室一所，内设大风琴一座；游园一所，内有浅水池一区，花坛二区。此外，又有职员室、应接所、跟人暂寄室、标本室、小使室等。所置器具，如幼儿用凳、幼儿用桌子、幼稚园黑板、乐器、"恩物"、图画、寒暑计、时辰钟、游戏器具、救急用具、身体检查器、石板、石笔、五色粉笔、暖室器等。①

广州南强公学附属幼稚园基本是日本幼稚园硬件设施的翻版。不少私立学前教育机构都注意保姆的素质。例如，山西官员曹滋田自捐廉俸创设的幼稚园在设立之前就在上海聘请了两名保姆赴山西任教。还有的蒙养院直接聘请日本保姆，如张謇于南通设立的私立幼教机构即是如此。

在机构经营方面，私立学前教育机构多由私人捐款设立，捐款人大多富甲一方，并抱有一腔振兴地方教育的热情或是教育救国的愿望，而非以营利为办学目的，所以私立学前教育机构收费同样较为低廉。如上海务本女塾附设幼稚舍，每月仅收束脩一元二角；又如南京旅宁第一女学附设幼稚园每生每月交纳脩膳金二元，入园之始须先缴五个月脩膳金。

在入学对象上，清末私立学前教育机构招收的儿童男女不限。招收儿童的学龄各地不同，有4—6岁的，有5—8岁的，还有如曹滋田"于省垣上马

---

① 李桂林、戚名琇、钱曼倩编：《中国近代教育史资料汇编·普通教育》，上海教育出版社，1995，第26页。

街创设幼稚园，收养十岁以下子女"①。

关于招生规模，根据现有资料可知，除了广州南强公学附属幼稚园，多数私立学前教育机构规模较小，招收的儿童人数不多，一般为 30—80 人。虽然有的蒙养院或幼稚园没有规定学额，但因师资、经费等多种因素，入学人数也不会超过 80 人。广州南强公学附属幼稚园规模稍大，定额 120 名，分为三班，每班 40 名。

少数办学极为规范的私立学前教育机构，如南京旅宁第一女学附设幼稚园，公布了其开办章程。章程里对幼稚园职员的设置以及每位职员的权限与职责进行明确说明。该园设总理、园长、会计各一人，教员、保姆、男女役使各四人。总理工作为"择聘教员、保姆及进退役使人等，并担任园中经费及处分园中一切事务"；园长需"审定教科、监视教员以下之勤怠，指挥杂役之服务，而肩任一切兴革事宜"；会计处理"幼生学费及园中杂项"；"教员分任教科"；保姆专门"保育儿童身心及一切事务"；"男女役使专供杂务，应听园长之指挥"。② 同时，该园还制定一系列入园须知，保证办学的正常运行。从章程上看，此幼稚园管理运作系统科学，在当时是比较少见的。

此外，私立学前教育机构与官办的相比，办学的束缚相对较少，灵活性相对较大。其表现在直接聘请日本保姆，或是较少涉及封建教育内容，同时还吸收了教会幼稚园的若干办学特色。清末，教会幼稚园与官办学前教育机构几乎没有直接发生关系，教会幼稚园把西方幼儿园"纯正"的养教兼顾的办园方法和教育方法等都带入中国。当时教会幼稚园已经深入中国广大地区，民间效应初显。而以民间人士或团体为主要开办者的中国私立学前教育机构，虽基本借鉴日本幼稚园的办学模式，但在相对宽松的设立条件下，或多或少也受到教会幼稚园的影响。比如，少数幼稚园采取"重养又重学"的原则办学，除游戏、手工外，还教授识字、连句等，将学前教育机构视为将来小学之预备，且将西方作息时间融入私立学前教育机构里，如在《南京旅宁第一女学附设

---

① 李桂林、戚名琇、钱曼倩编：《中国近代教育史资料汇编·普通教育》，上海教育出版社，1995，第 22 页。
② 李桂林、戚名琇、钱曼倩编：《中国近代教育史资料汇编·普通教育》，上海教育出版社，1995，第 17 页。

幼稚园开办简明章程》里，就有有关西方节日休假安排等。这些做法在当时显然是有一定意义的，有助于中国学前教育机构的健全发展。

（二）个案介绍：上海务本女塾附设幼稚舍与天津严氏蒙养院

在清末众多的私立学前教育机构中，上海务本女塾附设幼稚舍是中国人自己创办的第一所私立学前教育机构，而天津严氏蒙养院则是华北地区创办最早、条件最好的学前教育机构。这两所机构包含了中国私立学前教育机构的基本特点。

上海务本女塾由南洋公学师范院的首届学生吴馨（怀疚）于1902年创办，初设"寻常""高等"二科，后增设"特班"，不久改特班为专修科，1903年改专修科为师范科，分甲、乙二级①。及至1904年春，程颖、吴秋贤两位女士奉校董之命谋创幼稚舍于乔家浜，令女塾师范科的甲级生前往管教实习。同年秋，"添租大南门民房九幢，移幼稚舍其中，并分设师范教室，即由师范生分任幼稚舍事务"②。1905年，又迁至"西门外生生里"③，吴馨之妻葛尚平女士专任幼稚舍事。

1904年，吴馨派遣吴朱哲女士往日本保姆养成所学习幼教知识与技能。1907年吴朱哲回国，在舍内附设保姆传习所（传习舍），聘请陆瑞清、龚杰、陆费逵等人兼任教课，科目开设保育法、儿童心理学、教育学、修身学、谈话、乐歌、图画、手工、文法、习字法、理化、博物等，招收学生36人。当年年底，毕业学生21人。④ 后因上海务本女塾办学费用日益增多，负责幼稚舍的葛氏体弱多病，精力不济，幼稚舍开设不到三年便宣告停办。后由政府接办，改为公立，名曰上海公立幼稚舍。虽然上海务本女塾附设幼稚舍开办时间不长，但它开私人创办学前教育机构之先河。且务本女塾教学系统完整，注重女子师范教育，一定程度上保证了幼稚舍的师资。幼稚舍办学把不少在当时算作新鲜的事物也纳入其中，如举行运动大会等。附设保姆传习所属于幼儿师范

---

① 据《上海县立务本女子中学成立二十五周年纪念册》，务本女塾开始招生时学生仅7人，后增至40人，自后逐年有增。该校以培养学生成为贤母良妻为办学宗旨，课程注重家政，认为"女子为国民之母，欲陶冶健全国民，根本须提倡女权"，故校名号"务本"。该校在辛亥革命后改归县办，改名为上海县立第一女子高等小学暨上海县立务本女子中学校。
② 朱有瓛主编：《中国近代学制史料》第二辑下册，华东师范大学出版社，1989，第589—590页。
③ 朱有瓛主编：《中国近代学制史料》第二辑下册，华东师范大学出版社，1989，第590页。
④ 陈学恂主编：《中国近代教育大事记》，上海教育出版社，1981，第176—177页。

性质，且由吴朱哲负责办理，多借鉴日本保姆养成所的经验，在当时具有进步意义。

另一所知名私立学前教育机构是天津严氏蒙养院。该蒙养院基本按照日本幼稚园的标准办学。这和该院创始人的经历不无关系。

严氏蒙养院创始人为严修（字范孙，1860—1929），世业盐商，曾任清朝翰林院编修、学部侍郎等职，热衷于教育事业。在出任贵州学政时，他曾改革该省教育制度，增收新学科目，例如数、理、英文等，是一位开明进步、积极倡导西学与新式教育的官员。甲午战败后，严修认为"方今时势，非自强不能自存，非人才不能自强，非讲学不能育才"，走上教育救国的道路。1897 年，他因上书主张废除科举开设经济特科，而不能见容于清室，于是于戊戌变法后回天津专心办学。

在办教育之初，严修特别推崇日本教育，缘于他认为日本与中国一样，一度是一个受西方列强欺凌的弱国，最后却依靠明治维新学习西方的科学和教育制度，一跃成为世界强国，故中国的富国强民之路应师法日本，从改革教育制度做起。为此，他于 1902 年和 1904 年先后两次前往日本考察教育。在日期间，严修参观多所日本幼稚园，如泛爱幼稚园、爱珠幼稚园、常盘小学校附属幼稚园、富士见幼稚园等，并对其规模、建筑、经费、管理、课目、教学进行全面深入考察。在与多名日本幼稚园园长交流过程中，严修结识后来来华任教的大野铃子。因此，他在兴办学前教育的最初阶段，几乎是全面照搬日本的经验，甚至从日本邀聘教师来家任教。在严氏蒙养院建立前，其参照日本的基调已确定。

1904 年严修二度赴日之前，趁停留上海之际，特意参观务本女塾。他对其师范科的印象颇佳。他在日记里记载："培孙又导至大南门内务本女学塾，见校长吴畹九。培孙导观各讲堂。讲堂凡三，一为师范科，一为本科，一为预科。校长出女生成绩簿示客，师范科颇有优者。"[①] 在赴日期间，他注意对女子以及师范学校的了解。回国后，即于 1905 年创办保姆讲习所。它是由中国人自办的第一所私立学前师资培训机构，招收的学生根据不同程度分成两组，主

---

① 严修：《严修东游日记》，武安隆、刘玉敏点注，天津人民出版社，1995，第 149 页。

要由大野铃子教授。大野铃子教的课程有保育法、音乐、弹琴、体操、游戏、手工等。基础文化知识如英文、算术、生理、化学等课，则聘请张伯苓及其他南开学堂教师教授。保姆讲习所的师资力量可见一斑。保姆讲习所培养出来的学生，专业素质过硬，文化素养扎实。以弹琴为例，到毕业时学生最低程度可以弹进行曲，个别学员甚至能弹艰深的乐曲。1908 年日籍教师回国后，保姆讲习所停办。

保姆讲习所成立后不久，严氏蒙养院设立，以供保姆实习。大野铃子半天在保姆讲习所授课，半天在严氏蒙养院辅导实习。严氏蒙养院开办的大致情况如下：招收对象为 4—6 岁儿童，学额约 30 名。儿童来源是附近的邻居及亲友的子女（包括严家符合年龄的儿童）。活动时间为上午 9—11 时。学费大约是每月 1 元，严氏子弟亦照常交费。

严氏蒙养院的建筑设施与器具齐全。开办初期，严修专门为蒙养院修建了一间高大活动室（当时称"罩棚"），修改了门窗，安上地板，地板上油漆了白圈。在活动室旁开辟一间房屋，供儿童分组活动及教师休息之用。蒙养院设备则直接从日本购买，如钢琴、风琴等，就连儿童桌椅等都来自日本。"椅子是长形的，有靠背，可坐二三个儿童。桌面上划出方格印子，为进行教学时用。"玩具教具"有成盒的积木，有七巧板，大小铜圈可分成整圆形半圆形，另有不同长短的竹棍等等都可以培养儿童认识一些几何形体"。[1] 上述配备明显反映了当时日本幼稚园受福禄培尔"恩物"教学的影响。

以上两所私立学前教育机构的开办，都与日本有着紧密联系，均由有留日且学习幼教背景的留学生或日本保姆教习主持师资或学前教育工作。她们将日本幼稚园的招生、保姆培养或建筑设备无一例外地引入中国。在开办学前教育机构之前，先办师资培训机构，重视幼稚师范教育，开女学之风气，诸种措施大大提高了保姆教习的水平。更重要的是，从两所师资培训机构走出来的毕业生，有许多到各地从事幼教工作。严修创办保姆讲习所的毕业生除一部分未参加工作外，其余的分别在严氏蒙养院、天津河北蒙养院、京师第一蒙养院、私立朝阳观蒙养院以及严氏女学、官立第二小学、官立第五小

① 中国学前教育史编写组：《中国学前教育史资料选》，人民教育出版社，1989，第 113 页。

学等新式教育机构任教。她们经过较为专业的训练，将间接学习到的西方学前教育观念、教育方法带到四面八方，其意义不可小觑。在当时中国幼儿教育师资匮乏的情况下，这批学员的培养，对京津地区乃至中国幼教事业的开展起到推动作用。对于处在萌芽阶段的中国学前教育来说，私立学前教育机构是一个不可忽视的闪光点。相比官办学前教育机构，一些私立学前教育机构的设立受政府条款限制相对较少，加上办理者多热衷教育事业，其眼光更为开阔，在模仿日本、间接学习西方学前教育时，就更为灵活、更为彻底、更为进步。

第二节　民国时期学前教育机构的成熟

民国时期因政局动荡不定，政策反复多变，各类学前教育机构的发展随时局变化而沉浮。根据 1913 年的《癸丑学制》，清末的学前教育机构"蒙养院"更名为"蒙养园"，但蒙养园依旧以日本的学制为蓝本，以附设于女子师范为基本原则，以发展儿童身心和辅助家庭教育为办园宗旨。1916 年 1 月 8 日，随着《国民学校令施行细则》的颁布，蒙养园制度正式建立。仅隔几年，1922 年，随着具有典型美国色彩的《壬戌学制》的颁布，幼教机构的名称又由"蒙养园"变更为"幼稚园"。随着蒙养园、幼稚园制度的相继建立与各种幼稚园相关规定的完善，中国学前教育机构在清末的基础上逐渐成长起来。至 1947 年，全国幼稚园有 1301 所，教职员 2502 人，幼稚生 130213 人。[①]1929—1946 年的具体发展情况见表 6。

1925 年《外人捐资设立学校请求认可办法六条》颁行前，教会幼稚园一直独立于中国学校系统之外，且是中国大地上所开办幼教机构的主体。新文化运动后，国人对西方文化的接纳程度越来越高，中国学前教育界遂从过去猛刮日本风逐渐转为劲吹欧美风，故而教会幼稚园中的西方元素使其风光无

---

① 中国学前教育史编写组：《中国学前教育史资料选》，人民教育出版社，1989，第 360 页。

限，备受青睐。

表6　1929—1946 年中国幼稚教育事业统计表 [1]

学年度	幼稚园数 / 个	班级数 / 个	入园儿童数 / 人	升学儿童数 / 人	教职员数 / 人	经费 / 元
1929 [2]	829	1585	31967	—	1580	379954
1930 [3]	630	697	26675	9474	1376	468329
1931	829	1318	36770	12122	1839	610451
1932	936	1407	43072	13412	2056	712863
1933	1097	1449	47512	15909	2219	828280
1934	1124	1599	59498	14671	2472	940769
1935	1225	1666	68657	14490	2443	1076225
1936	1283	1988	79872	—	2607	1091459
1937	839	1180	46299	9825	1400	461706
1938	857	1157	41324	8301	1491	416253
1939	574	754	40479	7597	946	208195
1940	302	791	28517	8395	973	248901
1941	367	925	58339	12060	789	430600
1942	592	1398	51749	14305	1014	1108841
1943	441	1190	46202	16910	1021	2563361
1944	428	1527	50491	20193	1393	4745442
1945	1028	2889	106248	28281	2407	45125394
1946 [4]	1178	—	123277	47401	2552	1152314788

民国时期各类学前教育机构的总体发展情形是：沿海城市发展势头较快，

---

① 资料大部分来源于（民国）教育部教育年鉴编纂委员会编《第二次中国教育年鉴》。按：根据民国教育部的初等教育统计，1912 年至 1928 年，初等教育的学生人数呈快速上升的趋势，但未见小学与幼稚园等的分类统计，故无法得知各自的具体数据。1929 年以后，教育统计资料较为完备，已有幼稚园的专类统计，然而多未将公私立幼稚园数进行专项统计。另 1929 年教会幼稚园已划分到私立教育系统，该表包含教会幼稚园的统计。
② （民国）教育部编：《第一次中国教育年鉴》（丁编"教育统计"），开明书店，1934，第 161 页。
③ （民国）教育部编：《第一次中国教育年鉴》（丁编"教育统计"），开明书店，1934，第 161 页。
④ 该年数据根据 1946 学年各省市国民教育统计报告编制，未收录新增设省市材料。另《第二次中国教育年鉴》对该年幼稚园个数、入园儿童数、升学儿童数的统计包含了海外侨民设立幼稚园的相关数据，故笔者在制表时已将其剔除。

内陆地区较慢。这与沿海城市经济发达且是西学较早进入的地区有关。重庆市是抗战时期全国的政治、经济、文化教育中心，但在抗战前其地幼稚教育十分落后，全市区仅有 1 所独立的幼稚园，7 个幼稚班。而上海作为较早受西学东渐浪潮影响的城市，在 1926 年已有幼稚园 21 所，幼稚教师 62 名，幼稚生 851 名。①

一、教会幼稚园由盛转衰

民国初年由于国内政局混乱，政府尚无暇顾及对教会学校的控制和管理，教会学校在无限制的环境下快速发展。20 世纪 20 年代，国人爱国之心被激活，国内民族主义情绪高涨，掀起了主要针对教会教育的收回教育权运动。这一运动对教会学校冲击很大。至南京国民政府时期，教育的制度化、规范化力度空前加强，政府开始对教会学校实施一系列的强行规定措施，以消除教会学校的宗教性质。尽管教会并未因政府的控制而完全失去对教会学校的主导权，然而其发展势头已是强弩之末，最终不得不逐渐融入中国教育体系之中。教会幼稚园作为教会学校的组成部分，其发展轨迹也大致如此。

（一）教会幼稚园的发展历程

清末，教会幼稚园没有受到中国传统社会士大夫的重视，但其并未放慢发展的脚步。1913 年，在华基督教会召开全国大会，决定大力发展教会的教育办学，并通过决议：

> 一学校内须养成基督教之风范；二于教会所设各校中教员与一切机关务求完美。本会深信将来布道事业之成就，悉视教育事业之良否为转移，盖因教会与教育事业，二者实为相辅而行，非一方面所能奏效。②

在学前教育方面，特别是对于"在设有教堂之各区，当附设初等小学及幼稚园"的认识达成一致。

---

① 《上海通志》编纂委员会编：《上海通志》第 7 册，上海人民出版社、上海社会科学院出版社，2005，第 4834—4835 页。

② 李湘敏：《基督教教育与近代中国妇女》，福建教育出版社，1999，第 63 页。

在辛亥革命以后的几年时间里，尽管有《癸丑学制》的颁行，但因政权更替频繁，其多不能贯彻或时常变化，中国的教育事业起色不大，政府对学前教育更是有心无力。反之，教会则利用中国的分裂状态和北洋政府的妥协和无能，积极在中国发展教会学校，并形成了一个包括幼稚园、小学、中学、师范、专科学校、高等学校的完整学校教育体系。以民国早中期基督教幼稚园为例（见表7），可见其时教会所办幼教机构招收人数逐年增加。较之民国初期财务困窘的国内公私立学前教育机构，教会幼稚园宽裕的经费及良好的设施更能吸引政坛要人、社会名流、富商大贾的孩子入园。孩子进入教会幼稚园被不少人视为一种身份与家世的象征。

表7　民国早中期基督教幼稚园开办情况表

年份 / 年	幼稚园 / 所	学生 / 人
1915	87	2930
1916	115	3196
1917	123	3497
1920	134	4147
1922	139	4324

新文化运动发生后，杜威、蒙台梭利教育思想的影响很大，西方的儿童中心论成为中国教育界的时髦观点。教会幼稚园除开设宗教课以外，基本将西方主流的学前教育模式移植到中国，与中国教育界的需要相吻合，故逐渐取代模仿日本幼稚园的日式学前教育机构。

据1924年南京第一女子师范学校附设幼稚科的调查，全国190所幼稚园中，教会幼稚园达156所，约占总数的82%。张雪门于1926年参观了30所幼稚园，其中教会幼稚园12所[①]、日本式幼稚园5所，其余是中国人开办的普通式幼稚园，但也具有明显倾向西式教会幼稚园的特色。

1917年4月8日，蔡元培发表了《以美育代宗教说》的著名演讲，从而开启了收回教育权运动的先声。随着运动的发展，1925年民国教育部颁发《外

[①] 它们分别是北京的博氏幼稚园、崇慈小学内幼稚园、美侨幼稚园，天津的仰山幼稚园、中西女学附设幼稚园、维斯礼堂附近幼稚园，苏州的天赐庄幼稚园，上海的清心幼稚园，杭州的弘道女学附设幼稚园，宁波的圣模幼稚园、甬北幼稚园、华学社附设幼稚园。

人捐资设立学校请求认可办法》，明确规定："凡外人捐资设立各学校，遵照教育部所颁布之各等学校法令规程办理者，得依照教育部所颁关于请求认可之各项规则，向教育行政官厅请求认可。学校名称上应冠以私立字样。……学校不得以传布宗教为宗旨。学校课程，须遵照部定标准，不得以宗教科目列入必修科。"[1] 此后，外国人在中国所办幼稚园、幼稚师范学校等都要向中国政府注册，课程也要大致符合民国教育部制定的课程标准要求。由于教会幼稚园已归为私立学校系统，此后难以从数据上与国人自办幼稚园加以区分。

1927 年南京国民政府成立后，又对教会幼稚园增加了种种限制，教会也不再积极办园。此时教会幼稚园的主体地位发生了动摇，中国的公私幼稚园恰恰处于发展的黄金期。第二次世界大战期间，日本对在华同盟国的教育机构予以没收、停办，教会学校遭受全面重创。新中国成立后，中央人民政府接管外国在华的教育机构，包括幼稚园、幼稚师范学校等在内。至此，教会学校才在中国大陆彻底结束，教会幼稚园的身影也最终一同从中国大陆的历史舞台上消失。

（二）教会幼稚园的办学概况

1912 年外国在华教会学校的联合组织"中华教育会"改称"全国基督教教育会"，1915 年又更名为"中华基督教教育会"。该会内分高等教育、初等和中等教育、成人教育、宗教教育四组。教会幼教办学由"中华基督教教育会"初等和中等教育组负责领导监督。毫无疑问，教会幼稚园以培养基督信徒为办园目的，乃传教的一种方式。教会幼稚园的建立直接照搬西方的学前教育机构办学模式，自然多快好省。因此其依靠先天的优势办学，颇受好评。例如苏州慕家花园幼稚园，隶属于美国卫理公会。嘉定圣公会女学主任杨芳在《参观苏州慕家花园幼稚园记》中，曾这样评价苏州慕家花园幼稚园："设备之周，与夫教术之善，足资取法，今距参观之时，已隔多日，而神往于斯园者，犹久久不能忘情焉。"[2]

教会幼稚园错落有致的园舍建筑、各式各样的家具、琳琅满目的玩具以

---

① 朱有瓛、高时良主编：《中国近代学制史料》第四辑，华东师范大学出版社，1993，第 784 页。
② 杨芳：《参观苏州慕家花园幼稚园记》，《妇女杂志》第 3 卷（1917 年）第 3 号。

及房内的各种设备大都源于西方。张雪门在《参观三十校幼稚园后的感想》中描写了教会幼稚园齐全完善的设施："如果我们去参观什么公理会、长老会、美以美会立的幼稚园，一定可以见到美丽的教室、小巧的桌椅、精致的恩物。"[①]下图是苏州景海女子师范附设培本幼稚园校舍略图。

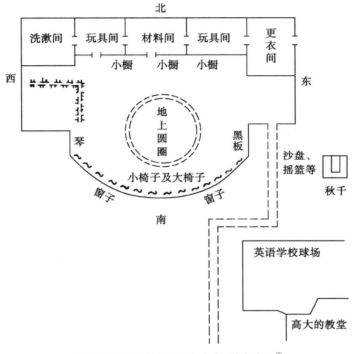

苏州景海女子师范附设培本幼稚园校舍略图[②]

由图便知，该园选址在教堂附近，房舍布局颇具西洋特点。除明亮宽敞的课室外，还有洗漱间、玩具间、材料间、更衣间等；洗漱间中的设备，有面盆、浴盆、牙刷等；课室外的游戏设施有各色小桌椅、立地画板、沙盘、大小积木、秋千、滑梯、转椅、车马等。培本幼稚园甚至连教材都取材于美国出版的《幼稚教育》和《幼儿教育月刊》。抛开教会幼稚园办学中的宗教色彩，教会幼稚园大多有如此丰富多彩的硬件设备。

根据 1913 年基督教会在全国会议议案的规定，各地教堂附设的幼稚园

① 张雪门：《参观三十校幼稚园后的感想》，载戴自俺主编《张雪门幼儿教育文集》（上卷），北京少年儿童出版社，1994，第 55 页。
② 张宗麟：《调查江浙幼稚教育后的感想》，载张沪编《张宗麟幼儿教育论集》，湖南教育出版社，1985，第 433 页。

均按照外国的模式进行。招收 4—6 岁的儿童，多采用半日制的入托形式。有的教会幼稚园每天分上午、下午接纳两批儿童来园，一批是贫民子弟，另一批是有权有势家庭的子女。张宗麟在参观苏州景海幼稚园时，就亲见该园将儿童分为上午班与下午班。前者专收贫民子弟来园，为免费班。上午班的儿童活动内容比较简单，无识字课，教师指导活动时态度有时偏于严厉。不过能够免费接纳已属难得。下午有权有势家庭子弟入园，他们受到较为正式的幼儿教育，有识字、图画课程，教师态度也较为和蔼。有人认为这种区别对待与列强及教会兴办教育总方针，即培养高级治华代理人相关。贫民子弟不大可能上升到权贵，加之免费入园，所以教师对待他们不那么上心，有些轻慢。

教会幼稚园由教会筹措办学经费，经费来源于教会、教友或其他人士的捐资以及学费。因办学条件及声誉好，不少人十分愿意捐资，政商名流也心甘情愿缴纳高昂的学费，故办园经费充足。以德慧幼稚园为例，其前身是中华圣公会幼稚园，1942 年创办于贵阳，1948 年改园名为德慧幼稚园。从开办到 1948 年秋，每学期入园幼儿学杂费为五元大洋，1949 年增到十元大洋。另有点心费，每月收取一元大洋。① 在 1949 年前夕物价上涨、工资下降的情况下，如此收费是当地一般家庭难以负担的。民国中期教会幼稚园招生规模较清末时期有所扩大。例如，博氏幼稚园 1904 年成立，设立之初仅有十数名儿童，到 1933 年已增至一百余人，分两班教学，"约男女生 80 余人"②。但民国后期，在战争和政府限制等多种因素共同作用下，招生规模萎缩。1937 年，中华基督教会在潮汕地区创办的福音幼稚园仅开办一班，招收 20—30 人，而在 20 世纪 20 年代潮州市的"真光小学附设幼稚园两个班，幼儿约 70 人"③。

此时教会幼稚园的教师与保姆大多来自教会幼稚师范，当时的教会同样重视学前教育师资的培养。1913 年基督教会全国大会不仅提出兴办幼稚园，还要设立培养幼稚园人才的学校。"教会于设立幼稚园，现有极大机缘，故

① 綦朝思：《解放前贵阳的教会幼稚园》，《贵阳志资料研究》1986 年第 10 期。
② 《私立博氏幼稚园》，《时代教育》第 1 卷（1933 年）第 6 期。
③ 杨群熙、赵学萍、吴里阳辑编点校：《潮汕教育事业发展资料》，潮汕历史文化研究中心，2005，第 332—333 页。

于养成幼稚园人才之学校，当从速加增，并宜兼收教外学生，以供官立幼稚园之用。"[1]一批肩负培养幼稚园教师任务的教会女校纷纷开办或设立幼稚师范科。其中厦门怀德幼稚师范学校、杭州私立弘道女学、苏州景海女学、北平贝满女学等办得颇有成效。教会幼稚师范学校一般招收教徒生，后来才逐渐扩展到非教徒生。其课程以宗教与英文课为重。毕业生除一部分在教会幼稚园工作，其余都受聘于非教会学前教育机构。

随着教会幼稚师范办学规模逐渐扩大，教会幼稚师范的影响已远远超出教会学校系统。而这一时期中国人自办的幼稚师范起步较晚，最终造成了中国幼稚教育出现严重"洋化"的倾向。张宗麟说："我国教会学校，都受条约的保护，所以自小学以至大学，几乎全学制系统里的学校都有，这种办法，当然非我国人民之福。其中幼稚师范尤其占势力，因为她们是独一无二的幼稚师范，全国的幼稚园教师几乎都是出其门下。"[2]但不可否认，教会所办师范教育客观上培养出一批幼教工作者，从而在一定程度上缓解了民国时期学前教育师资不足的局面；此外，这些接受过西方教育熏陶的幼儿教师大多热爱儿童，将较为先进、科学的教学法带入非教会幼稚园，这在当时也不无价值和意义。

二、西洋式幼稚园的发展

民国前期，因恶劣的社会环境，公私立学前教育机构发展艰难，其名称也尚未统一，或沿用清末的蒙养院旧名，或称蒙养园，或称幼稚园。1922年后，幼稚园基本成为民国各类学前教育机构的统称。不管是公立还是私立，幼稚园都出现模仿欧美的倾向。

民国前期，较为可靠的公立学前教育机构的统计数据极少。依据1924年南京第一女子师范学校的调查，公立幼稚园仅27所。[3]自1927年南京国民政

---

① 唐淑、钟昭华主编：《中国学前教育史》，人民教育出版社，1993，第86页。

② 张宗麟：《幼稚师范问题》，载张泸编《张宗麟幼儿教育论集》，湖南教育出版社，1985，第764页。

③ 喻本伐编著：《中国幼儿教育史》，大象出版社，2000，第228页。

府成立后，公立幼稚园发展受到一定程度的重视，其数量大体呈攀升趋势。因民国时期教育统计资料一般缺少公私立幼稚园数的专项统计，公立幼稚园具体递增数量难于考证。但通过《第一次中国教育年鉴》可知，1930 年，公立幼稚园占初等教育机构的 0.18%，共有 447 所。[①] 据《第二次中国教育年鉴》相关统计，1946 年，公立幼稚园数为 824 所。[②] 民国中后期公立幼稚园始终保持学前教育机构的主体地位。而国人自办的私立幼稚园，其发展速度一直较为缓慢。1924 年，私立幼稚园仅有 7 所，此时教会幼稚园尚未归入私立学校系统。1930 年，私立幼稚园占初等教育机构的 0.08%，只有 183 所（包括教会幼稚园）。[③]1946 年，私立幼稚园达 354 所（包括教会幼稚园），[④] 约为公立幼稚园的五分之二。

（一）公立幼稚园

民国早期的公立学前教育机构中，很多开办于清末。如 1909 年山西育婴堂附设幼稚园，1910 年太原设立官立女子师范学堂，并将山西育婴堂之幼稚园（此时有幼稚园生 1 班，共 62 人）附设该校。进入民国后，官立女子师范学堂改称省立第一女子师范学校，"幼稚园仍继续办理，且较前进步"[⑤]。新办的公立学前教育机构数量极少，且多为点缀而已。其时较有影响的公立幼稚园有：1915 年北京女子师范学校附设蒙养院，后改称为国立北平师范大学第二部附属幼稚园（简称北平师大附属幼稚园）；1918 年江苏省立第一女子师范学校设附属蒙养园，1922 年蒙养园改名为幼稚园；还有 1919 年成立的南京高等师范附属小学校下设幼稚园；等等。

民国早中期，根据相关法令，公立幼稚园可单独设立，但大部分还是附设于学校。南京市创办幼稚园始于特别市成立以后，均附设于各市立小学。[⑥]根据张克勤《国内七市幼稚园教育今昔的比较观》的调查，1934 年上海、南京、杭州、天津、北平、青岛、汉口七大市的公立幼稚园，绝大多数均附属于学

---

① （民国）教育部编：《第一次中国教育年鉴》（丁编"教育统计"），开明书店，1934，第 163 页。
② （民国）教育部教育年鉴编纂委员会编：《第二次中国教育年鉴》，商务印书馆，1948，第 1464 页。
③ （民国）教育部编：《第一次中国教育年鉴》（丁编"教育统计"），开明书店，1934，第 163 页。
④ （民国）教育部教育年鉴编纂委员会编：《第二次中国教育年鉴》，商务印书馆，1948，第 1464 页。
⑤ （民国）教育部编：《第一次中国教育年鉴》（丙编"教育概况"），开明书店，1934，第 458 页。
⑥ （民国）教育部编：《第一次中国教育年鉴》（丙编"教育概况"），开明书店，1934，第 478 页。

校。以 1931 年上海公立幼稚园为例，其中仅闸北幼稚园是由市教育局开办，其余 13 所幼稚园均附设在小学或中学或女学内。[①] 幼稚园如果附设在女学或大学教育系科，或师范学校，可作为教学和科研的实习、实验基地，一般教育质量较高。到民国后期，单独设立的公立幼稚园增多。1946 年，单独设立的幼稚园有 504 所，国民学校及小学附设的公立幼稚园为 320 所。[②] 前已提及，蒙养园制度依旧延续模仿日本的传统，民国早期的公立幼稚园的办理亦多有东洋化的特点。五四运动掀起学习欧美的潮流，《壬戌学制》应运而生。受美国学前教育影响的幼稚园制度最终确立，民国后期公立幼稚园的办学有明显的西洋化倾向。

民国公立幼稚园的办园目的慢慢地不再局限于辅助家庭教育，而是受到西方儿童本位理论，特别是实用主义的影响，慢慢聚焦到使儿童通过自发的活动与本能的实践，逐渐适应社会生活。现以声名显赫的北平师大附属幼稚园为例做以说明。该园创办于 1915 年，到 1932 年，已有 17 年办园历史，其办园宗旨也一直在与时俱进：

　　1. 民国七年（1918）所定之宗旨——调护儿童之身心，培养其三育，以造就健全之国民而为国民教育之基础。

　　2. 民国十一年（1922）所定之宗旨——辅助家庭教育，调护儿童身体，培养其知，情，意三育，以造就健全之国民，而为国民教育之基础。

　　3. 民国十三年（1924）所定之宗旨——应用科学方法训练未达学龄之儿童，务本自由主义，以发展其天然活动力，此外并附有规定之目的：即调和或矫正家庭生活，使儿童于入学前，有相当之智识及充分之准备以树立国民教育之基础。[③]

北平师大附属幼稚园 1918 年与 1922 年的办园宗旨，基本贯彻了蒙养园制度的精神，保育幼儿身心健康，辅助家庭教育等。1923 年的办园宗旨是在《壬戌学制》实施以后制定的，一方面包含了前两个宗旨的基本内容，另一方面

---

① 张克勤：《国内七市幼稚园教育今昔的比较观》，《中华教育界》第 23 卷（1935 年）第 1 期。
② (民国) 教育部教育年鉴编纂委员会编：《第二次中国教育年鉴》，商务印书馆，1948，第 1464 页。
③ 焦真：《师大幼稚园历年状况及将来计划》，《师大月刊》1932 年第 1 期。

充分体现出西方民主、科学的核心，将西方学前教育所重视的自由主义以"幼"为本带入其中，而为小学的准备更是杜威实用主义的展现。该园办园宗旨的发展变化基本代表着民国时期公立幼稚园办学宗旨的总体变化。

民国公立幼稚园的设备因各幼稚园的经费多寡虽有好坏之分，但总体上能满足儿童活动之需与西式教学的要求。下面仍以北平师大附属幼稚园为例做以说明。自开办日至1932年，该园因经济与环境等原因，只能勉强维持幼稚园的运行。但该园经营者想方设法改善办园条件，如将教员寝室兼作教员休息室，办公室兼作职员寝室，以保证保育室能正常运作。民国公立幼稚园园舍有仿效欧美幼稚园的倾向，大多有宽敞的教室供儿童受教，有设施齐全的游戏场供儿童运动，有的还有专门的作业室供儿童活动等。在器具与教具方面，钢琴、玩具（"恩物"）、儿童画报等公立幼稚园也基本具备。再以办园条件较为一般的安徽省立一女中幼稚园为例做以说明，该园规模不大，园舍南北向，纵约七丈，宽约九丈，但仍设有中心活动室、手工间、材料间、清洁室、运动场及小花园等。同时园内其他教学和生活设施亦一应俱全：教具及玩具有钢琴、粉板、铃、粉擦子、彩色粉笔、剪刀、蜡笔、石板、沙箱、大积木、第三"恩物"、第五"恩物"、口琴、洋娃娃小床、豆囊、第八"恩物"、皮球、插板、彩色棒、泥工平板、七巧板、冇球、布做老虎、小锣、橡皮猫、竹圈、蛋壳动物九种、农具（铲子）、普通脚踏车、马脚踏车、摇篮、滑梯、国旗、图画书及画片、木碗、彩纸。[①]

公立幼稚园的教师很多都受过教育学、心理学的专业训练，或毕业于大学的教育心理系，或毕业于师范幼稚科和教会幼稚师范，或毕业于女子学校和教会女学等。由于大多接受过一定程度的专业训练，故此时的师资水平相比过去已大为提高。教会幼稚师范在相当长时间里是我国幼稚师范的主导力量，给幼稚园提供了大量的师资。教会幼稚师范把西方学前教育模式根植于学生心中，毕业生又将西方学前教育模式引入其工作的幼稚园。此外，还有直接师从外国儿童教育名家的人士，并将西方先进的学前教育理念、教学法带入中国，积极推动中国学前教育的发展。如1923年任北平师大附属幼稚园

---

① 《省立一女中幼稚园概况》，《安徽教育》第1卷（1930年）第5—6期。

主任的江卢岫霓，此人"为幼稚教育改革大家，蒙铁（台）梭利氏高足"[①]，上任后对新入园的幼儿班级"以蒙氏新法指导"。江卢岫霓任职三年期间是北平师大附属幼稚园的鼎盛期，招生规模创纪录，幼稚生一度达200多名，并发展至11组。

公立幼稚园一般能得到各级政府的拨款，但总体较为匮乏，不敷支出，故一般仍会收取一定数额的学费。北平师大附属幼稚园1918年的收费标准是："全年分三学期，第一学期自八月至十二月止，第二学期自正月至三月止，第三学期自四月至七月止。每月应纳保育费四角，点心费二角，须一学期预缴。倘有半途退学，所纳费概不退还。"[②] 从中可以看出，北平师大附属幼稚园的学期划分受美国学校三学期制影响，并在其基础上稍作变化。其所收学费较之教会幼稚园动辄数十元的收费低得多。这样的收费条件让更多的家庭能够负担，有利于学前教育的推广，同时也是民主精神在学前教育上的反映。

在招生对象上，一般为年龄4—7岁的儿童，也有较为特殊的幼稚园招收3—8岁的儿童。在规模上，公立幼稚园在民国早期规模较小，在民国中后期有所扩大，且进行分组分班教学。这从下举数例可以得证：1929学年上学期，安徽省立一女中幼稚园在园幼稚生56人。北平师大附属幼稚园在非鼎盛时期的1932年，在园幼稚生110人，分3班，3班之中复分7组。1941年创办的四川省立成都实验幼稚园，1943年招收学生339人，共分8组。值得一提的是，随着时间推移，男女儿童教育地位也渐趋平等。

公立幼稚园在管理方面逐渐朝正规方向看齐，具有现代幼稚园的诸多特点。比如公立幼稚园设立主任1名，主管园务；按学生人数配备基本的教员；幼稚园多制定了详细的入园要求以及毕业安排等。此外，不少公立幼稚园十分重视家庭与幼稚园的合作。北平师大附属幼稚园明确规定："每学期开谈

① 李桂林、戚名琇、钱曼倩编：《中国近代教育史资料汇编·普通教育》，上海教育出版社，1995，第428页。
② 李桂林、戚名琇、钱曼倩编：《中国近代教育史资料汇编·普通教育》，上海教育出版社，1995，第429页。

话家属会一次，研究儿童之进步，诸幼生之女家长，不得推诿不到。"① 浙江大学教育系培育院强调家庭联络与推广工作。四川省立成都实验幼稚园对于家庭教育及保育儿童方法，切实加以指导，并定期举行恳亲会。这和受到美国学前教育发展历程中家校密切合作的传统影响不无关联，有利于对儿童成长过程进行全面关注和教育。

在众多的公立幼稚园中，南京高师附设幼稚园重视儿童的自发活动，顺应其天性，在教学上注重直接经验的获得，以培养个性与人格的养成，具有示范性作用。南京高师附设幼稚园的办园宗旨凸显杜威实用主义特点，在于使"学生离家庭的小范围，到了较广的生活团体里，使他渐渐的惯于社会生活，并且练习他建设的本能和自发活动"② 园内设备本着以儿童自然发展为原则配备，园舍位于南京高师附属小学的"杜威院"里，设有游戏室，内备滑梯与其他种种游戏运动的器具和"恩物"、谈话音乐室、工作室、读书室。该园招收 3—6 岁身体健全的儿童，学习两年后，发给毕业证书。因该园具模范与实验性质，且主要解决南京高师教师子女学前教育问题，故学额较少，首批学生仅 17 人，共有女教员 3 人，主任与女工各 1 名，助教 2 名；实行半日制，每天上午在园开课 135 分钟，学费每学期 2 元。另"每季都有几次的恳亲会，和儿童的家长相联络。而且儿童的父母，也时常到园里去看视或接送他的子女"③，所以家庭与幼稚园的联系与合作较为频繁。

（二）私立幼稚园

前文已经涉及部分民国私立幼稚园（指国人自办的）概况。尽管发展艰难，私立幼稚园并未因世道艰辛而停滞不前。不少具有远见卓识之士认识到幼稚教育乃是各种教育的基础，与国家、社会的前途关系极大。鉴于"欧美各国对于幼稚园之提倡不遗余力"，于是海内外爱国之士纷纷不惜以私人之力开设幼稚园。1912 年陈鸿璧在上海创办旅沪广东幼稚园；1913 年黑龙江私立奎垣中学校附设蒙养园；1917 年张雪门在家乡浙江鄞县创办星荫幼稚园；1919

---

① 李桂林、戚名琇、钱曼倩编：《中国近代教育史资料汇编·普通教育》，上海教育出版社，1995，第 430 页。

② 李桂林、戚名琇、钱曼倩编：《中国近代教育史资料汇编·普通教育》，上海教育出版社，1995，第 440 页。

③ 薛钟泰：《南京高等师范附属小学校的幼稚园》，《□华教育界》第 10 卷（1920 年）第 5 期。

年爱国华侨陈嘉庚在厦门创办集美幼稚园，后附设于集美师范学校（1934）等。

除了新设的幼稚园，也有在清末蒙养院基础上设立的幼稚园。清末民初著名实业家、教育家张謇认识到"康健儿童之身体，即所强国也""规正儿童之心性行仪，即所以改良社会也"[1]，故萌发兴办幼稚教育之心。清末南通设有育婴堂，因育婴堂经费严重不足，条件恶劣，张謇与张叔俨二人遂慷慨捐助，并将育婴堂移至唐家闸，名曰新育婴堂。后用张徐夫人（即张謇夫人徐端）的私资于1913年春建南通第一幼稚园于新育婴堂后之空地，养教兼顾，使在堂或在园儿童接受国民教育，俾成人后能自谋职业。

张謇

私立幼稚园虽说只是"星星之火"，但仍能振兴并普及一方的学前教育。上海继旅沪广东幼稚园设立后，于1913年设立启秀幼稚园、1915年开办培真幼稚园等。南通第一幼稚园设立后，"不数年间，而继起者有第二、第三两园"以及金沙幼稚园，均系私资创立。"以区区南通，竟有幼稚园四所，亦举国所难观矣"[2]。数量不多的私立幼稚园对中国学前教育的发展做出不可磨灭的贡献。

清末私立幼稚园办学活泛，在以东洋模式办学的幼稚园里仍可隐约见到西方元素的"身姿"。民国以后西方民主自由的思想尽人皆晓，除少数民国早期幼稚园仍模仿日本办学——如黑龙江私立奎垣中学校附设蒙养园，仿日本东京小石川女子大学附设幼稚园之例——其余大多数在设立之初就转为西洋式。陈鸿璧毕业于教会学校——上海中西女塾，她始终致力于将旅沪广东幼稚园（后改为小学）建造成以儿童兴趣为中心，使儿童乐于就学的学校。一般而言，与公立幼稚园相比，私立幼稚园受西方影响更早、程度更深。

私立幼稚园因系个人投资，随开办人的意愿不同，其办学目的亦有差别。有的怀有教育救国强国拳拳之心，有的注重博取慈善美名，还有的为传承孝

---

① 通通日报馆编辑部编：《二十年来之南通》，（伪）南通县自治会，1938，第86页。
② 通通日报馆编辑部编：《二十年来之南通》，（伪）南通县自治会，1938，第86页。

悌友爱之传统，但不论其动机如何，总体上不失高尚。此外，整体上，私立幼稚园大致奉行顺应儿童的身心特点，以促进其全面发展，做好社会生活准备的办园宗旨，与公立幼稚园大同小异。如北京香山慈幼院的办园宗旨："教养孤贫失学之男女儿童，使有适当之智能、道德，俾可谋生于社会。"①厦门集美幼稚园教养目标与后来《幼稚园课程标准》中的幼稚教育总目标几乎一模一样，其办园的信条还体现出教育救国及改造传统家庭教育的信念，都是深受西方学前教育影响的表现。

民国私立幼稚园的基本设施齐全与否，与创办者的资金投入息息相关。南通第一幼稚园创立者张謇，财力雄厚，祝野开阔，办园多效仿西人，在办新育婴堂时就"参用徐汇教会育婴之良法，开办一载，活婴千余，成效昭然矣"②。该园设备齐全，多模仿西人幼稚园之配备。除基本应有设备教室、宿舍及运动场外，尚有蒙台梭利教具、幼稚生玩具（"恩物"）、秋千、秋千椅、平均板（跷跷板）等。儿童运动时有保姆在一旁指导。上海培真幼稚园除基本设施外，还有专门的草地供儿童嬉戏，以配合西方学前教育重视在活动、游戏中受教的原则。另备有多种农工商简单器具模型，使儿童熟悉生活。北京香山慈幼院有小花园、动物园、游戏场，室内外的玩具、教具等设备都极为完备。厦门集美幼稚园初办之时，经费不多，园舍系借自民房，比较狭小。1925年后，陈嘉庚投巨资为该园建筑新园舍，"园舍楼宇巍峨，占地七点六亩，面积为六千一百平方米"③。

私立幼稚园师资水平也与公立幼稚园的相当，老师多毕业于师范学校，或女子学校，或教会学校。如南通第一幼稚园的保姆均毕业于南通女师。严修的孙女从美国教会办的北京贝满女中附属幼稚师范科毕业后，回到严氏幼稚园（清末时称严氏蒙养院）任教。还有海外归来的留学生，回国后热衷于学前教育事业。如1915年薛锦琴从美国留学归来，在美期间她专习幼稚园有关内容，随后去旅沪广东幼稚园指导，并训练助教"向美伊诺亚函授学校学

---

① 周秋光：《熊希龄与慈善教育事业》，湖南教育出版社，1991，第56页。转引自喻本伐编著《中国幼儿教育史》，大象出版社，2000，第252页。
② 张謇研究中心、南通市图书馆编：《张謇全集》（第四卷《事业》），江苏古籍出版社，1994，第338页。
③ 中国学前教育史编写组：《中国学前教育史资料选》，人民教育出版社，1989，第260页。

习幼稚教育课程，两年毕业"①。这批间接或直接受过西式教育的"教师"，也同样推进了中国学前教育向近代化的发展。

私立幼稚园办园经费主要有两种来源：一为私人或民间团体拨给或赞助，二为学费，得到政府补贴的极少。一旦私人或民间团体的拨款中断，办园经费则完全仰赖学费与息金。故私立幼稚园学费一般较高，每月多在3元以上。金沙幼稚园每生每年收保育费60余元。其招收对象多为富贵人家4—6岁子弟。个别私立幼稚园（如北京香山慈幼院）也有少量招收免费儿童的名额。

私立幼稚园的规模，因经费或地区或发展阶段不同而有所差别。办园经费充足、地区经济发达的幼稚园规模较大，像北京香山慈幼院学额为70名，按年龄分为两班；厦门集美幼稚园开办之初就招收幼儿102名，并仿美国幼稚园分级制，至1925年已招收幼儿184名，分为4班。相比之下，南通第一幼稚园的学额较少，为50名，但比清末时期规模有所扩大。

私立幼稚园在管理运行上注意规范化。幼稚园多设主任一职，综合负责园内事务；教师与保姆负责保育工作，分工明确，各司其职。厦门集美幼稚园的行政管理颇具欧美学校的管理模式，较之一般幼稚园更为细化和科学（见下页图）。

私立幼稚园在办园过程中因时制宜，随机应变，条条框框较少，但许多办园者更能灵敏地感受到中国学前教育发展的羁绊——缺乏适应学前教育发展的师资。如上所述，尽管私立幼稚园从各种渠道能挖掘、招聘到一些优秀的师资，但总体上看，从公立学校保姆讲习科与幼稚师范科毕业的学生数量极少，不能解决幼稚教师短缺的问题。从教会学校里出来的幼稚园教师，不完全符合一般幼稚园办学的需要。不少私立幼稚园的创设者遂配套开办私立幼稚师范学校，以保障师资供给。1920年张雪门在宁波创办宁波幼稚师范学校。香山慈幼院建立之初就设有女中和女子师范，后全部改为幼稚师范，专收小学女毕业生，培养幼稚园教师，此校乃北平幼稚师范学校的前身。陈嘉庚认为幼稚教育不能靠着舶来品，不能依样画葫芦，而是要有时代性、地方性，

要集合闽南有志于幼稚教育的分子研究闽南幼稚教育，遂于 1927 年秋成立集美幼稚师范学校，1934 年与他校合并后易名为集美师范学校。

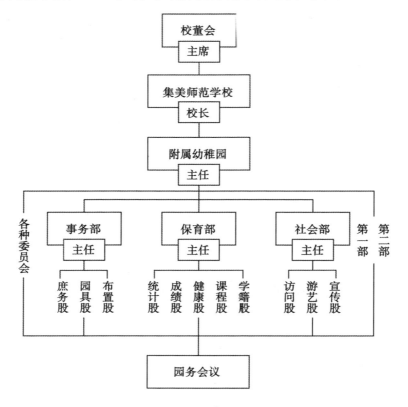

1936 年集美师范附属幼稚园行政管理图 [①]

三、本土化幼稚园的探索

民国时期，中国幼稚园在数量与质量上有了较为明显的提升，同时也出现了较为突出的问题。陶行知将其总结为"三大病"：外国病、花钱病、富贵病。而其根源之一便是幼稚园办园过程中的盲目"西洋化"。崇拜西洋的社会心理导致那时的幼稚园"那样不是外国货"，而"外国货那有便宜的"[②]，幼稚

① 庄宝珍：《集美师范附属幼稚园概况》，《福建教育》第 2 卷（1936 年）第 6 期。
② 陶行知：《创设乡村幼稚园宣言书》，载华中师范学院教育科学研究所主编《陶行知全集》第一卷，湖南教育出版社，1984，第 619 页。

园所需办园经费必然不菲，作为经费来源之一的学费自然水涨船高，其后果便是只有能承受高额学费的富人子女才能进入。为了解决上述问题，一批有志于创设适应中国国情幼稚园的进步人士，筚路蓝缕，进行了不懈的努力与有益的探索。其中南京鼓楼幼稚园与南京燕子矶幼稚园的实验及实践最具有代表性。

（一）南京鼓楼幼稚园

南京鼓楼幼稚园由陈鹤琴于 1923 年秋设立。他将位于南京鼓楼头条巷家宅的客厅作为园舍，首批招收 12 名儿童，多为东南大学教师的子弟。陈鹤琴兼任园长。随着学生日益增加，陈氏深感该园园舍过小，难以展开有意义的教育实验。后幸得朱琛甫等各方人士的襄助，1925 年在园舍"邻近购地三亩，是为鼓楼幼稚园之始……因当时物价低廉，故设备堪称完备"[①]。不仅兴建的园舍可满足教学需要，还专门开辟了草地、花园、菜圃等，作为附属设施。该园的办园宗旨为："在试验中国化的幼稚教育。利用幼稚园以辅助家庭；并以试验所得最优良最经济之方法，供全国教育之用……"[②]

南京鼓楼幼稚园本土化的实验更多地从教学内容及教学方法中得到体现；但该园亦从为教学服务的设备即教具入手，努力摆脱"外国病"。陈鹤琴认为"恩物就是玩具，也就是教具"[③]，玩具与游戏"都是儿童的第二生命"，"在美国，玩具业是全国四大工业之一"[④]。他在办理鼓楼幼稚园时就非常重视玩具的配置，但是陈鹤琴没有直接购买价格昂贵的外国玩具，他对福禄培尔"恩物"以及蒙台梭利教具颇有微词，认为它们不是和社会实际生活离得太远，就是流于单调，缺少变化。所以他鼓励南京鼓楼幼稚园的教师们自己制作适合中国儿童的玩具。陈鹤琴自己就设计、制作过诸如"陈氏识字牌""陈氏得赏盘""陈氏益智盘"等结合西方元素但极具中国特色的教具。这些玩具一方面针对中国儿童的特点，并将儿童日常生活中经常接触到的素材融入其中，同时也能启发儿童的思维能力、想象力，或发展其感官，或培养儿童的合作性，

---

① 《南京鼓楼幼稚园》，《儿童福利通讯》1947 年第 2 期。
② 中国学前教育史编写组编：《中国学前教育史资料选》，人民教育出版社，1989，第 278—279 页。
③ 陈鹤琴：《陈氏儿童活教具》，《教育研究》1942 年第 100 期。
④ 陈鹤琴：《儿童玩具》，《儿童福利通讯》1948 年第 14 期。

可谓一举数得。

（二）南京燕子矶幼稚园

南京燕子矶幼稚园是中国第一所乡村幼稚园，它位于南京郊区的燕子矶，由陶行知于 1927 年创办。陶行知设立该园的初衷，就是要建立一所克服所谓时下流行的"三大病"的示范幼稚园。其办园宗旨是："为建设中国的省钱的、平民的幼稚园，并研究和实验如何办好农村幼稚园的具体办法，目的是希望普及农村学前教育。"[①]

开办之初，南京燕子矶幼稚园招收了 30 名农村平民子女，后增到 40 名，实行免费上学。该园办理时力求节俭，但设施基本齐全。最初的园舍借用燕子矶小学的房舍，后自力更生建造了一幢茅顶泥墙的园舍，此外得到南京特别市教育局和鼓楼幼稚园等捐赠的椅凳、风琴等设备。该园门前是一片草地，装置了极为质朴的秋千和滑梯。在农村环境里，陶行知倡导就地取材，寻找可以利用的各种自然物作为办园的材料，如用农村出产的粮食、豆类做点心，用麦秆、荷叶、果壳等自制玩具。为适应中国乡村的家庭特点，幼稚园还允许幼稚生携带年幼弟妹一同来园。陶行知上述办园的种种措施，正是考虑到当时中国贫弱的国情，力图满足社会主体——劳苦大众子女（特别是农民子女）受教的需要，具有示范作用。

在陶行知的榜样激励下，1930 年后，一些地方也出现了创办乡村幼稚园的活动，努力初步实现陶行知普及乡村学前教育的愿望。而陶行知所提出的幼儿教育总目标"使幼儿具有健康的体魄，劳动的身手，科学的头脑，艺术的兴趣，改造社会的精神，为将来成为新时代的创造者打好基础"[②]正是针对广大劳动人民子女提出的目标，体现了民主、公平的教育观念，同时糅合了改造社会等实用主义精神。陶氏幼稚园，才是真正适应中国底层民众（尤其是农民）所需要的学前教育机构。陶行知的有关设想及实践，今天仍具有强烈现实意义。

---

① 中国学前教育研究会编：《百年中国幼教（1903—2003）》，教育科学出版社，2003，第 14 页。
② 唐淑、钟昭华主编：《中国学前教育史》，人民教育出版社，1993，第 134 页。

第五章

近代化进程中的中国学前教育机构（下）

上一章从教育实践层面探讨了中国近代学前教育机构类型及管理的变化过程。本章仍立足于教育实践层面，侧重探讨中国近代学前教育机构的教学内容、教学方法及其变化发展。即是说，同为教育实践层面的内容，上章主要探析了学前教育机构的办理与管理，本章主要探讨学前教育的教学内容与教学方法，由是勾画近代中国学前教育事业变化发展的整体轮廓。

第一节　清末学前教育机构的教学实施

晚清时期，中国出现了两类学前教育机构。一类是由外国教会来华人士创立的幼稚园，另一类是中国社会自身——包括官方或私人——创办的向日本学习的日式蒙养院。两类学前教育机构在教学上各有特点，对中国学前教育的发展起到共同推进的作用。

一、教会幼稚园的宗教化教学

清末西方来华教会所办之幼稚园，既然以传教为目的，且幼稚园的教师多为"西洋传教士的太太们"以及"国内教会出身的年轻女子"，[①]故其教学内容和方法明显带有西方宗教与文化特色。

清末各教派开办的幼稚园，没有统一的办学及教学标准，大多按办学的传教士各自的信仰及其国家的风俗办学。在具体教育内容上，大多以宗教为核心，间或和交叉教授其他类别的知识。即使教授其他知识也往往与宗教灌输相互配合，教会幼稚园努力将宗教信仰渗透到儿童的内心去，借以培养虔诚的基督教信徒。宗教课是教会幼稚园的日常必修课，包括走朝会圈、诵赞美诗、唱祈祷歌、讲宗教故事等。除此之外，还有外语课、音乐课、游戏课、故事课、谈话课。外语课主要练习英文口语、会话，实际上是为儿童真正领悟教义奠定基础。音乐课、故事课、谈话课亦多辅助宗教课进行。

进入 20 世纪，教会开办的幼教机构教育内容注意加入"世俗化"的课程，例如图画课、手工课、自然常识课等。如柏美兰女塾幼稚园课程有："幼童《圣经》历史及祈祷、英文进行曲、实地练习（布置幼稚园恩物）、看图识字（英文挂图）、同上（国文挂图）、幼稚园手技（剪折纸物）、同上（推花）、

---

① 张雪门：《新幼稚教育》，儿童书局，1933，第 5 页。

掷球、修身役作法教授、手工（缝纫）、图画、唱歌。"① 该幼稚园课程就是以宗教及其相关课程为主，辅之以活动、游戏之类课程。

除宗教内容外，教会幼稚园的课程直接将西方幼稚园的教学内容部分移植到中国，而且整体上较为零碎，缺乏系统性。传教士"零零碎碎选译过来的唱歌游戏等材料，若和其文本相比，不佳失去了原有的美丽词句，而且都变成了恶劣的粗俗的文字"。但不能否认，这些课程都受福禄培尔、蒙台梭利的影响，有不少符合儿童身心发展的特点及儿童的需求。

19 世纪末，西方各国学前教育机构中较为流行福禄培尔"恩物"教学。在教育方法上，清末在华的教会幼稚园多向西洋局部地学习，将"恩物"运用在教会幼稚园的儿童游戏里。如厦门怀德幼稚园就多采用福禄培尔和蒙台梭利的教育模式。以游戏为儿童的基本活动方式，利用"恩物"，对儿童进行感官训练。

对教会幼稚园采用福禄培尔教学法的做法，张雪门曾这样描述：

> 就恩物来说，全体共二十种，从第一种到第十种叫做游戏的恩物，从第十一种到第二十种叫做手工的恩物。游戏的恩物，从六球开始，有色板、筷子，有铜环插木盘，从体到面，从面到线，从线到点；手工的恩物，从刺孔起，有绣纸、画纸、剪纸、贴纸、折纸、泥工，复从点到线，从线到面，从面到体。②

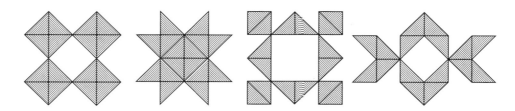

作业"恩物"1：薄板制成的色板（类似中国的七巧板）

---

① 《上海学校调查记·录时事新报》（续第九号），《东方杂志》1915 年第 11 号。
② 张雪门：《幼稚教育新论》，载戴自俺主编《张雪门幼儿教育文集》（上卷），北京少年儿童出版社，1994，第 447 页。

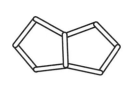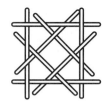

作业"恩物"2：木箸（供拼排平面图形用）

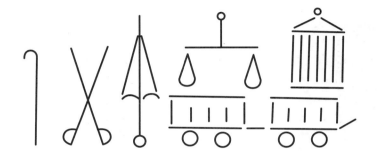

作业"恩物"3：箸及环（供拼排平面图形用）

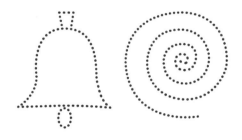

作业"恩物"4：插棍（木板钻若干小孔，另备六色细木棍，可将棍插入孔中）

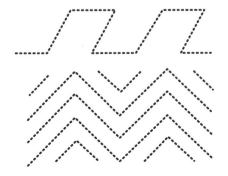

作业"恩物"5：刺纸与绣纸

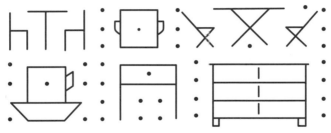

作业"恩物"6：绘画

作业"恩物"7：剪纸与贴纸

作业"恩物"8：织纸（用纵横之色纸编织各种花样）

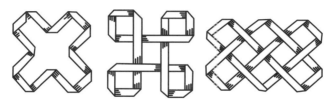

作业"恩物"9：组纸（用细长之色纸组成各种形状）

作业"恩物"10：折纸（用方形、三角形等色纸叠成各种形体）

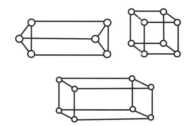

作业"恩物"11：豆细工（用细竹条穿水浸之豌豆，组成各种几何形体）

作业"恩物"12：泥工（用黏土捏成各种形物）

福禄培尔作业恩物图 [1]

在宗教灌输方面，传教士们较排斥让学生背诵的方法，更乐意使用师生间问答的形式。问答式的教学方式，使得所有的幼儿有机会说出他们所学的知识，有助于他们加深记忆，同时也反过来促使作为教师的传教士及其夫人掌握正确的教学表达。

除上面提到通过宗教课的形式讲授教理外，教会幼稚园还利用各种活动形式教学，诸如每到宗教节日，便举行茶话会、赠送礼品、排演剧目等。另外采取固定的仪式化教育方法，每天有大体一致的安排："每天早晨聚会的时候，先要作祷告……吃茶点的时候，唱一段赞美诗，到放学的时候，再唱一段感谢歌。"[2] 整体上，教会幼稚园并未系统地运用福禄培尔等幼稚教育原理，所以教学时往往只是采用触及"皮毛"，不及"肌理"之法，没有充分贯彻福禄培尔"恩物"教学方法的精髓，归根到底只是一种机械地模仿西洋幼稚园的教法。

此时教会幼稚园的教育内容与方法不同于中国传统学前教育，未能受到传统士大夫阶层的认同。必须看到，虽然教会幼稚园不是完全意义上的西方幼稚园，但其一直以潜在的方式存在，在表面没有发生激烈的变动。撇开生硬的宗教教育，它以活动、游戏为中心的学前教育内容以及"恩物"教学法的教育形式，在清末至民国时期发生了一定的效用，成为中国幼稚园教学的参考对象。

---

① 杨汉麟：《外国幼儿教育史》，人民教育出版社，2011，第245—247页。
② 张雪门：《我国现时幼稚教育的派别》，载戴自俺主编《张雪门幼儿教育文集》（上卷），北京少年儿童出版社，1994，第447页。

二、日式蒙养机构的教学

(一)教学内容

清末学前教育机构的办理，无论官办或私立，大多以模仿日本幼稚园为基调。其教学活动必然以日本幼稚园的教育内容与教育方法"依葫芦来画瓢"。在第三章"蒙养院制度与日本幼稚教育制度比较"中已知，《奏定蒙养院章程》几乎完全照搬了日本《幼稚园保育及设备规程》保育科目，所以当时的蒙养院，其保育内容与日本幼稚园的保育内容大同小异。

清末官办学前教育机构的教学内容多以《奏定蒙养院章程》为重心，重视封建道德教育与礼仪训练。一般说来，官办学前教育机构所教授的内容不外乎谈话、唱歌、手工、游戏等。

前面提到的由官方兴办的湖北幼稚园在日本教习的主持下，开设的保育课目有七项：行仪——指行为举止的训练；训话——指教师对幼儿教导，进行道德说教以及基本常识的讲授；幼稚园语——指语言训练；日语——指认读简单的日语；手技——指手工劳动；以及唱歌和游嬉。这些授课内容虽与后来《奏定蒙养院章程》规定的保育教导科目稍有出入，但与日本《幼稚园保育及设备规程》中规定的游戏、唱歌、谈话、手工作业有着关联。修身与行仪教育的目的乃使儿童自觉地远离浮薄、放浪的社会风气，形成符合封建社会法则的行为。二者同属道德教育范畴，后者则是将封建道德教育形式化。湖北幼稚园增加日语，一方面是为了日本教员顺利开展保育工作而设，另一方面更是显露出其一心"向日"的特点，显示了日本学前教育在清末官办学前教育中的巨大影响力。

湖南蒙养院的课程直接由两位日本保姆春山、佐滕制定，其内容如下。[①]

谈话。谈话分为修身话与庶物话。修身话指教师为儿童讲授为人之道，且必须浅显易懂、生动有趣，如"正言之如中国二十四孝故事之类，其中颇有趣味"；庶物话指教师教授简单事物之名称，比如"犬能守户、鸡能司晨等事"。这些内容"令孩童听之心中自然有所感触，凡此类者皆教者所当知也"。

---

① 以下有关内容及引文参见《湖南蒙养院教课说略》，《东方杂志》1905 年第 9 期。

行仪，即修身课。教师选择合适且自然的举止行为进行教授。

读方。日本学文分为三事：曰读方、书方、缀方。读方者，读其国文之字；书方者，即书其所读之字也；缀方者，联字成句、联句成文也。书方、缀方皆安排在小学中学习，而读方"于幼稚园第二、三年教之，即中国识字课也"。

数方，系一种教儿童识数的器具。作为教育内容则指教师指导儿童学习单双数、分解组成及加减运算等。

手技，"即配插恩物是也"。儿童通过"恩物"的堆积，组成各种形状的物件，以此培养心智。

乐歌。乐歌为体育的一个方面，与体操并重。"体操以体力发见精神、充贯血气、强身之本，而神定气果，心因以壮，志因以立焉。乐歌以音响、节奏发育精神；以歌词令其舞蹈肖像，运动筋脉；以歌意发其一唱三叹之感情。盖关系于国民忠爱思想者，如影随形。"乐歌的内容"应将本省名山大川、胜迹名区、乡贤名宦、动植各物，制为浅显歌词，谱出新腔，令学童歌唱，以乐和之"，"将来歌词有忠孝节义等发扬蹈厉之事，则爱国之教也"。

游戏。游戏又作游嬉，所教种类不一。"游嬉皆有具，士农工商各有引导，使各得其性之所近。孔子为儿嬉戏，常陈俎豆，及成人遂有志于礼乐。"

在清末蒙养院中，湖南蒙养院的课程规定之详细实属少有。谈话、行仪是以修身为目的，奠定德育之基。读方、数方、手技属知识教育与智力培养，为智育之始基。乐歌、游戏同为体育之基础。这些教育内容不仅涵盖儿童德、智、体三方面，还通过乐歌的教学对儿童进行一定美育教育，远远超出《奏定蒙养院章程》中保育教导科目的规定，故而更为具体完备。湖南蒙养院的课程由日本人亲手制定，其学习日本幼稚园课程的程度之深，如读方科目的开设、"恩物"辅助教学等即为体现。

少数官办学前教育机构，增添识字教学内容。如上海公立幼稚舍教学科目有谈话（包括修身与博物）、手工（纸、木、豆等）、识字、图画、游戏、唱歌。可见该公立幼稚舍稍许具有"辅学"的特点。这与其前身为私立学前教育机构且办学活泛，教学参照东洋与西洋幼稚园的课程颇有关联。前引湖北幼稚园在开办之初也具有"重学"的特点。从这些例证，可以说官办学前教育机构受西方或教会幼稚园教学影响略见端倪。

清末私立学前教育机构在办学上更为活跃，不完全墨守政府规定之章程。少数私立学前教育机构，如京师第一蒙养院的保育科目中有国文、言语、心算学等，南京旅宁第一女学附设幼稚园教授识字、连句、习字、心算等，这是在教会和西方幼稚园里才会出现的教学内容，其主旨在于为幼儿日后进入小学做准备。多数私立学前教育机构在教育内容上则显出更为东洋化的特点。如严氏蒙养院的课程内容主要有手工、唱歌、游戏、故事等。手工，包括"编织工、折纸工、剪纸工、黏土工（白泥）、穿麦莲及图画"。唱歌，歌曲大多是由留学生从日文直接译过来的，内容有关动物、植物、自然现象以及礼貌道德等方面。譬如"公鸡打鸣"的歌曲后来在京津地区的许多幼稚园流传很久。游戏分为表演性游戏与竞赛性游戏：

带表演性的游戏，如猫捉老鼠、老鹰捉小鸡、池子里的蛤蟆、大猫的儿子等。竞赛性游戏有拔河、听琴抢圆圈、投篮竞赛、套圈、顶豆囊赛跑等。①

从课程名称上来看，严氏蒙养院除将谈话改为故事，其余完全照搬日本幼稚园。实际上严氏蒙养院科目"故事"的实质内容亦多来自日本。另外日本幼稚园谈话分为寓言及童话、事实谈话、偶发事项。"故事"同时也是谈话的一部分。从教育内容上看，日本化程度就更深了。如手工包含的诸多事项多是日本幼稚园会进行的，歌曲内容亦译自日本等。严氏蒙养院并没有一味灌输封建传统道德，而是在唱歌中培养儿童懂礼貌、讲道理的好习惯。

清末中国近代学前教育刚刚起步，毫无经验可言，也无成例可鉴。在教学内容上显得较为单薄，科目简单且易流于形式。另外，清末学前教育不发达，学前教育课程只能在少数教育发达省市展开，普及面相当有限。

通过以上分析，可知清末学前教育内容或课程设置中涉及了德、智、体、美几个方面，但非常笼统，没有形成体系，更多地呈现出日本化与"中体西用"的特点。

据前文所述，在"以日为师"的大的教育背景下，学前教育内容日本化不足为奇。清末学前教育内容照抄日本的现象严重，但仔细分析，可见其"中

---

① 中国学前教育史编写组：《中国学前教育史资料选》，人民教育出版社，1989，第113页。

体西用"的特点乃西方元素在中国文化"显性"层面上最初的涵化。

清末各类学前教育机构,特别是官立蒙养院无不将忠孝之道视为学前教育内容的根本。乳媪和节妇本来已深受传统封建礼教毒害,而她们接受的所谓先进的"专业"训练,也只不过"选取外国家庭教育之书,择其平正简易,与中国妇道、妇职不相悖者(若日本下田歌子所著《家政学》之类)",自看自学或由旁人讲解学之。由是她们在蒙养院所教授的内容可想而知。在"重养不重教"的原则下,纲纪伦常通过乳媪和节妇在课上教授给儿童。课下她们也时刻约束着儿童的规行。谈话、唱歌、手工、游戏是模仿日本间接学习西方幼稚园的教学内容,而乳媪和节妇只是把《三字经》《百家姓》等封建教学内容转化成了游戏、歌谣、谈话、手技罢了。游戏多为各种礼仪举止的练习,谈话只讲忠孝故事,歌谣里多宣扬忠君爱国,其目的是使儿童从小就养成符合封建礼数的行为。蒙养院教学内容的保守性与封建性依旧甚浓甚厚,它们最终不过是维护忠孝之本的工具罢了。

尽管蒙养院教学内容带有"中体西用"烙印,但是游戏、唱歌、谈话、手工这些内容暗合儿童的天性,能活泼儿童的生趣,还可以调和儿童的性情,锻炼身体,开发心智。与传统家庭教育内容相比,它们开始朝"儿童本位"方向前进。例如手技或手工,多与福禄培尔"恩物"配合,开发儿童的几何等多方面能力,发展其心智,符合儿童身心发展规律与内在需要。"西用"的学前教育内容进入清末蒙养院教学中,使中国在教学内容上向现代意义上的学前教育迈出了第一步。

(二)教学方法

教学方法是教学实施重要的环节,关系到教育目标能否实现的问题。它既包括教师教的方法,又包括幼儿学的方法。教学方法的选择受到教学目的和任务、教学内容、学生认识规律以及教学时间、设备、条件、教师个人素质等因素的制约。其中,教学目的和教学内容又是影响选择教学方法最为重要的因素。清末,蒙养院的教学目的为培养幼儿的孝悌观念,教学内容仍然以修身、行仪为主,教师多是封建伦理纲常坚定的捍卫者。教学目的与教学内容与古代并无太大变动,那么蒙养院自然而然地产生选择传统灌输式教学的倾向。

　　另外，清末赫尔巴特教育理论经由日本传入中国，对我国教育实践产生较大影响。赫尔巴特教育学所注重的个人道德品质培养不仅成为日本初等教育的基石，而且十分符合中国重德育的传统。中国接受赫尔巴特教育理论时，还看重其教学理论中"教"的重要性，视教育过程是"一种单向的施受关系"，"即由成熟者（教师）感化未成熟者（学生）。同时，把教育效果的好坏完全维系于教师一方"①。教师是教学活动中的主宰者。再加上日本幼稚园教学也多为类似小学式的灌输，谈话承教习之旨而引导解释之。上手技课时，由教员将剪纸和"恩物"分发给教生（保姆的一种），再由教生发给幼儿，并示范引导他们折叠。在日本幼稚园里常常可以看到"保姆导之于前，群儿翼之于侧"②，在保姆的演示引导下，形成言规行矩之观念等。日本幼稚园保育科目安排紧凑，形式化，不许混淆，"每日课程，皆限自午前九时起，至午后一时半止"③。其教学方法与安排上倾向于小学化，强调教师的主导作用，注意教学形式的组织和规范化。清末中国不少蒙养院聘请了日本保姆，上海、湖北等地还直接选送学生留日。"这班教师回来以后，教材教法尽使用日本学回的那些'熟料'。"④受此影响，中国学前教育机构在教学上多采取灌输式，教学安排上对日本幼稚园亦步亦趋，例如上海公立幼稚舍甲班与乙班课程（见表8）。尽管中国传统也有"教""学"皆重的教学思想，但在漫长的封建社会里，教学演变成在书斋里诵读经典，以"教"为主的教学过程一直没有显著的突破。所以蒙养院所选择的教学方法是一种赫尔巴特教育理论与传统讲授法的合流，既可以说是学习了日本幼稚园注入式教学，也在某种程度上延续了中国从前私塾式的背讲记述。

---

① 周谷平：《近代西方教育理论在中国的传播》，广东教育出版社，1996，第67页。
② 孟森：《地方自治与教育》，《教育杂志》第1年（1909年）第4期。
③ 《论幼稚园》，《东方杂志》1907年第3期。
④ 张雪门：《中国近年来幼稚教育课程之变迁》，《师大教育丛刊》第1卷（1931年）第4期。

表 8　上海公立幼稚舍课程单 ①

甲班课程单

星期	9:00—9:40	10:20—10:50	12:30—13:00	13:30—14:00	14:30—15:00
一	游戏	折纸	识字	唱歌	习字
二	游戏	织纹	识字	习算	画图
三	游戏	温课	结子	识字	习字
四	游戏	排板	识字	唱歌	温课
五	游戏	贴纸	温课	唱歌	谈话
六	游戏	签豆			

乙班课程单

星期	9:00—9:40	10:20—10:50	12:30—13:00	13:30—14:00	14:30—15:00
一	游戏	温课	识字	织纹	习字
二	游戏	温课	识字	折纸	画图
三	游戏	温课	识字	贴纸	积木
四	游戏	温课	唱歌	排板	画图
五	游戏	结子	唱歌	习算	谈话
六	游戏	签豆			

张雪门在《我国三十年来幼稚教育的回顾》一文中就较为详细地描述了这个时期的蒙养院实施教学的情形：

> 要形容这一时期的幼稚教育，在和现在（指 20 世纪二三十年代——引者注）注入式的小学十分类似。他们将谈话、排板、唱歌、识字、积木等科目，一个时间一个时间规定在功课表上，不会混乱而且也不许混乱的，教师高高的坐在上面，蒙养生很端正的坐在下面。教师教一样，学生学一样，全部活动不脱教师的示范，儿童不能自己别出心裁，也不许其别出心裁。至于各种工具和材料，如果教师不给，儿童自然不能自由取用，且放置的地方很高，儿童虽欲取而

---

① 参照张雪门《中国近年来幼稚教育课程之变迁》及相关资料整理。

不得。①

例如，教师拿八块"恩物"的方木合成一列火车或一套桌椅，教师放一块便叫蒙养生照样放一块，全体的排列不脱离教师的示范。师生关系是压抑的、严肃的："儿童是被动的，双方都充满了压迫的苦闷，所学的全是零零碎碎的知识技能，都是浮面的，虚伪的。"②

上述张雪门对蒙养院教学情形的描述，与日本幼稚园教学场面极其相似，二者均重视教师的示范传授效果，一切活动以教师为中心。尽管受到外来元素的冲击，中国几千年来由成人主观地决定教学进程的传统仍主宰着蒙养院的教学。张雪门以自身的教育经历为例，批评了注入式教学所带来的不良结果："在严师督策之下，硬记死记，天天都得背出。而且三天三章连，六天六章连，九天九章连，都得不断地背出；甚至全本书念完后，还得从头背起，背到最后一句。可是背来背去，孩子们的经验永远不会和古圣人的经验接合起来，好像字纸篓中的烂纸一样，不但不能适合环境需要，解决实际问题，甚至连意义都弄不明白。"③

整体上，蒙养院的教学方法与传统的灌输式教学相比，尚未有太大突破，但在教学实施的某些细节上，看得出受福禄培尔"恩物"教学的影响。日本幼稚园里通过球、积木等使儿童认识世界。而在湖南蒙养院里，"恩物"种类甚多，任小儿自由堆积配插，使知轻重大小长短，力点中心之度。这种发展儿童"天然知识使自习之"的方法，并"异日用心不觉其烦，得自然之进步"。④这样的做法顺应儿童的自由天性，适应儿童的兴趣和愿望，并以儿童的个人能力为基础，正是福禄培尔"恩物"教学的核心。日本幼稚园"每一课毕，即由教生导之整队至室外，听其自择所好者游戏。或执木铲掘土以象（像）河；或叠土以象（像）高山；或令播种，习为树艺，青碧毵毵，类皆诸儿所手植者，虽骚扰戏扑，亦不之禁"⑤。清末蒙养院因条件限制，无法开展多种多样的活

---

① 中国学前教育史编写组编：《中国学前教育史资料选》，人民教育出版社，1989，第196—197页。
② 中国学前教育史编写组编：《中国学前教育史资料选》，人民教育出版社，1989，第197页。
③ 张雪门：《幼稚教育论丛》，载戴自俺主编《张雪门幼儿教育文集》（下卷），北京少年儿童出版社，1994，第1331页。
④《湖南蒙养院教课说略》，《东方杂志》1905年第9期。
⑤《论幼稚园》，《东方杂志》1907年第3期。

动，但有的蒙养院也尽力满足儿童游戏的需要。如严氏蒙养院户外设置秋千、涂色的藤圈、拔河用的布绳子，以供儿童自用选择。这种使儿童主动地、自由地参与游戏，充分表现自我的方法，不是古代传统教学感性经验的积累，而是建立在自然哲学中"进化"的基础上及对人发展客观规律之上的，是福禄培尔教学的重要环节。

第二节　民国时期学前教育的教学实施

随着西方文化教育思潮的大量传入并勃兴以及 1922 年《壬戌学制》的颁行，教会幼稚园与公私立幼稚园的教学特点不再那么泾渭分明，而是出现了既相互排斥又相互影响的局面。教会幼稚园减少其宗教色彩，公私立幼稚园在教学上一方面受教会幼稚园教学影响，另一方面由效仿日本逐渐转向努力学习西方，从而在教学上呈现出西洋式的特点。与此同时，中国教育家在幼稚园西洋化的过程中，努力探寻更适合中国幼儿的教学内容与方法，走上了本土化教学的道路。这些都为中国学前教育的近代化发挥着关键作用。

张雪门从 1918 年至 1920 年前后考察了 30 所各类幼稚园，他将其分为三种类型：日本式、宗教式、普通式。日本式幼稚园的教学与清末日式蒙养院差不多。新文化运动的兴起，教育界的借鉴重心从日本转为欧美，但日本学前教育对中国影响多年，影响力仍然存在，只不过由强转弱。民国中后期，日式幼稚园基本停办，继而被欧美西洋式的幼稚园取代。宗教式指教会幼稚园。普通式大致指公立或私立幼稚园，它们不受宗教束缚，发挥了福禄培尔的精神，吸收蒙台梭利的"血液"，进行西洋式教学。教会幼稚园和西洋式幼稚园是民国时期学前教育机构的主体。张雪门、陶行知、陈鹤琴等人于民国后期在自身创办的幼稚园里进行本土化教学的探索，则是中国近代学前教育教学的新尝试，也是中国近代学前教育的主流。

一、教会幼稚园教学的改进

外国传教士进入中国以来，就以种种手段实现其同化中国的目的，开办教会幼稚园是他们长久的计划与手段之一。但到了民国年间，因政策变化等原因，教会幼稚园在教学方面不得不做出如下改进。

从教学内容上看，教会幼稚园教学从"宗教化"走向"世俗化"。清末教会幼稚园即开始增添不少"世俗化"的教学内容，但将传教与教育放在同等重要的地位则是在 1913 年在华基督教会召开全国大会以后。大会明确了传教与教育二者在教会的事业里相辅相成，缺一不可。于是教会幼稚园独尊宗教科目的局面有所改观。此时北京半日制教会幼稚园的教学安排大致如下：

8：00 至 9：00　入园，儿童自由活动。

9：00 至 9：30　听铃声换鞋（布底鞋），在钢琴伴奏下入活动室唱问早歌，做兔跳、象走、鸟飞等律动，后分班上课（第一节课）。

9：30 至 9：50　户外活动。

9：50 至 10：10　听铃声，入厕、洗手、喝水、趴在桌上安静休息，教师伴以琴声或播放唱片，音乐停儿童休息完毕。

10：10 至 10：25　吃点心、饼干或枣（老师说祷词，儿童说"阿门"）。

10：25 至 10：50　上第二节课。

10：50 至 11：30　各年龄班集中进行集体游戏，活动结束前，听琴走成圆圈。向老师道"再见"后回家。[1]

在教会幼稚园里，重视游戏活动，直接的宗教课较少，宗教内容逐渐融合到一般教育活动中。

另外，自进入民国以来，日本式的保姆养成所逐渐停闭，而教会培植的人才却一年年陆续不断地出来。由非教会培养的幼稚园师资日益缺乏，而幼稚园的数量反日益增加；社会既不能拒绝教会的师资而停办学校，教会的人才也不能不斟酌社会的需求而牺牲一部分宗教仪式。中国人民爱国情绪

---

[1] 席文启、于大利主编：《东城区普通教育志》，北京出版社，1998，第 32—33 页。

的高涨，教会学校包括幼稚园不得不做出反应。1925年以后，教会幼稚园所开设的科目须符合民国教育部制定的相关课程标准，宗教科目不得成为强制要求的必选课目。民国后期，已基本上看不到教会幼稚园的宗教科目了。

1917年《妇女杂志》上介绍了苏州慕家花园幼稚园的教学科目有：

一、修身。（甲）忠孝节义故事；（乙）唱歌；（丙）图画；（丁）善言习惯；（戊）整洁习惯；（己）礼仪。

二、谈话。（甲）家庭、烹饪、洒扫、裁缝、纺织；（乙）社会、士农工商、各种职业；（丙）物理、天象、植物、动物；（丁）宗教、《圣经》故事、祈祷。

三、手工。谈话时所闻者，即以手工发表儿童之思想以资启悟。（甲）木块、薄板、竹签、圆圈、植物子、泥沙纸类建造工；（乙）拈工细工；（丙）沙土；（丁）黑板画、水彩画；（戊）编纸工；（己）折纸工；（庚）剪纸工；（辛）撕纸工。

四、游戏。（甲）唱歌游戏；（乙）演习故事；（丙）进行；（丁）跳跃；（戊）抛球、打球、滚球；（己）指法。

五、音乐。（甲）唱歌；（乙）游戏唱歌；（丙）韵律游戏；（丁）分音。

六、识字。（甲）方字；（乙）看图识字；（丙）国文教科书。[①]

苏州慕家花园幼稚园将中国传统的修身纳入教学科目，用忠孝节义的故事灌输中国封建社会基础性的道德价值观，这与当时统治阶层的意识形态基本吻合。教会幼稚园在走向世俗化的过程中开始接受中国教育大环境的影响。除了注重陶冶幼儿"灵性"，传授宗教知识，苏州慕家花园幼稚园开始将物理、天象、植物、动物、看图识字等加入教学内容中，其世俗化内容与清末时期相比大大增加，且更为丰富。

五四运动以后，宗教教学内容与活动逐渐减少。1920年，英国国教会（安立甘教会）澳籍女教士颜师姑在福建创办的古田养正幼稚园，"设有大、中、小三个班，按幼儿教育科目上课，设有识字、计算、音乐、图画、游戏等课程；

---

① 杨芳：《参观苏州慕家花园幼稚园记》，《妇女杂志》第3卷（1917年）第3号。

其宗教活动有每天早晨第一节课,全园幼儿集中大厅,学唱简易的赞美诗,背简短的经文章节,听讲《圣经》故事等"[1]。

再以上海崇德女子中学附属幼稚园为例,该幼稚园是美国传教士黎曼顾于 1920 年开办的。根据《大上海教育》杂志 1934 年第 6 期记载,该幼稚园教学安排如下:

上午:

8:30—9:00　入园

9:00—9:10　朝会(清洁检查等)

9:10—9:40　作业活动(包含"恩物",美术,工艺等)

9:40—9:50　批评已成工作

9:50—10:00　解溲

10:00—10:30　户外游戏

10:30—10:45　静息

10:45—11:10　音乐(律动,节奏在内)

11:10—11:20　故事(儿歌,故事表演在内)

11:20—11:30　游戏

11:30—11:45　散学

下午:

1:15—1:30　入园

1:30—1:45　睡觉

1:45—2:10　识字游戏

2:10—2:30　户外游戏

2:30—2:40　点心

2:40—2:50　日记

2:50—3:00　游戏

3:00—3:30　散学[2]

---

① 高时良主编:《中国教会学校史》,湖南教育出版社,1994,第 64 页。
② 徐松石:《私立崇德女子中学附属幼稚园概况》,《大上海教育》1934 年第 6 期。

从上海崇德女子中学附属幼稚园的作业安排来看，几乎看不到专门宗教科目，宗教色彩逐渐淡化。此时西方思潮在中国刮起的旋风越来越猛烈，人们对教育世俗化、工具化的要求也越来越强烈。教会幼稚园也顺应这一教育发展的趋势。其教学内容受蒙台梭利、杜威教育思想的影响较大，比如，静息课就属于蒙台梭利非常重视的感官教育范畴。游戏课时间的增加，其目的是激发儿童内在生命力的自发冲动，激发儿童的本能。重视户外游戏、作业活动中的工艺，也体现出杜威强调从现实生活出发，将儿童生活中遇到的事物与问题作为教学内容的观点。作业活动结束后，立即评价已完成的作业，可以说其教学内容安排上不再"随教随学"，而是越发系统化。

此外，1933年民国教育部公布了幼稚师范的相关课程，对幼稚师范的教学科目做出如下规定：

三年制幼稚师范科之教学科目为公民体育及游戏、卫生、军事看护、国文、算学、历史、地理、生物、化学、物理、劳作、美术、音乐、伦理学、教育概论、儿童心理、幼稚园教材及教学法、保育法、幼稚园行政、教育测验及统计、及实习。

二年制幼稚师范科之教学科目为公民、体育及游戏、卫生、国文、算学、历史、地理、生理、理化、劳作、美术、音乐、教育概论、儿童心理、幼稚园教材及教学法、体育法、幼稚园行政及实习。[1]

教会所开办的幼稚师范学校也必须按照民国教育部的规定实施。原来的宗教科目换为公民，且不设外语课。这样就算是教会学校培养出来的幼稚园教师也基本未受到宗教影响，他们从事教学时也不会将宗教因素带入幼稚园，从而在源头上保证了幼稚园走向世俗化的方向。

在教学方法上，教会幼稚园多采用欧美教法。此时赫尔巴特四段教学法在西方世界受到的争议越来越大，而杜威的现代教育理论20世纪初在欧美国家风靡一时。杜威所倡导的幼儿个性自由发展，让幼儿按自己的兴趣和能力选择游戏和活动，以活动为中心等思想都引入在华的教会幼稚园。在教会幼稚园，常可以看到在教师的指导与监护下，儿童随意地进行各项活动。例如

---

① 中国学前教育史编写组编：《中国学前教育史资料选》，人民教育出版社，1989，第245页。

苏州慕家花园幼稚园，该园进行手工科时的情状如下：

> 儿童团坐四周，保姆亦杂坐其间，率儿童制作，或折纸，或剪纸。是日适为土曜日，故手工科即令儿童复习已授之各种细工。一任其心之所好者，随意为之，俾各自运用其心思，教育者并不为之规定，盖借是以觇儿童之性情意志也。保姆杂坐其间，与儿童共同制作，既以防止儿童不良行为之发生，又以助长儿童学业上之兴趣。团坐矮桌，不取学校内桌椅排列之制，亦所以免致拘束其身心也……
> （唱歌游戏时）保姆三人各率儿童一队，每队约十名，鱼贯而入。各挟小凳一，室中地板上本有大圆形，儿童至此，一一置小凳其上，作团圆坐。保姆亦杂坐其中。由一保姆导令作种种游戏，另由一女教师（美国人）按钢琴，各和之而歌。儿童作游戏，不由教师主之，纯由儿童自择。先由保姆问诸儿："今日将作何种游戏？"一儿先举手表示其意见，诸儿群起拍掌和之，欢呼雀跃。而游戏遂开始矣，一时间内之游戏，凡三四种，纯出于儿童之自主，而秩序始终不紊，保姆在旁不过监视助兴而已。[1]

上识字课时，虽然有年长的教师教读国文教科书，但是实际上只是为迎合社会心理，并不十分注重。

苏州景海幼稚园里，儿童的学习与生活也都是按照美国幼稚园的方式进行的。该园使用的教材为美国出版的《幼稚教育》和《幼儿教育月刊》。儿童在园内能随意地活动，贯彻杜威的儿童个性自由发展的主张。据该园园长回忆："幼儿园小朋友的活动，当然根据美国幼稚园的一套……例如，让他们在画板上自由乱涂（几只立地画板上别上大张白报纸，装上一大排有不同颜色的玻璃瓶，并供有画笔）。手工活动课，也是用泥土或油灰自由地捏玩。其他活动课，同样也是鼓励他们自由玩弄各种玩具或剪贴图片。"[2]

在教学中，教会幼稚园除了十分注重以活动为中心，还多采用在美国颇为流行的设计教学法。实施设计教学法时，多围绕某一个主题选材，通过识字、

---

[1] 杨芳：《参观苏州慕家花园幼稚园记》，《妇女杂志》第3卷（1917年）第3号。
[2] 易慧清：《中国近现代学前教育史》，东北师范大学出版社，1994，第282页。

心算、习字、图画、手技、谈话、唱歌、游戏等达到教育目的。例如以"鸡"为教育的主题，音乐：唱小鸡的歌；美工：为小鸡着色或自画小鸡；常识：认识小鸡；游戏："老鹰捉小鸡"；识字或习字：认识"鸡"字，书写"鸡"字；计算：数小鸡。教育过程中虽然有主题，但各种活动之间联系较少，缺少系统的计划且过于死板，易造成知识支离破碎。当然，教会幼稚园依然将"恩物"教学融入游戏活动中，利用蒙台梭利教具对儿童进行感官训练也是常用的教学方法。

民国时期，教会幼稚园教授的宗教内容逐渐减少，专门的宗教课也越来越少。更多的宗教教育则在各种活动中进行，避免直接的灌输。总体说来，民国时期教会幼稚园的教学内容大致反映时代变迁的需求，顺应民主、科学的潮流，符合儿童成长的需要；教学方法上，活动教学成为主体，以儿童为中心，改变了宗教提问式教学形式。此外整体引入了设计教学法。虽然教学方法上仍存在弊端，但与清末引用"皮毛"之术相比，要完善得多。

二、西洋式教学的盛行

民国时期，公私立幼稚园教学在新文化运动以后有了较大的变化。加上杜威、孟禄、推士等人来华讲学，儿童中心理论、桑代克的心理学、柏克赫斯特的道尔顿制、克伯屈的设计教学法等在当时流行一时，促进了学前教育保教内容与教法的改革。而《幼稚园课程标准》颁布实行后，公私立幼稚园教学反映了资产阶级对学前教育的要求以及西方学前教育理念的影响。总体上看，新文化运动以后，日式教学逐渐在公私立幼稚园里销声匿迹，西洋式教学则在民国幼稚园里大放异彩。

晚清时期，福禄培尔、蒙台梭利的教学思想就通过教会幼稚园以及效仿日本的幼稚园被间接吸收。但杜威实用主义教育学说在中国幼稚园的风行及其实际应用，则是民国时候的事了。

1914 年，《教育杂志》第六卷第一期刊登了署名"无我"的《德国柏林裴斯泰洛齐福禄培尔馆》一文，介绍了德国福禄培尔幼稚园的管理、教学内容与方法等。1919 年，《新教育》第一卷第三期刊登了《福禄培尔传》。

1925 年，《晨报副刊》连续刊登了张雪门所译的《福禄贝尔恩物的研究》，使福禄培尔的幼儿教育思想得到进一步传播。1913 年，蔡元培开始提出要重视蒙台梭利教学法的研究和应用。同年志厚在《教育杂志》上发表《蒙台梭利女史之新教育法》一文，全面介绍了蒙氏"儿童之宅"（通译"儿童之家"）教育实验。1916 年，《中华教育界》连续发表顾树森、王维尹合译的《蒙台梭利教育之儿童》，更为系统地介绍了蒙台梭利教学法，为推广蒙台梭利教学起到了宣传的作用。1916 年，美国的巴士第夫人在上海环球中国学生会发表演说，介绍蒙台梭利教育法。经过多种途径，福禄培尔及蒙台梭利教育思想在中国江南沿海一带获得广泛传播，对中国幼稚园教学产生很大影响。但由于 20 世纪上半叶的中国政治腐败、经济困蹶、社会动荡、民生艰辛，幼稚园数量有限，经费有限，许多幼稚园因经济原因，无力采用或完全采用被人称道的蒙台梭利教育。1932 年民国教育部公函第 115 号称：

> 惟据实验者言，该项方法（指蒙氏教育），需用教具过多，每个儿童须给以价值华币五十元左右之教具，似觉不甚经济，难以通行于中国。近日，中国各地方所设幼稚园及小学低年级，大率用设计教学法，利用生活环境，日常所见所闻之事物为教学材料，不甚注重选用较有机械性之特制教具，故对于该项教学方法，仅师其意，实无具体之试验报告可以转达。[1]

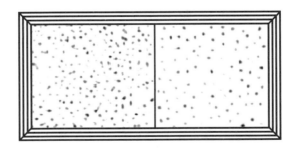

甲

---

[1]《关于蒙台梭利教育方法在我国学校实验情形复外交部公函》，载陈子展选：《现代应用文选》，新北书局，1934，第 148 页。

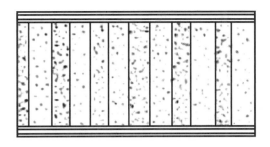

乙

触觉教具（甲一半贴光纸，一半贴砂纸。乙则光纸、砂纸交互粘贴。令儿童蔽目，以手指抚摸辨之）

重量觉教具（若干大小式样相同而重量不同的木板，令儿童比较并推测其重量）

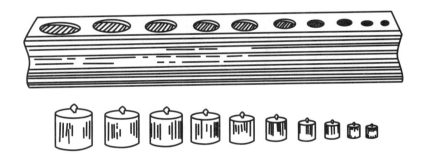

视觉教具 1（将 10 个大小依次排列的圆柱体位置打乱，令幼儿放入对应圆孔中）

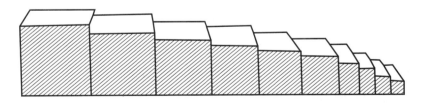

视觉教具 2（将 10 个大小依次排列的四方体位置打乱，令幼儿按高低顺序水平排列成塔形，亦可按垂直方向排列成阶梯状）

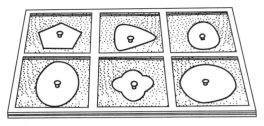

视觉与触觉教具（木盘内挖凿若干不同几何形体的孔，另配以相匹配的木板。先将各板错置，令儿童将各板嵌入适当之孔，以练习视觉；熟悉后再蔽目为之，以练习触觉）

听觉教具（在 6 个木制圆筒中，各盛以谷实、亚麻仁、砂粒、砖瓦碎片等物，分别将圆筒振荡于儿童耳畔，使之辨别各种声音）

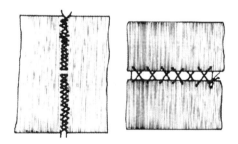

手指技能练习教具（附有扣眼或绳结的竹布。幼儿可在上面练习系扣子或带子，以增进手指技能）

蒙台梭利教具图（部分）[①]

由此可知，尽管蒙氏教育方法受到称赞，但因不甚适应当时的国情，运用时一度受到一定限制，难以推广，影响较福禄培尔的方法要小。不过也有许多幼教工作者克服困难，实验或推广蒙台梭利教学法，并产生较大影响。民国中后期，美国杜威的实用主义教育在幼稚园占据了主导地位，以实用主义教育为基础的设计教学法一时成为幼稚园争相效仿的对象。

研究民国时期幼稚园的教学内容，也可以看出民国前期受福禄培尔和蒙台梭利的影响较大，民国中后期杜威学说则成为学校教学最重要的指导思想。

---

① 杨汉麟：《外国幼儿教育史》，人民教育出版社，2011，第 424—426 页。

例如，北平师大附属幼稚园1918年规定的课程有谈话、游戏、手工、音乐。此时因受封建教育回潮的影响，加之该园身处政治中心，所以谈话的内容中还带有些封建礼仪儒学的内容。1922年《壬戌学制》颁布之前，所定的课程为谈话、音乐、"恩物"、手工、游戏。其中"恩物"及游戏中的感觉游戏等，则是直接受福禄培尔及蒙台梭利的影响。1924年该园课程内容大为增加，包括"a. 谈话——道德，卫生，历史，故事，时令，家庭状况，普通常识，天然观察等。b. 智识训练与感觉训练。（以上二种均采用蒙铁梭利与福尔勃[①]二氏教育器具）。c. 口齿训练。d. 手工。e. 图画。f. 中西乐歌（时令歌曲）。g. 国音字母。h. 识字。i. 算学初步。j. 游戏——分自由的与指导的。k. 简单体操（呼吸运动辨别进退前后左右等）。l. 户外运动。m. 饮食操作"[②]。从这些课程规定可以看出，20世纪20年代前后，蒙台梭利与福禄培尔的教学在该园课程中始终占有一席之地，但杜威的影响也与日俱增，主要表现在重视儿童本身的社会活动，如户外运动、饮食操作等。

　　民国后期，公私立幼稚园教学内容基本按照《幼稚园课程标准》的相关规定，有的只是稍加调整；虽然加入了国民党党化教育的内容，但总体上，幼稚园课程具有较明显的西方色彩。如厦门集美幼稚园教学科目有故事、音乐、游戏、识字与计算、工作、餐点、静息、家庭联络工作。在每一个科目下，厦门集美幼稚园又规定了更为细致的教学内容。其中静息就是蒙台梭利较为倡导的教育内容；家校联系也是欧美幼稚园内颇为流行的教育模式。而南京高师附设幼稚园的作业以及课程具有鲜明实用主义教育的特点，都是直接从幼儿的兴趣与活动出发而设置。幼儿的生活本来和自然界、社会紧密联系，进入幼稚园后，利用他这种经验，并教授适宜的内容：

　　　　使他的经验有社会的意味，使他的经验有新的方面，领他的经
　　验到新经验去，并且供给新经验实现的方法。学生经过选择的作用，
　　他的经验改造过，所以他对于自然界和社会的方面，渐渐有制御的
　　能力，自然界和社会的价值，他也能理解。

①"蒙铁梭利"即蒙台梭利，"福尔勃"即福禄培尔。
②焦真：《师大幼稚园历年状况及将来计划》，《师大月刊》1932年第1期。

自然界方面的作业，最好按了时令排列，人类对于各时季的反应，就是人类的经验。所以也可照了时令排列。这两界的生活按了时令，再拿职业的动作、节目、运动等做中心，于是材料对于儿童生活都有密切的关系了。①

在所有的教学内容中，通常游戏活动所占比重较大。南通私立第一幼稚园的保育项目中，游戏（幼稚游戏）与唱歌（音阶幼稚唱歌）两项所用教学时间最长。其次是手技（积木、排字、豆细工、折纸）与识字，再次为谈话（修身谈、庶物谈、历史谈），而图画（简易物形及随意画）与识数（十数以内）所用的教学时间最短。

幼稚园教学内容以游戏为主，顺应了儿童喜爱游戏且活泼好动的天性，手技、常识性教育、图画等内容则凸显幼稚园的教育作用。虽有不少幼稚园在教学中也能联系中国的教育传统与生活习俗，如厦门集美幼稚园教师在讲故事时，也会选取中国的民间故事、历史故事、神话故事、童话与儿歌等，但总体上民国的幼稚教育内容西洋化较为严重。这不仅表现在课程科目仿照欧美幼稚园，就连"幼稚生听的故事是美国的故事，看的图画是美国的图画，唱的歌曲是美国歌曲，玩的玩具、用的教材，也有许多是从美国来的"②，使用的教材也是前文提到过的《幼稚教育》和《幼儿教育月刊》。

同时，幼稚园课程基本为满足儿童生长需要而设置，并采取分科而教的设计，知识体系较为完善，设计理念科学。张雪门曾评价这一时期幼稚园的课程："这记录值得我们大书特书的，不是方法的调和，也不是材料的扩充，而是课程的组织，代表这一时期的课程，是论理组织法，然而也已经能够注意到自然现象和社会现象一年四季里的变化了。"③例如设计一个"秋日收成"为主题的课程，可在此课程下再拟三个小设计：果木的收成一星期，谷实的收成一星期，棉花的收成一星期。秋日收成的主题结束后，紧接着进行预拟的感谢节设计题一个星期。当感谢节设计题终了的时候，儿童把自己在感谢

① 薛钟泰：《南京高等师范附属小学校的幼稚园》，《中华教育界》第 10 卷（1920 年）第 5 期。
② 陈鹤琴：《我们的主张》，载陈秀云、柯小卫选编《陈鹤琴教育思想读本·幼稚教育》，南京师范大学出版社，2012，第 39 页。
③ 中国学前教育史编写组编：《中国学前教育史资料选》，人民教育出版社，1989，第 199 页。

节所做的手工全拿在他们的小手里，预备携回去送给各个自己所要送的人——家里的或者家外的，认识的或者不认识的。通过收获领悟劳动的不易，儿童赠送自己的劳动成果表达感谢之情，同时感受他人谢意的反馈，明白劳动的可贵。课程设计将个人、团体、自然界融合起来，这正是福禄培尔所倡导的。这些设计根据知识的内在逻辑联系而组织课程，一环扣一环，逻辑性和计划性强，并可借此获得缜密的思维训练。

教学内容的安排上，一般较为灵活。如安徽省立一女中幼稚园规定的教学时间为：上午9点到11点30分，下午1点30分到3点。上午的作业：早会、常识、工作及批评、户外活动、餐点（餐点前分次洗手之时教歌谣或讲故事等）、静息、音乐（唱歌、跳舞、演奏、音程练习等）、游戏、散学。下午的作业：读法、自由活动、唱歌、故事或做娱乐活动、散学。该园仅对教学总时间进行了规定，但各节作业时间长短不一，往往视儿童兴趣的浓厚与否而定。北平师大附属幼稚园亦是如此。

教学方法上，公私立幼稚园主要运用两种，即蒙台梭利法和美国的设计教学法。福禄培尔"恩物"教学与蒙台梭利教学法早已在教会幼稚园尝试。中国学前教育机构在清末通过日本间接而又机械地模仿过"恩物"教学。民国时期，蒙台梭利教学法在中国的幼稚园得到较广泛的应用。蒙台梭利教学法最为特别之处，是以一定的方案和一定的组织实施于幼稚园教育实践。该教学法往往从日常生活训练及感官训练着手，配合"有准备的环境"（prepared environment），促使幼儿在自我操作和摸索中，达到智慧的自我教育，自动学习，建构完善的人格。所谓"有准备的环境"是指适宜于儿童身心特点的、准备充足的、配备独具匠心的活动材料，可将各种生活技能训练、感官训练以及传统的知识教学内容实物化为具体的、儿童可操作的教具以及让他们独立、自由活动的环境。活动材料、适宜年龄、操作步骤、兴趣点、错误控制以及合理操作等，构成了蒙台梭利教学法的关键环节。蒙台梭利的追随者认为，自由自动式教学可以培养儿童的创造力和思考力。

在江卢岫霎上任后，北平师大附属幼稚园开办了两个蒙台梭利班，对新入园的幼儿班级"以蒙氏新法指导"。两班没有设置固定的课程，"但以智识感觉口齿以及视听臭触诸感觉之自由训练，饮食操作户外游戏简单体操之自由运动"①，给予儿童充分表现自我与发展自我的机会。教师在一旁指导，不使其放任自流。教师的指导包含引起儿童的学习动机、帮助儿童确定活动目的，以及制订计划、实行计划、评价。然而遗憾的是，1926年因该幼稚园人事变更，蒙台梭利班停办。

厦门集美幼稚园亦搬用蒙台梭利教学法。例如教授儿童缝制时，教师首先通过引导幼儿玩玩偶，为洋娃娃布置家，缝窗帘，或为洋娃娃缝制衣服、帽子等，借以激发他们学习缝制的动机。再帮助并教授年纪稍长的幼儿进行缝制。年纪稍小的幼儿，则"可在刺有图形的硬纸板上，用线把他联（连）起来，会出现图形，这需要幼儿用彩色线按图的孔刺成的"②。

设计教学法在前文做过简单介绍，在此需要进一步讨论，因为中国幼稚园实施的这种教法，并不能逃出美国化，影响面颇大。就1934年上海地区而言，"49所幼稚园中施行设计教学法的有20所，占40.8%；间或采用设计教学法的有5所，占10.2%。其余24所中，有的确实是不用设计教学法；有的尚未能查清情况"③。

设计教学法是由美国教育家克伯屈于1918年创立的一种教学组织形式和方法，其理论依据是杜威的"儿童本位论"和"做中学"，目的在于克服传统教育中死板的、机械的灌输式课堂教学，只重书本知识而忽视实际操作，儿童被动地学习等缺点。

设计教学法利用人类设计的本能，开展对个人发展有益、有目的的活动；使各种教材学习深切适当。在中国的实验常运用在学前教育和初等教育领域里，主要有两种形式："一种是以作业为中心的大单元教学，它打破学科界限，围绕中心作业展开教学；另一种是设计式的各种教学，采取分科设计办法。"④

学前教育领域更多采用前一种——以作业为中心的大单元教学，从而打破学科界限，进行综合教学。这种方法要求教师依据儿童的天性与需要，仔

---

① 李桂林、戚名琇、钱曼倩编：《中国近代教育史资料汇编·普通教育》，上海教育出版社，1995，第429页。
② 中国学前教育史编写组编：《中国学前教育史资料选》，人民教育出版社，1989，第264页。
③ 瞿葆奎主编：《教学》（上册），人民教育出版社，1988，第347—348页。
④ 高天明：《20世纪我国中小学教学方法变革》，广东教育出版社，2006，第32页。

细观察，制订计划，采用儿童生活环境里的材料进行教学。教师先暗示或指点儿童决定目的。教师提供材料使儿童依据目的自订计划并实行。教师可从旁指导所需要的技术。实行完毕后，要加以判断和评价。如果儿童得到优良的成绩，自觉满足，教师也要肯定、赞赏他们的表现。其具体过程可参见下图。

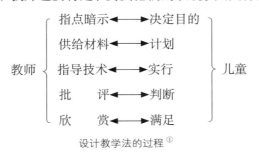

设计教学法的过程①

南京高师附设幼稚园极为提倡设计教学法。例如以种花为主题的教学：首先通过枯萎的花草让儿童相互诱发种植花草动机，教师引导学生购买花种，然后以讲故事和唱歌的形式教授学生种花的步骤以及有关花的相关知识，再次提前设置儿童能够实践的环境让其实际操作，最后通过花草开花验证种花的活动。从引发动机到开花验证，儿童在整个种花的"生活"里，在不同环境都能解决问题，获得身心上的快乐和满足。这样的教学设计无疑十分成功。

比较宗教式教学以及带有封建色彩的日式教学，西洋式教学有了较明显的进步，意识到教育尊重儿童身心的重要性。然而除了少数幼稚园——如南京高师附设幼稚园，有着较为明确的教学目标，注重儿童与环境的接触等，走在幼稚园教学实验的前面——很多幼稚园教学在照搬欧美经验时，出现不少弊病，甚至是严重误差。陈鹤琴曾经说道：当时中国幼稚园，就像一所"幼稚监狱"；虽然它们多进行活动，但是团体活动太多，且多采取团体教授，难免会不顾儿童年龄和个性；儿童"与环境的接触太少，在游戏室的时间太多"，"邻近即有田园即有街市而不领幼稚生到外边去看看"，人为地筑造一堵围墙，将幼稚园与社会生活隔开；功课太简单，"不外图画、玩沙、玩土（黏土）、折纸、团体游戏、唱歌、玩积木等几种"，易流于形式；幼稚园教学没有目标，"做教师的糊里糊涂一天一天地教去，做儿童的也懵懵懂懂地一

---

① 齐永康：《师大附属幼稚园教学法实验初步报告》，《师大月刊》1936 年第 25 期。

天一天地过去"。① 这些批评切中当时某些幼稚园的弊病。显然，中国学前教育教学若想正常而科学地进步发展，必须兴利除弊，作更进一步的改革。

三、本土化教学的探索

中国传统的学前教育过于强调社会需要，而欧美的"儿童本位"仅着重于儿童的身心，在学前教育西洋化的浩大声势中，欧美化幼稚园的弊端频现。二者导致的结果是："前者引不起儿童行为的反应，且阻碍其身心的发育，后者易造成离群独立的个人，驯致厌恶社会，而仍难免于社会的压抑。"② 所以在 20 世纪二三十年代，中国本土逐渐有了改造中华民族幼稚教育的主张，并逐渐付诸实践。随着西方科学知识的普及，儿童心理学的引入，中国教育者对儿童身心的了解已经从过去的感性认识上升为科学认知，也晓得"我们的小孩子不是美国的小孩子，我们的历史、我们的环境均与美国不同，我们的国情与美国的国情又不是一律"③。一些热心中国学前教育的教育家，在教学上吸纳欧美学前教育的经验，并不断探索适合中国儿童的幼稚园教学，努力完成中国近代学前教育的使命。

清末以来，我国就兴办幼稚园，然而经历数年的发展，民国时期仍然"没有一个课程，也没有一些教材，所有的幼稚园都是宗法西洋成法"④。有鉴于此，中国教育家们着手学前教育课程的本土化，以期建立"中国的"幼稚园。前文的相关章节中已部分涉及了幼稚园课程的本土化，如张雪门行为课程理论、陈鹤琴"活教育"的课程论、教育行政部门制定的《幼稚园课程标准》的实施等，都代表了学前教育课程本土化的努力及成果。为避免重复，故在此仅对幼稚园教学内容的本土化进行简略的个案介绍。现以南京鼓楼幼稚园为例，该园的课程实验成果成为 1928 年《幼稚园课程暂行标准》的拟定依据，也为 1932

---

① 中国学前教育史编写组编：《中国学前教育史资料选》，人民教育出版社，1989，第 145—147 页。
② 张雪门：《幼稚教育新论》，载戴自俺主编《张雪门幼儿教育文集》（上卷），北京少年儿童出版社，1994，第 471 页。
③ 陈鹤琴：《我们的主张》，载陈秀云、柯小卫选编《陈鹤琴教育思想读本·幼稚教育》，南京师范大学出版社，2012，第 39 页。
④ 陈鹤琴：《一年来南京鼓楼幼稚园试验概况》，载陈秀云、柯小卫选编《陈鹤琴教育思想读本·幼稚教育》，南京师范大学出版社，2012，第 133 页。

年教育部公布的《幼稚园课程标准》提供了范本。

南京鼓楼幼稚园的课程制定原则是："在助人以选择或发展最有益于生活之经验，则课程所包举者，不应仅限于人生日常行事所需之主要事实、原则与方法，亦应兼及事实或活动（activities）之本身。"①该园对课程实施进行实验，其过程共分为三个时期：散漫期、论理组织期、设计组织期（中心制期）。在设计组织期，该幼稚园的课程分为音乐、游戏、工作、常识、故事、读法、数法、静息等科目，同时根据时令、节气的变化，从儿童生活中直接接触到的自然、社会生活中选择主题作为教学内容，但又不是儿童生活里有什么就选什么作为主题，而是根据儿童兴趣等各方面情况予以选择。总之，教学内容是合于实际生活的，并且强调其活用："与课程有密切关系的是教材，我们的教材从哪里来的呢？有一小部分是从书本上来的，如歌谣、故事等。大部分是自然界、社会上日常所见的万事万物……自然、图画、游戏、读法、手工、常识等等，没有一科不从那些地方来的，我们只知道给儿童生活，并不主张给他几多成人的知识或技能。"②

除了研究儿童应当学什么，该园还对所学内容的组织形式进行实验。该园是以活动主题的形式进行课程组织的，它将音乐、游戏、工作、常识、故事、读法、数法等学科融入活动主题里，使整个课程成为一个系统并与各学科相互连接发生关系。例如，以"张先生回家"作为一周的活动主题，除去每天例行的工作，如整理、吃点心等，其他活动都围绕张先生回家这个大主题。大主题之下可再设计几个相关的小主题，它们分别是：（1）送别张先生；（2）张先生如何回家；（3）和张先生通信。围绕送别张先生这一小主题可进行的活动有：邀请张先生作报告；小朋友询问张先生家里和家乡的情况；制作送给张先生的礼物（绘画和剪贴、刺绣等手工作品）；开欢送会（交换礼物，表演唱歌、故事、乐器、舞蹈等欢送节目）。这样，普通幼稚园的各学科都融入这一大主题中来。在活动中，还可以根据有的儿童准备制作泥塑礼品送给张先生而张先生又不便携带的事实，给小朋友讲有关送礼的常识。围绕（2）

---

① ［美］庞锡尔：《设计组织小学课程论》，郑宗海、沈子善译，商务印书馆，1925，第2页。
② 陈鹤琴：《一年来南京鼓楼幼稚园试验概况》，载陈秀云、柯小卫选编《陈鹤琴教育思想读本·幼稚教育》，南京师范大学出版社，2012，第134页。

（3）两个小主题可以包容旅行、通信的一切方面。^①在活动主题进行前，事先制订好计划，考虑儿童和社会的需要，拟定课程表。当主题与学科发生冲突时，也就是活动主题不能进行某一学科时，学科服从主题，不强行安排。

虽然南京鼓楼幼稚园的课程本质上直接源于杜威的实用主义教育学说，但是教学内容从中国儿童需要出发，从中国儿童接触的大社会、大自然取材，引导儿童获取经验。南京鼓楼幼稚园课程实验所取得的经验，不仅为后来张雪门行为课程理论的形成提供帮助，而且是幼稚园走向本土化教学的重要范本。张宗麟后来评说："在课程方面，南京鼓楼幼稚园根据它的试验结果，编成一张长江流域全年适用的课程表……虽然是极初步的轮廓，但是有此一举，国内呆板的课程风气为之一变。"^②

南京燕子矶幼稚园的课程就参考南京鼓楼幼稚园的课程，从儿童的生活环境即自然环境和社会环境里取材，制定包含社会、自然、常识的科目或是身体活动、社会活动等，既考虑到社会需要，又关照幼儿自身需要。其课程编订在张宗麟的指导下进行。该园以"生活进程"代替幼稚园课程，充分体现陶行知"生活即教育"的思想。南京燕子矶幼稚园特别注意儿童的识字课程，以帮助那些劳苦家庭中七八岁便废学，不能接受完全小学教育的孩子。另外，该园的课程通过在农村环境里的活动激发儿童的兴趣，寻求平民大众的、省钱的、中国化的幼稚园课程。

在幼稚园教学方法上，中国的学前教育家们一方面仍然以设计教学法进行教学。如陈鹤琴等人在开办南京鼓楼幼稚园时，"我们几个人因为事情繁复，一年来不能有系统的试验，有几多科目，简直只好本着设计教学法的原理活动做去"^③。南京燕子矶幼稚园在教学方法上也继续实验"设计组织"的方法。另一方面他们也通过不断的课程实验，在教学方法上进行不断的调整，取得了不少成绩。相对应设计组织期的课程组织形式，陈鹤琴在南京鼓楼幼稚园里尝试采用"整个教学法"。陈鹤琴认为那些没有完全将学习任务从生

---

① 王伦信：《陈鹤琴教育思想研究》，辽宁教育出版社，1995，第124页。
② 张宗麟：《幼稚园的演变史》，载张沪编《张宗麟幼儿教育论集》，湖南教育出版社，1985，第395页。
③ 陈鹤琴：《一年来南京鼓楼幼稚园试验概况》，载陈秀云、柯小卫选编《陈鹤琴教育思想读本·幼稚教育》，南京师范大学出版社，2012，第134页。

活中区分开来的幼稚生所学的东西应该被整个地、有系统地去教，"这种教学法是把各科功课打成一片，所学的功课是无规定时间表的，所用的教材是以故事或社会或自然为中心的，或是做出发点的，但是所用的故事或关于社会自然的材料，总以儿童的生活、儿童的心理为根据的"①。音乐、游戏、工作、常识、故事、读法、数法等不同学科的活动形式在表达共同活动主题时，建立起有机联系。

"整个教学法"在实施步骤上看似是"设计教学法"的翻版，但实际上二者有着重要的区别。前者吸收了杜威实用主义教育的思想，又延续了陶行知生活教育的精神，强调以大自然、大社会为活教材，让儿童到真实生活中学习感兴趣的有用的知识。"设计教学法"是杜威实用主义教育在教学方法上的反映，同时以桑代克的实验为基础；以零星片段的生活经验、社会经验作为教材；改教室为工作室或作业室等，让儿童到人为营造的所谓"真实生活中"学习。

近年来，我国也有幼儿教育史研究者指出："陈鹤琴先生在 20 世纪 30 年代曾访问过比利时，对德可乐利教学法备加赞赏，回国后积极予以宣传和推广，使之在中国幼教界也产生过一定影响。陈鹤琴创立的幼儿园课程'整个教学法'与德可乐利教学法（尤其是'整体化'教学观点）有异曲同工之处。不妨认为，'整个教学法'的提出是与德可乐利的影响分不开的。"② 这一说法或许揭示了"整个教学法"赖以提出的另一个西方因素。当然，我们不应因此小觑该方法的意义，包括本土化的努力及其理论与实践意义。

虽然南京鼓楼幼稚园采用了"整个教学法"将各科教学打成一片，但陈鹤琴对各科教学法也进行了实验研究，还提出了以下教法。

（1）游戏法。教具是幼稚园缀法盘，每组有六人可以玩。游戏的方法可以凑对子，也可以拼句子等。

（2）故事图画法。将油印的极简单的图画作为教具。先引起儿童听故事的好奇心，然后教师讲故事并拿出预备好的图画给儿童看，再暗示儿童着色，

---

① 王伦信：《陈鹤琴教育思想研究》，辽宁教育出版社，1995，第 161 页。
② 杨汉麟：《外国幼儿教育史》，人民教育出版社，2011，第 388 页。

儿童拿色笔着色后用木印印出字来，或者由教师把儿童的话写于图画上再读给儿童听。

（3）歌谣表演法。亦有歌谣图为教具。先做游戏，次口授歌谣，次看图，次念歌谣，这是一种方法。先看图，次念歌谣，次表演，次读歌谣，这又是一种方法。

（4）自述法。拿一本小册子，儿童要写什么话，教师替他写上去，他可以逐字地去认。

（5）随地施教。这近于设计法，"但并没有严正的组织的。在设计的历程中固然可用它，至单纯的教一科的时候也可用的"。例如，带领儿童到乡村看农民播种，从而教育儿童懂得米饭从哪里来，吃饭的时候就要想到每粒大米都是农民伯伯辛苦种出来的。随地施教灵活多变，体现一个"活"字，把刻板、单调、重复、缺乏生气的教学从因循守旧模式中彻底地解脱出来。

（6）采用教科书。采用的教科书大概为国语读本第一、二、三册，自然或常识读本前几册，让儿童灵活自由地去读，教师只在旁边指导。

（7）复习法：用一种名叫"幼稚园缀法盘"的教具辅助复习课。

陶行知所办理的南京燕子矶幼稚园、晓庄幼稚园在教学上反对死板、机械的教学方式。千遍一律地拍拍手走圆圈，一位教师弹琴一群小孩唱歌的死方法，在这两所幼稚园几乎是看不到的。两所幼稚园里的幼稚生多来自农家，他们生长在乡村的环境里，多热爱自由活动，多喜接触大自然，所以教学以户外生活、游戏为主。如因地制宜，在幼稚园旁开辟一个小农场，供儿童做手工劳动：种几颗小黄豆，养几只老母鸡。这些做法的确不同寻常，所以对中国千篇一律的幼稚园教学方法颇有微词的克伯屈，在参观完南京燕子矶幼稚园和晓庄幼稚园后，高兴地说："啊！这些我在外国倒还没有看见过，这是很好的一种办法。"[①]

---

① 陶行知：《今日之幼稚园》，载华中师范学院教育科学研究所主编《陶行知全集》第二卷，湖南教育出版社，1985，第159页。

结语：关于中国近代学前教育发展的思考

19世纪末至20世纪中叶是中国近代学前教育从无到有，从小到大，从不完善到取得长足进步的时期。中国近代学前教育发展的诸多经验，可以给人们带来诸多启示，引发诸多思考。

一、国际化或外来影响是推动本土学前教育变革的重要动力

根据人类学的观点，"发展中国家的现代化和社会发展，并不是一种内在的自然演化过程，而是在外部因素影响下人为地进行的"[1]。在鸦片战争前夕，中国尚处在农耕文明阶段，而西方已经建立发达的工业文明，二者整整相差一个时代。中国在尚未形成改变旧生产方式的新法则时，与西方坚船利炮的打击和鸦片的腐蚀不期而遇，"决定了中国文化的近代化只能西化"[2]。

第一次鸦片战争打破了东西文化之间的隔绝与半隔绝状态。西方的近代工业文明与东方的古老农耕文明发生了碰撞，形成了不同文化结构之间的对峙，对动摇东方原有社会秩序发生了强有力的震动作用。在来势汹汹的外来文化面前，中国封闭的文化出现了裂痕。顺着这些裂痕，外来文化不间断地作用于中国社会内部。费正清说过："外部影响对晚清的历史起了空前重大的作用应该说是理所当然的。"[3]因为这场裂变不仅加快了中国的封建专制统治走向崩溃，推动了民国政权的建立，而且直接波及文化传承的主要机制，

---

① 于洪波：《日本教育的文化透视》，河北大学出版社，2003，第154页。
② 荣铁生主编：《中国近代史论文集》，《河南大学学报》编辑部，1986，第287页。
③ ［美］费正清、刘广京编：《剑桥中国晚清史（1800—1911）》（下卷），中国社会科学院历史研究所编译室译，中国社会科学出版社，1985，第4页。

其中就包括教育。中国传统教育开始向近代教育转换。而西方元素或称国际化因素则成为影响中国学前教育近代化最为直接的力量。国际化或世界性是近代学前教育发展的趋势。

鸦片战争后，中国处处受制于"外人"，在"西方力量和财富冲击"下产生了文化危机。在教育领域则表现为一种教育危机。这种危机暴露了中国的不足与缺陷。例如中国传统知识分子的知识结构局限于儒学一隅，对近代自然科学理论与技术一无所知；教育宗旨是培养循规蹈矩之人，而非自由发展有个性的人；学校活动以科举为中心，成为科举的附庸；学校成为官吏的养成所，逐渐丧失传递知识、培养人才的功能。这些缺陷使得中国教育已无力通过自己固有的方式达到适应社会转型的要求，也无法抵御西方列强教育文化的"入侵"。中国别无选择，只有学习先进国家的文化教育，向"强于教育"的"敌人"学习，转变中国传统文化的教育标准，来应对这千古奇变。外来的冲击与挑战，是历史轮轴转动的必然。第二次鸦片战争失败后推行的以富国强兵为目标的洋务运动揭开了中国教育近代化的序幕。中国教育向西方学习是中国救亡图存、奋发图强的历史抉择。

纵观中国新式教育发展历程，教育发展顺序倒置的特点明显。在急功近利的思想影响下，清末开新式教育之先河的是培养"认识外国文字，通晓外国言语"人才的同文馆。最应优先发展的基础教育反而晚于其他阶段的教育。其中学前教育起步最晚。其肇端则是 1903 年湖北幼稚园的创办。该园的创办标志着中国学前教育变革的开始。虽然清末幼稚园是引入日本学前教育及接受其影响的结果，但其时国人的本意，乃通过学习日本而取到西方学前教育的"真经"。如果说外来影响仅仅对器物层产生些微作用，如形式上开设幼稚园，并开始采用西式"恩物"教学等，那就大错特错。仔细分析不难发现，文化的外层即器物层的变化是一个错综复杂的进程。如果国人幼儿教育观念未受外来影响而产生松动，制度层没有在西方教育影响下建立相应的学前教育制度，那么中国幼稚园只能昙花一现，中国的学前教育自然固守传统的家庭学前教育，谈不上革新，更谈不上近代化的发展。两次鸦片战争失败后，士子的文化心理发生了改变。他们中的先进分子对西学有着既抵御又迎合的矛盾心理，他们在五味杂陈中开始向西方国家学习。在接触了输入的西方教育（包括学前教育）的观念后，眼光独到的郑观应、张之洞及康有为、梁启超等名士敏锐地意识到国家的未来关键在于幼儿，所以才有了"全新"的重视幼学的声音。

甲午战争的失败，大大加深了中国的半殖民地化，深重的民族危机促使中国人日益觉醒，开始积极主动地学习西学。这个心理转化过程对于有着五千年文明史的中华民族而言，是痛苦的精神裂变过程，但又是意义深远的反省过程。深受西学影响的康有为设计了从摇篮到大学的教育体系，提出儿童公育的思想。他的学生梁启超在《少年中国说》中对少年期盼的振臂高呼，振聋发聩。传教士们将西方学前教育的思想与实践带入中国。而执政者在"中体西用"的框架内，萌生模仿日本建立教育制度的构想，其中就包括学前教育制度。这些都为清末的学前教育机构、制度的创设提前做好了国人的思想与心理铺垫。在日本学制示范下，1904 年中国官方学制的构想得以实现，蒙养院制度的实施保障了中国学前教育机构进一步的开办，使中国学前教育开始从传统的家庭教育转向公共及社会教育机构，迈入一个崭新的发展历程。

从本书前面章节的分析可知，接受西方元素——即国际化的影响，是中国学前教育向近代化跨出的第一步。但是在文化传递、引进和交流的过程中，一方面，教育促进了文化的丰富、融合和创造，从而发展了社会文化；另一方面，教育作为文化再生产的社会体系之一，继承和选择的文化往往是被当前社会所认可的文化，许多创新的或与现行意识形态冲突的文化被排斥在教育之外。所以在起始阶段，无论在思想、制度还是器物层里，学前教育依然具有明显的封建特征。

民国时期，新文化运动将内涵更为丰富、包含更多精髓的"西学"传播到中华大地。此时日本对中国学前教育的影响逐渐式微，中国开始直接向欧美学前教育看齐。更重要的是，中国学前教育界逐渐摆脱封建传统的束缚，在民主与科学（时称"德""赛"两先生）的旗帜下，掀起了一股对封建儿童教育观的批判风潮。中国儿童教育一统千年的"成人本位"观受到强烈的冲击。其主要原因是"成人本位"观生存土壤的封建纲常礼教，恰恰是新文化运动批判之所指。彼时西方教育界各家学说直接影响甚至左右着国人的教育观念。杜威认为教育的出发点是儿童，归宿点是培养适应社会生活的人，但这种适应须通过儿童按其自身特点生长（发展）实现，出发点与归宿点须统一起来，可以说杜威教育思想完全围绕儿童展开。福禄培尔主张教育要适应自然，尊重儿童的自由。蒙台梭利也有着类似的观点。她认为教育好坏的根本区别在于对儿童生命力是引发还是压制，强调儿童应在自由活动中得到充分的发展。华特尔、克伯屈、桑代克、弗洛伊德等人的学说都是对儿童心理活动等进行了深入实验研究后而总结出来的。不管是杜威的实用主义教育思想，还是福禄培尔或蒙台梭利的儿童发展观，以及华特尔、克伯屈、桑代克、弗洛伊德等心理学家的观点，都有一个共同的出发点——以儿童为中心，注重儿童在教育中的地位，努力探索适应儿童的科学教育新法。影响所及，蔡元培、胡适、蒋梦麟、鲁迅等一大批教育家以"儿童本位"的角度重新阐述各自的儿童教育思想。参考欧美各国学制后，1922 年颁行的《壬戌学制》确立了中国幼稚园制度。随着西方"儿童本位"教育思想在中国的盛行，教会幼稚园在中国红火起来，模仿西洋标准办学的幼稚园也备受青睐。以游戏、活动为主的幼稚园课程以及蒙台梭利教学法、设计教学法在当时的西洋式幼稚园颇为流行。

在中国学前教育全盘"西化"的道路上，一批有着旧学基础的中国教育家们，又在海外留学时受到西方文化的熏染，对西方元素的理解和研究比前人更为直接，也更为深刻全面。他们回国后立足中国学前教育研究，自然将西方元素中有益的部分与中国学前教育的传统与现实相结合，把向"西化"发展的学前教育拉向"本土化"的方向。在思想及实践层面，张雪门、陶行知、陈鹤琴等以杜威实用主义教育等西方教育思想作为自己教育理论的重要基石，同时结合中国国情，做了本土化的巨大努力。在制度层面，虽然没有重要的本土化学前教育制度出台，但 20 世纪二三十年代，完善幼稚园制度的教育规程亦是不断问世。中国教育家通过自己的实验成果，努力克服幼稚园办学"西化"所带来的"外国病"等缺点。与此同时，源于西方的并在此基础上加以改进的理论与方法开始占据主导地位。

从清末到民国时期，外来影响或西方元素是中国学前教育向前发展的有力推手。它们在中国学前教育的思想、制度、器物（包括实践）层面产生不同程度的影响。它们与本土的力量共同作用于中国学前教育的变革。教育制度上，中国学前教育从没有规定走向公立学制；教育形式上，中国学前教育从家庭转向社会化、公共化教育机构；教育观念上，中国学前教育从"成人本位"走向"儿童本位"；教学内容上，中国学前教育从盲目"西化"走向"本土化"。中国学前教育每一时期的变化都是由浅入深，步步展开和挺进的，其影响犹如投石入水而引起的涟漪，一步一步扩大，最终走向近代化。

二、观念的转变是近代中国学前教育重要变革的先导

教育的输入或传播并不一定总是遵循从器物层到精神核心层，或从技术到观念这样一条道路，相反的情形同样存在过。正如美国新文化进化论者哈定（Thomas Harding）所云：

> 在当代最发达的文化里，技术基础已经成为一件极其复杂的事情，它要求足够的资本、特殊的技艺、组织以及足够的原料等，以便继续发展自己——所有这些说明了，技术在文化类型间的传播是极其困难的。而意识形态对于同样发达的文化而言，其跨越文化界线的困难就会少得多。[①]

五四时期就不是先输入文化的技术器物层面，而是远远超出了"器物—制度—观念"的常规，首先强调改变人民大众的思想观念，试图利用教育等多种手段来改变传统的思想模式，并进而解决中国当时面临的各种问题，走"观念—制度—器物"的文化输入过程。民国初期政治上的起伏跌宕促使人们反思，仅赶跑一个皇帝并不意味着民主共和体制就可以高枕无忧，复辟闹剧、军阀混战使人们认识到思想意识层面变革的重要性。

新文化运动及五四运动的倡导者们认识到，只有从文化的最深层进行变革，才能促进社会进步。从早期梁启超的"欲救今日之中国，莫急于新学说变其思想"，到李大钊号召"冲决过去历史之网罗，破除陈旧学说之图圄"，以创造民主的"青春中国"，[②] 再到鲁迅对中国国民性中不良一面进行外科手

---

① ［美］托马斯·哈定等：《文化与进化》，韩建军、商戈令译，浙江人民出版社，1987，第71—72页。
② 李大钊：《青春》，转引自毛礼锐主编《中国教育史简编》，教育科学出版社，1984，第484页。

术式的解剖，无不是力图通过新的意识形态改变国人的思想观念、文化心态，继而建设新的国家。陈独秀将新的思想观念、文化心态归纳成六义："自主的而非奴隶的""进步的而非保守的""进取的而非退隐的""世界的而非锁国的""实利的而非虚文的""科学的而非想像的"。[①] 这种表述不失为一个很好的概括总结。

五四时期的思想理论大都从西方传来。当时，在中国流行的西方学说有杜威实用主义、无政府主义、国家主义、基尔特社会主义、马克思主义，还有康德哲学和新康德主义、尼采哲学、柏格森的创造进化论、爱尔乌尔等人的社会学等。它们的广泛流传，在中国形成了一股反传统的思想潮流。受此影响，中国的教育在思想、制度、器物层面上都发生了变化，这些变化成为中国教育近代化及现代化最重要的变革，形成异彩纷呈的教育思潮。这些教育思想或观念共同反映出主动适应社会变革、开放动态以及多样性、个性化等特征，所以"现代教育观念在发挥教育功能和进行教育的自身建设方面具有超前意识"[②]。

与此相应，袁世凯在教育界（包括学前教育范围内）试图实施封建复辟后，学前教育界高举着民主、科学的旗帜从思想上向封建学前教育猛烈"开炮"。杜威、蒙台梭利、孟禄、克伯屈等人的儿童教育观念经过引入宣传，得到广泛认同。胡适、蒋梦麟、蔡元培、鲁迅等人十分推崇西方儿童教育思想，并在各自的思想或主张中反映出来。新文化运动的重要作用是促使国人从思想层面反思封建文化的弊端，反思传统儿童教育的弊病，并努力吸取西方元素中合理的因素，改造中国的传统文化及教育。

这种思想层面的转变渗透到制度与器物层面里，直接促成五四运动时期一系列的学前教育改革，还带来了 20 世纪二三十年代中国学前教育的繁荣。例如，1922 年颁行的《壬戌学制》，确立了幼稚园制度。《壬戌学制》是自下而上制定的，因为一批受西方学前教育思想及实践影响的教育学者利用教育专业出身和在政府的教育部门任职的便利，积极宣传及引进西方教育思想，

---

① 陈独秀：《敬告青年》，《青年杂志》第 1 卷（1915 年）第 1 号。
② 顾明远：《教育：传统与变革》，人民教育出版社，2004，第 101 页。

推动了中国现行教育制度大刀阔斧的改革。

从器物层面看，在五四运动后，社会已对学前教育的重要性达成共识，民国时期学前教育机构的发展随之迎来了春天。中国幼稚园大规模尝试西洋式教学，西方的蒙台梭利教学法和设计教学法在中国幼稚园各领风骚数年。这也是 1919 年以后受实用主义教育、科学教育等思想影响开始改革教学方法与内容的表现。虽然在学前教育领域有"全盘西化"和"全盘性反传统"的倾向，但这一次中国学前教育界决策者开始以思想层面的革新带动制度层、器物层向西方学前教育"接轨"，加快了迈向近代化的步伐。

20 世纪 20 年代后期，张雪门、陈鹤琴、陶行知等人无一例外在西方儿童心理学及教育心理学等的基础上，进行本土化的探索。直到今天，中国学前教育对蒙台梭利的"再学习"、对杜威"做中学"的热衷无不是那时影响的一种"再现"。可以说，转换后的中国学前教育思想观念扮演了中国学前教育史上最重要一次变革的先导。

三、本土化是中外教育交流中不变的主题

文化输入是一种文化向另一种文化的传输，换言之，也是一种本土文化与外来文化间的相互交流。交流是一个双向的概念，是两种文化相互了解、吸收、借鉴的过程。但在清末民初这一特殊历史时期，中西文化实力对比悬殊，在文化交流中更多地反映出中国文化在外来强势文化冲击下，不断地发生变迁。

清末民初，中国近代化的过程是外来文化输入的过程。在此过程中，本土文化与外来文化不断冲突、摩擦、融合、演化。本土文化改变自己固有的形态，保留原有的优秀部分，糅合进外来文化中的有利因素；外来文化也常常顺应时势，改变自己的表现形式，以适应本土文化的要求。可以说，本土化的过程使得二者都有生存发展的契机。

教育既然是文化的一部分，教育的输入也是一种本土教育与外来教育间的交流。对外来教育和原有教育的选择、整理、融合，不会是"取其精华，弃其糟粕"那么简单明快。因为，一方面外来教育强势输入急速地摧毁原有

教育固有的传统，把不适合社会发展的传统剥离开来；另一方面原有教育的某些内容——例如教育思想观念层面的内容，又会固守自己的阵地。而且还需要看到，原有教育的部分内容是教育近代化的基础、前提、立足点和出发点，因为没有任何一个国家会把自己的教育转变得与本国传统教育毫不相干。所以在中国教育近代化过程中，洋务教育也好，新文化运动影响下的新教育也好，都不得不直面来自外部的西方文化、西方教育的冲击。同时在受到列强逼迫的状况下，中国教育本身也有追求近代化的需要与动力。因此教育本土化可以理解为外来教育与中国教育实际的会通、融合。这种教育本土化存在于中国教育的各个层面。不管是清末教育的"中体西用"、五四时期教育的欧美倾向，还是民国中后期教育本土化的探索，中国传统的、本土的因素始终蕴含其中，只是在不同时期显现的程度不同。西方教育进入中国后，不管是主动还是被动，往往根据中国实际改变了其原有的表现形式，融入中国教育里，才有了逐渐被国人接受的可能。

中国学前教育的起步较晚，从其萌芽之日到发展壮大的过程，也是西方元素在中国不断本土化的过程。清末在"中体西用"思想指导下，诞生了中国第一个学前教育机构，颁布了中国第一个学前教育制度。西方元素在中国进行本土化的开始，在思想层面上，"中体西用"本身是一种中西合璧且以中国传统文化为主体的"新"文化。虽然中国学前教育整体上仍然固守着自己原有的"地盘"，但对西方元素敌对的态度发生了改变，渐渐认为它们是一种外在的可被利用的资源。于是西方国家的学前教育制度、办学模式与机构经由日本引入中国，并为我所用。日本引入西方教育的制度、机构与办学，力图赶超欧美的近代化进程中，一度以"和魂洋才"为理念，最终的结果使得日本并未变成"西方"文化之下的日本。因此中国更愿意直接生搬硬套已经"日本化"了的西方元素，实际上也是引入对于封建社会"易于吸收"和"能够接纳"的西方元素。被间接引入的西方元素在广度和深度上有限，在中国本土化过程中没有太多对其吸收后的创新。

民国时期，西方元素不再被拐弯抹角经他国引入中国，而是直接与中国"对话"。其在中国本土化的进程也比清末深入。人们对西方元素的态度也不再是简单地在制度和器物层面进行照搬，而是在思想、制度、器物三个层面进行吸收且在局部融合。

在思想层面上，很多教育家已经拿起民主、科学的武器，抨击封建儿童教育观的种种弊端。与此相随，不少学前教育家以杜威等西方儿童教育理论，特别是"儿童本位"的观点作为自己思想观念的理论依据，并宣传各自"全新"的儿童教育观点。西方学前教育思想中儿童中心观念开始在中国扎根。

在制度层面，蒙养园与幼稚园制度先后更替颁行，一方面说明中国吸收西方元素由间接变为直接，另一方面也表明，中国的学前教育在借鉴外来经验时已经开始注意到幼稚园制度的制定不仅要取百家之长，还要符合中国的国情。可惜的是，学前教育相较于其他教育阶段，所受到的重视程度仍然不够。虽然学前教育制度在局部进行吸收创新，但整体上仍然以模仿为主。在学前教育机构设置与教学上，虽有少数办学者对待西方元素有着因地制宜而不能简单模仿的清醒认识，但多数幼稚园则是或向教会幼稚园学习，或直接借鉴西方幼稚园，大体上带有明显的西洋化倾向。

中国学前教育西洋化所带来的弊病丛生，于是 20 世纪二三十年代一批中国教育家致力于西方元素在中国的本土化。他们在思想层面上吸收了西方元素，在此基础上结合中国实际加以改造，并逐步形成各自适合中国国情、传统与中国儿童需要的学前教育理论。这些学前教育理论虽然吸取了西方元素的核心观点，但并没有"西云亦云"，而是在器物层面，在具体的教育实验中不断总结经验，再通过具体的教学实验加以调整或验证而得出。中国教育家理论与实际相结合的做法，对西方元素的本土化更为深化，极大地促进了中国学前教育的发展。西方元素经过中国学前教育家的"改头换面"，在中国学前教育的三个层面存在并发展着，融为中国学前教育的一部分。这个过程可以有阶段性的成果，但并未完结，甚至可以说是一个周而复始且呈螺旋上升势态的过程，需要不断地走下去。

主要参考文献

[1] 褚洪启．杜威教育思想引论 [M]．长沙：湖南教育出版社，1998．

[2] 杜成宪，单中惠．幼儿教育思想史 [M]．北京：人民教育出版社，2008．

[3] 冯晓霞．幼儿教育 [M]．长春：吉林教育出版社，2000．

[4] 高时良．中国教会学校史 [M]．长沙：湖南教育出版社，1994．

[5] 顾明远．教育：传统与变革 [M]．北京：人民教育出版社，2004．

[6] 何晓夏，史静寰．教会学校与中国教育近代化 [M]．广州：广东教育出版社，1996．

[7] 李全生．中外教育简史 [M]．天津：天津人民出版社，2010．

[8] 李喜所．中国近代社会与文化研究 [M]．北京：人民出版社，2003．

[9] 毛礼锐．中国教育史简编 [M]．北京：教育科学出版社，1984．

[10] 钱曼倩，金林祥．中国近代学制比较研究 [M]．广州：广东教育出版社，1996．

[11] 舒新城．近代中国教育思想史 [M]．福州：福建教育出版社，2007．

[12] 唐淑，钟昭华．中国学前教育史 [M]．北京：人民教育出版社，1993．

[13] 田正平．中外教育交流史 [M]．广州：广东教育出版社，2004．

[14] 田正平．留学生与中国教育近代化 [M]．广州：广东教育出版社，1996．

[15] 汪向荣．日本教习 [M]．上海：生活·读书·新知三联书店，1988．

[16] 王立新．美国传教士与晚清中国现代化：近代基督新教传教士在华社会文化和教育活动研究 [M]．天津：天津人民出版社，1997．

[17] 王玉德．文化学 [M]．昆明：云南大学出版社，2006．

[18] 杨汉麟．外国教育实验史 [M]．北京：人民教育出版社，2005．

[19] 杨汉麟．外国幼儿教育史 [M]．北京：人民教育出版社，2011．

[20] 喻本伐．中国幼儿教育史 [M]．郑州：大象出版社，2000．

[21] 张斌贤，褚洪启，等．西方教育思想史 [M]．成都：四川教育出版社，1994．

[22] 张立文，王俊义，许启贤，等．传统文化与现代化 [M]．北京：中国人民大学出版社，1987．

[23] 张雪门．新幼稚教育 [M]．上海：儿童书局，1933．

[24] 郑金洲．教育文化学 [M]．北京：人民教育出版社，2014．

[25] 周谷平．近代西方教育理论在中国的传播 [M]．广州：广东教育出版社，1996．

[26] 杜威．民主主义与教育 [M]．王承绪，译．北京：人民教育出版社，1990．

[27] 爱德华·泰勒．原始文化：神话、哲学、宗教、语言、艺术和习俗发展之研究 [M]．连树声，译．桂林：广西师范大学出版社，2005．

[28] 陈鹤琴．陈鹤琴全集：第一卷 [M]．陈秀云，陈一飞编．南京：江苏教育出版社，2008．

[29] 陈鹤琴．陈鹤琴全集：第二卷 [M]．陈秀云，陈一飞编．南京：江苏教育出版社，2008．

[30] 陈鹤琴．陈鹤琴全集：第四卷 [M]．陈秀云，陈一飞编．南京：江苏教育出版社，2008．

[31] 陈鹤琴．陈鹤琴全集：第五卷 [M]．陈秀云，陈一飞编．南京：江苏教育出版社，2008．

[32] 陈鹤琴．陈鹤琴全集：第六卷 [M]．陈秀云，陈一飞编．南京：江苏教育出版社，2008．

[33] 陈学恂．中国近代教育文选 [M]．北京：人民教育出版社，1983．

[34] 华中师范学院教育科学研究所．陶行知全集：第一卷 [M]．长沙：湖南教育出版社，1984．

[35] 华中师范学院教育科学研究所．陶行知全集：第二卷 [M]．长沙：湖南教育出版社，1985．

[36] 华中师范学院教育科学研究所．陶行知全集：第三卷 [M]．长沙：湖南教育出版社，1985．

[37] 华中师范学院教育科学研究所．陶行知全集：第五卷 [M]．长沙：湖南教育出版社，1985．

[38] 戴自俺．张雪门幼儿教育文集：上卷 [M]．北京：北京少年儿童出版社，1994．

[39] 戴自俺．张雪门幼儿教育文集：下卷 [M]．北京：北京少年儿童出版社，1994．

[40] 张沪．张宗麟幼儿教育论集 [M]．长沙：湖南教育出版社，1985．

[41] 教育部．第一次中国教育年鉴 [M]．上海：开明书店，1934．

[42] 教育部教育年鉴编纂委员会．第二次中国教育年鉴 [M]．上海：商务印书馆，1948．

[43] 檀作文．颜氏家训 [M]．北京：中华书局，2007．

[44] 王阳明．传习录：叶圣陶点校版 [M]．叶圣陶点校．北京：中国致公出版社，2018．

[45] 李楚材．帝国主义侵华教育史资料：教会教育 [M]．北京：教育科学出版社，1987．

[46] 李桂林，戚名琇，钱曼倩．中国近代教育史资料汇编：普通教育 [M]．上海：上海教育出版社，1995．

[47] 璩鑫圭，唐良炎．中国近代教育史资料汇编：学制演变 [M]．上海：上海教育出版社，1991．

[48] 舒新城．近代中国教育史料 [M]．上海：上海书店，1933 年．

[49] 舒新城．中国近代教育史资料：上册 [M]．北京：人民教育出版社，1981．

[50] 中国学前教育史编写组．中国学前教育史资料选 [M]．北京：人民教育出版社，1989．

[51] 朱有瓛．中国近代学制史料：第一辑下册 [M]．上海：华东师范大学

出版社，1986．

[52] 朱有瓛．中国近代学制史料：第二辑上册 [M]．上海：华东师范大学出版社，1987．

[53] 朱有瓛．中国近代学制史料：第二辑下册 [M]．上海：华东师范大学出版社，1989．

[54] 朱有瓛，高时良．中国近代学制史料：第四辑 [M]．上海：华东师范大学出版社，1993．

[55] 林乐知．论中国亟需设立幼稚园 [J]．万国公报，1905，201．

[56] 湖北幼稚园开办章程 [J]．东方杂志，1904（11）．

[57] 南京鼓楼幼稚园 [J]．儿童福利通讯，1947（2）．

[58] 舒新城．近代中国幼稚教育小史 [J]．教育杂志，1927，19（2）．

[59] 张雪门．中国近年来幼稚教育课程之变迁 [J]．师大教育丛刊，1931，1（4）．

后 记

本书是在本人博士论文的基础上修改而成的。

2008 年，本人硕士毕业后，到长沙幼儿师范专科学校工作过一年。在此期间，常常与幼儿及幼儿教师、幼师学生打交道。于是，环境的影响使我对学前教育有了强烈的兴趣。2009 年，我重回华中师范大学教育学院攻读博士研究生，并在导师的支持下，选定与学前教育有关的交叉领域——西方影响与中国学前教育近代化的关系——作为自己的研究方向及博士论文的选题。

2012 年年初，经过一年多的焚膏继晷，论文终于完稿。本应有如释重负般的轻松，可仍然思绪万千，心情难以平复。我在当时的论文"后记"中写道："也许是三年的读博时光即将敲响结束的钟声，我不禁感叹岁月如梭；也许是离别的日子在即，心头总萦绕着莫名的惆怅；也许是即将站在人生的又一个转折点上，我的内心充满对未来的憧憬与惶恐……不过当我回首自己的求学历程时，洋溢于心头的，或许更多的还是一种感激之情。"诚然，我是一个幸运儿，回顾之前走过的路，几乎在不同的时期、不同的场合，我都遇到过"贵人"相助，正是有了他们的帮助，才能攻坚克难，无往不胜，一直走到今天。因此在这里，我最想表达的依然是自己的感激之情。

首先，要向博士生导师余子侠教授表示衷心的感谢。在论文的选题、框架构建、写作阶段，余老师都倾注了极大的关怀和心血。在论文完成之后，余老师又进行了认真的批阅，字斟句酌，不放过任何一个细节，并提出了许多中肯切实的修改意见。每当看到初稿上的红色批语，我都会被余老师渊博的学识、严谨的治学之风、务实的精神深深感动。余老师不仅授我以文，而且常常教导我端正生活态度，保持胸怀豁达……同时由于余老师的推荐，本书被纳入"中外教育交流与变革书系"，得以顺利出版。这些我将永远铭记不忘。师恩无以为报，唯有在未来的日子里更加努力。

其次，我要感谢喻本伐、周洪宇、申国昌、熊贤君、程斯辉、郭娅、易红郡、田景正教授及李先军副教授，感谢他们平日的教诲，感谢他们在论文开题时提出的宝贵建议，感谢他们在论文写作中给予的关心，也感谢他们在论文答辩时提出的宝贵意见。他们的热心指导和帮助是我如期完成学业及顺利通过论文答辩的关键因素。同样感谢硕士生导师方彤、王建梁教授以及张云芳、代秋菊、王南平、戴伟芬、王莹老师在论文写作过程中给予我的关心、鼓励及帮助。

我还要感谢任钟印、董宝良、杨汉清、郭文安、陈炳文等先生。他们是华中师范大学教育学院国宝级人物。我不是他们的授业弟子，充其量只是"徒孙"而已，但从一次次答辩会中目睹了他们的风采和睿智，同样受益无穷。尤其感谢任钟印先生，由于家庭缘故，我从小就深切感受他祖父般慈爱的目光和幽默风趣的教诲。然而，令我难过的是他已在几年前驾鹤道山。

俗话说，"独学而无友，则孤陋而寡闻"。在此我还要感谢华中师范大学教育学院的同窗陈元、刘振宇、李浩泉、黄宝权、李永、方红、付卫东、向华、吉艳艳，以及张纯师姐，李贤智、汪丞、陈光春、郑刚、刘来兵师兄。和他们的交流切磋，拓宽了我的知识视野。

再次，我要衷心感谢一直支持我的朋友陈晋、毛先年、陈倚平、罗玮。一路走来，他们的开导是我的精神慰藉，他们的帮助使我在写作中时有"柳暗花明又一村"的欣喜，他们的鼓励使我的求学之路显得并不孤单。

最后，我要感谢我的家人。在我求学、成长过程中，感谢他们对我精神上的鼓励与鞭策，对我生活上无微不至的关照。他们对我无私的付出、殷切的期望以及默默的支持，是我人生路上的坚强后盾，一直鼓励我不断前进。

杨　佳